Dirk Rohrbach

YUKON

3,50 RM

Dirk Rohrbach

YUKON

3000 Kilometer im Kanu
durch Kanada und Alaska

Mit 47 farbigen Fotos
und mit einer Karte

MALIK NATIONAL GEOGRAPHIC

www.cpibooks.de/klimaneutral

Mehr über unsere Autoren und Bücher:
www.malik.de

Originalausgabe
ISBN 978-3-492-40431-0
1. Auflage Oktober 2011
7. Auflage Dezember 2017
© Piper Verlag GmbH, München 2011
Umschlaggestaltung: Dorkenwald Grafik-Design, München
Umschlagfotos: Werner Walcher (vorne), Dirk Rohrbach
Fotos im Bildteil: Dirk Rohrbach, mit Ausnahme von Seite 7 oben:
Yukon Archives / University of Washington Libraries, Special Collections,
AWC 3837
Karte: cartomedia, Karlsruhe
Satz: Satz für Satz, Wangen im Allgäu
Druck und Bindung: CPI books GmbH, Leck
Printed in Germany

Für Jengel, bei jedem Paddelschlag dabei ...

Inhalt

Prolog

Die Sonne streicht sanft über die Bergkämme und taucht die dichte Schneedecke in zartes Rosa. Minus 35 Grad zeigt das Thermometer draußen. Mein erster Morgen zurück im Yukon. Ich sitze am groben Holztisch meiner urigen Trapperhütte. Drei kleine Marderfallen baumeln von den Holzbalken, ein mächtiges Elchgeweih prangt unter dem kurzen Vordach. »Manchmal erzähle ich den Leuten, dass die *cabin* von den Goldsuchern vor über hundert Jahren gebaut wurde. Die haben sich dann hier Boote gezimmert und sind damit den Yukon runter zum Klondike«, erklärte Andreas gestern bei meiner Ankunft schmunzelnd. Tatsächlich hat der Mann aus dem Erzgebirge die Hütte erst vor gut fünfzehn Jahren gebaut, nachdem er nach Kanada ausgewandert war. Auch die spartanische Einrichtung stammt aus seiner Hand. Vier Stühle, Hochbett, Küchenzeile mit Arbeitsplatte, Ablagen und einem Minispülbecken, aus dem ein Schlauch das Abwasser nach draußen leitet. Fließendes Wasser gibt es allerdings keines, die Hütte ist *dry*, wie so viele hier oben im Norden, vor allem wenn sie nicht ganzjährig bewohnt sind. Der Aufwand, die Leitungen gegen den strengen Frost des arktischen Winters zu isolieren, wäre zu groß. Dafür stehen handliche Container mit Wasser aus Andreas' eigenem Brunnen bereit. Ein schlichter Gasherd bietet zwei Kochflächen, eine Verblendung aus rustikalen

Holzbalken versteckt den alten Kühlschrank, und in einer Ecke sorgt ein kleiner Bollerofen für wohlige Wärme. Vor mir am Fuß des Hanges erstreckt sich der Marsh Lake, der jetzt, Mitte Februar, noch unter einer robusten Eisdecke ruht. Auch wenn der arktische Winter seinen Zenit schon lange überschritten hat, können die frostigen Temperaturen bis weit in den April anhalten. Erst im Mai wird das Eis auf dem See brechen, spätestens dann beginnt mit aller Macht die überschwängliche Zeit des kurzen, nordischen Frühlings. Mein Blick schweift rüber zum Westufer. Dort habe ich im Juni letzten Jahres zum ersten Mal aufatmen können. Nach tagelangem Bangen, einem Beinahe-Totalschaden am Boot und zähem Ringen mit Wind und Wellen kündigten die Hütten am Marsh Lake das Ende der Quellseen und den offiziellen Beginn des Yukon River an. Und für mich hoffentlich entspanntere Zeiten auf meiner Reise zur Beringsee.

Ich kann nicht mehr genau sagen, was den Ausschlag gegeben haben mag. Sicher spielten die Geschichten von Jack London eine Rolle. Auch eine Reise mit meinem Schulfreund Matthias vor zwanzig Jahren. Damals wollten wir mit Kanu und Rucksack durch den Sarek-Nationalpark in Lappland. »Europas letzte Wildnis« versprach raue, unwegsame Natur, Elche und Bären, Gletscher und Gebirgsseen, Klima und Landschaft wie im Norden des amerikanischen Kontinents. Und ja, auch Moskitos, aber dazu erst später. »Wenn du einmal hier oben warst, kommst du immer wieder. Oder niemals. Dazwischen gibt es nichts«, hatte uns ein schwäbisches Pärchen unterwegs versprochen. Wie recht die beiden hatten. In den fünf Wochen unserer Reise froren und schwitzten wir, hungerten, um später in der Zivilisation wieder Unmengen von Kalorien in uns zu stopfen. Wir saugten die unendliche Weite des Nordens ein, atmeten seine klare Reinheit. Und mit jedem Meter durch die Wildnis wuchs der Wunsch zurückzukehren. Immer wenn ich Bilder aus dem Norden sah, Geschichten hörte, wuchs die Sehnsucht ins Unermessliche. Es ist schwer, dieses Gefühl auch nur ansatzweise zu beschreiben oder zumindest zu erklären. Vielleicht ist es Magie, unerklärlich, aber doch spürbar. Vielleicht ist es die Auseinandersetzung mit den Naturgewalten, mit sich selbst, wenn man sich nur auf die essenziellen Dinge Nahrung, Wärme, Schutz konzentriert. Und dass man jeden Moment seine eigene Kleinheit spürt, im Angesicht der Majestät der Schöpfung. Wenn Sie selbst schon einmal den Norden bereist haben, werden Sie vielleicht ähnlich empfinden. Ich hoffe jedenfalls, dass Sie am Ende dieses Buches die Faszination, die von diesem Land ausgeht, besser nachvollziehen können. Es ist nicht die Geschichte eines Abenteuers auf Leben und Tod, auch wenn es einige brenzlige Situationen gab. Und der Yukon ist nicht der schönste, gefährlichste oder einsamste Fluss der Welt. Er ist nicht mal der längste in Nordamerika. Tatsächlich ist er mit seinen stattlichen 3200 Kilometern nur die Nummer 4, der König heißt Missouri und ist fast 1000 Kilometer länger. Aber er hat in jeder Hinsicht monumentale Ausmaße. Im einen Moment scheint er das lieblichste Gewässer, selbst für einen Familienausflug geeignet. Im nächsten Moment aber wird er zum bedrohlichen Monster, das man lauthals verfluchen könnte.

Ich möchte Sie auf den folgenden Seiten an meiner Reise durch den Norden teilhaben lassen. Auch weil ich in den letzten Monaten gespürt habe, dass meine Sehnsucht von vielen geteilt wird. Ich werde Ihnen von den überwältigenden Begegnungen mit den Menschen am Fluss berichten, von Einsamkeit, Entbehrung, Momenten tiefsten Glücks, von atemberaubender Natur und ja, auch von der unersättlichen Plage des Nordens. Später. Es ist die Geschichte einer epischen Reise, auf der ich auch mich selbst neu kennengelernt habe. Jetzt aber lege ich noch einen Scheit Brennholz nach und will raus in Kälte und Schnee, der bei jedem Schritt vor Trockenheit laut unter den Gummisohlen quietscht. Keine Stunde von hier lebt Keith, der Totemschnitzer der Tagish in Carcross. Wir wollen gemeinsam zum Fallenstellen. Ich habe ihn letztes Jahr zu Beginn meiner Reise getroffen, gleich nach dem katastrophalen Unfall ...

Dirk Rohrbach,
Marsh Lake, Yukon Territory,
Mittwoch, 16. Februar 2011

Das Boot

Von Meistern und Grashüpfern,
  einem Murmeltier namens Banjohead
und Leonardo da Vinci im Plumpsklo

Next Exit Yukon – nächste Ausfahrt Yukon? Ich zuckte kurz zusammen, als ich das Straßenschild am Interstate entdeckte. Dann erinnerte ich mich und musste schmunzeln. Vor vielen Jahren war ich hier schon einmal vorbeigekommen. Yukon, Oklahoma, ein kleines Prärienest, das mir nur deshalb in Erinnerung blieb, weil es die Heimatstadt von Garth Brooks ist. Der war in den Neunzigern musikalisch das Maß aller Dinge in den USA, hat mittlerweile über 130 Millionen Platten und CDs allein in Amerika verkauft, mehr als Elvis und Michael Jackson. Auch für mich war er lange Zeit der Größte, seine Musik lief rauf und runter, jeden Song konnte ich lauthals mitgrölen. Garth war eine Ausnahmeerscheinung, der erste Rockstar der Country Music seit Hank Williams. Seine Songs blieben größtenteils traditionell, aber die Liveshows inszenierte er wie eine gigantische Rock-'n'-Roll-Party und setzte damals völlig neue Maßstäbe. Er allein machte Country Music in den 90ern zum erfolgreichsten Musikformat Amerikas. Und auch wenn er sich nach nur zehn Jahren herausragenden Wirkens in den vorzeitigen Ruhestand verabschiedete, blieben für mich dieser Mann und seine Musik faszinierend. Kurz entschlossen setzte ich den Blinker und nahm die Ausfahrt. *Yukon.* Verrückt. Tatsächlich vereinte dieser Name Faszination und Sehnsucht für mich in gleich zweierlei Hinsicht. Da waren die Musik meines Country-Helden aus vergangenen Tagen und der Fluss, der mich mindestens genauso lange schon begeisterte und mit dem ich bald für viele Wochen verbunden sein würde. »Willkommen in Yukon – zum Yukon Community Center und Yukon-Stadtpark geradeaus«, verkündeten die Schilder am Ortseingang. Daneben, schon deutlich verblichen, der Hinweis auf Yukon als Heimat von Garth Brooks. »Sie werden Yukon lieben!«, prangte in roten Lettern auf einem mächtigen Wassertank, von dem die Farbe blätterte. Für mich klang das wie eine Verheißung, über die ich mich zunehmend amüsierte, als ich auch noch am *Yukon Super Buffet* vorbeifuhr und schließlich den gestern gekauften *Yukon-Blend*-Bio-Kaffee im braunen Gras auf dem Grundstück des örtlichen Bestattungsunternehmens für ein Foto platzierte. Den Kaffee hatte ich in einer Filiale von Amerikas größter Kaffeehauskette entdeckt. Der stilisierte Grizzly, der hoch aufgerichtet vor markantem Bergpanorama posierte, fiel mir sofort ins Auge; Kompliment an die Verpackungskünstler. Ich nahm eine Packung in die Hand und las. »Auch wenn es wie eine unglaubliche Geschichte klingen mag, im Jahre 1971 wandte sich der Kapitän eines Fischkutters mit der Bitte an uns, doch einen Kaffee zu kreieren, der seine Besatzung selbst bei schlechtestem Wetter vor der Küste Alaskas bei Laune halten würde. Diese Bitte haben wir uns zu Herzen genommen und sind stolz, Ihnen unseren Yukon Blend präsentieren zu dürfen. Kräftig und markant, wie die Männer, die ihn trinken.« Noch mal Kompliment, diesmal an die Marketingabteilung, auf deren Strategie ich sofort reingefallen war. Jetzt wollte ich noch eine Kaffeemühle besorgen und könnte jeder Sturmfront trotzen.

Eigentlich fehlte nur noch der passende Wagen. So heißt denn der Edel-SUV von GMC tatsächlich ›Yukon‹, seit vielen Jahren ein Verkaufsrenner, trotz monumentalem Spritverbrauch und saftigem Preis. Allein der Name verspricht wilde

Abenteuer, und sei es nur auf dem Highway-Dschungel von L.A., durch den man sich im Schritttempo von einem Megastau zum nächsten quält. Aber hey, wenn's wirklich drauf ankommt, dann ... dann wäre ich gewappnet, mit so einem Spaßmobil. Ich habe mich dann doch anders entschieden. Für einen betagten, weißen Ford F100, Baujahr 1974, mit kleiner Camper-Kabine, 90 000 Meilen, in exzellentem Zustand. Das lag auch am Wüstenklima Arizonas, das Rost schlichtweg nicht entstehen ließ und in dem er die ersten 36 Jahre seiner Existenz verbringen durfte. Musste eine Weile suchen, bis ich den Truck im Internet gefunden hatte. Die Ausstattung klassisch-spartanisch, 4-Gang-Schaltgetriebe, durchgehende Sitzbank, Hüftgurt, aber immerhin schon Klimaanlage und ein gemütlicher V8-Motor, bestens zum Highway-Cruisen geeignet. Später, als ich immer wieder gefragt wurde, wie sie heiße (ja, Trucks sind zumindest in Amerika offenbar stets weiblichen Geschlechts), gab ich ihr den Namen ›Loretta‹, vielleicht auch, weil sie mich mit ihrer klassisch-schlichten Erscheinung an Country-Königin Loretta Lynn denken ließ.

Sie merken schon, Country Music spielt eine große Rolle in meinem Leben. Ich mag die Wehmut, die Sehnsucht der Songs, die einfachen Geschichten, aber auch die vielen Facetten. Klar, dass ich bei meiner Fahrt zum Yukon vorzugsweise nach Country-Stationen im Radio suchte. Meist mit Erfolg, kein anderes Genre ist häufiger vertreten in Amerika. Etwa die Hälfte aller Sender hier spielt ausschließlich Country. Auch auf dem Fluss sollte mich diese Musik begleiten, obwohl ich weder Radio noch MP3-Player mitnehmen wollte. Besonders ein Song von Garth Brooks würde eine große Rolle spielen. Aber das war mir noch nicht klar, als ich nach kurzem Stopp in seiner Heimatstadt wieder auf die Autobahn rollte.

Ich hatte mich entschlossen, meine Reise auf dem Yukon in einem traditionellen Kanu aus Birkenrinde zu unternehmen. Nicht nur, weil es toll aussieht. Ich wollte ja vor allem den Menschen am Fluss begegnen. Die über zwanzig Siedlungen und Dörfer, die sich vor allem in Alaska an den Yukon reihen, sind traditionelles Territorium der Ureinwohner. Im Inland gehört es den Gwich'in Athabasken, die früher ihre Boote selbst aus Birkenrinde fertigten. Sie gaben dem Fluss auch seinen Namen. In ihrer Sprache bedeutet Yukon schlicht ›großer Fluss‹. Ich wollte keineswegs Indianer spielen, vielmehr den Menschen authentisch begegnen, selbst wenn die längst auf Aluboote umgestiegen waren. Und sicher würde ein Birkenrindenkanu Türen öffnen oder zumindest die Kontaktaufnahme erleichtern. Mein erstes Kanu dieser Art hatte ich im Jahr zuvor gesehen, als ich zum Yukon reiste, um ein paar Tage auf ihm zu paddeln und ein Gespür für Fluss und Land zu bekommen. Ich besuchte damals in Dawson City ein indianisches Museum am Ufer des Yukon. Dort befanden sich ein Jagdkanu und ein kleines Modell, das die Herstellung erklären sollte. Ich fragte die Kuratorin, ob die Menschen noch solche Boote benutzten, und erzählte ihr von der Idee meiner Reise. »Oh, da fragst du am besten das Mädchen, das das Modell hier gefertigt hat. Sie ist Halbindianerin, ihr Vater, ein Frankokanadier, hat seine Kenntnisse bei den Stammesältesten erworben und dann an seine Tochter weitergegeben.« Just in diesem Moment betrat eine junge Frau das Museum. »Na, das trifft sich ja, wir haben gerade von dir gesprochen.« Ich weiß nicht, wie Sie es mit Zufällen halten, auf meinen Reisen kommt es auffällig häufig zu solch glücklichen Fügungen. Ich bin wahrlich kein Esoteriker, aber manchmal muss ich dann schon sehr schmunzeln, wie sich die Dinge ergeben oder entwickeln.

»Auf keinen Fall!« war ihre prompte, ernüchternde Antwort auf meine Frage, ob ich damit den Yukon hinabfahren könne. »Vielleicht wenn jemand in einem Begleitboot mitfährt, der dich im Notfall rettet.« Ich erkannte den Ansatz eines schelmischen Grinsens in ihrem hübschen Gesicht. Diese Kanus seien für die Jagd konzipiert, leicht, schnell, wendig, aber eben nicht sehr stabil und für so eine lange Reise einfach nicht geeignet. Wie schade, ich sah mich schon im Geiste als Lederstrumpf mit Waschbärmütze, dem gerade die Felle davonschwammen. Ich könnte ja noch ihren Vater Halin fragen, der sei der eigentliche Experte. Außer ihm gebe es im Yukon keinen mehr, der die traditionellen Boote baute. Er habe sogar schon ein riesiges Voyager-Kanu aus Birkenrinde gebaut. Da passten locker acht oder zehn Leute rein, plus Felle, Ausrüstung und Proviant. So seien früher die Pelzhändler unterwegs gewesen. Es dauerte eine ganze Weile, bis ich meine anfängliche Enttäuschung überwunden hatte. Drei Monate später, zurück in Deutschland, schrieb ich eine Mail an Halin und hörte wochenlang nichts. Ich hatte meinen Traum vom Birkenrindenkanu längst begraben, als er plötzlich doch noch antwortete. In gebrochenem Englisch entschuldigte er sich für die Verspätung, er sei gerade in Patagonien, wolle dem Winter im Yukon entfliehen und sich ganz seiner Kunst widmen, der Malerei. Im Übrigen könne man eine Reise, wie ich sie vorhätte, selbstverständlich in einem Kanu aus Birkenrinde machen. Man müsse eben nur das passende Modell wählen. Ich horchte auf und erfuhr, dass es Dutzende unterschiedlicher Stile gab, jeder Stamm hatte quasi seinen eigenen. Und auch wenn das Grundprinzip der Herstellung bei allen ähnlich war, so unterschieden sie sich eben je nach Zweck und Region doch deutlich in den Details. Halin riet mir zu einem Kanu, das die Indianer der Great Lakes an der Grenze zwischen Kanada und den Vereinigten Staaten früher benutzten. »Die mussten teilweise wochenlang unterwegs sein, transportierten in ihren robusten Booten manchmal den halben Hausstand samt Familie.« Großartig, ich würde meine Reise also doch noch stilecht machen können. Allerdings wollte ich das Boot auch gerne bauen oder zumindest dabei mithelfen. »Kein Problem«, schrieb Halin. »Dann geht es schneller …« Anfang Juni wäre mein Wunschtermin für den Start, gleich nach dem Eisaufbruch auf den Quellseen, um nicht in die gefährlichen Herbststürme im Delta zu geraten, vor denen mich viele im Vorfeld gewarnt hatten. Halin wollte eigentlich nicht so früh zurückkommen, es sich aber noch mal überlegen. Tage des Bangens vergingen. Dann kam die erlösende Nachricht, er könne sicher auch ein paar Tage früher kommen. Ich war erleichtert, wenn auch nur für einen sehr kurzen Moment. Denn Halin merkte noch an, dass er mir keine definitive Zusage geben könne. Wie? Was hieß das denn? Na ja, es sei schon wahrscheinlicher, dass er käme, als dass er nicht käme. Aha. Und im Übrigen glaube er fest daran, dass, was geschehen soll, auch geschehen wird. Er würde sich dann zu gegebener Zeit melden.

Vier Wochen konnte ich diese Ungewissheit ertragen. Dann fing ich an zu recherchieren. Es musste doch noch andere geben, die Kanus aus Birkenrinde bauten. Im Yukon nicht, das hatte mir Halin glaubhaft versichert. Ich tippte *birchbark*, *canoes* und *building* in die Internet-Suchmaschine. Bald hatte ich eine Handvoll Namen recherchiert und nahm Kontakt per Mail auf. Irgendwann schrieb mir Tom Byers aus Ontario im Osten Kanadas. »Wenn du Lust hast, kannst du schon im April kommen. Dann kriegen wir noch Winterrinde, die ist etwas dicker, und du kannst sie sogar verzieren, wenn du die dunkle Zusatzschicht wegschabst.« Ich schaute mir die Bilder auf seiner Homepage an, las über ihn. Er gehörte zu den Métis, einer ethnischen Gruppe in Kanada, meist Nachfahren französischer Trapper mit indianischen Frauen. Tom lebte in einem kleinen Blockhaus ohne Strom und fließend Wasser, einsam an einem Fluss inmitten der

Wälder. Fast zu kitschig, um wahr zu sein. Ich war begeistert, zögerte aber noch. Wegen des Riesenumwegs und weil ein Kanubau am Yukon natürlich authentischer wäre. Halin nahm mir ein paar Tage später die Entscheidung ab, als er verkündete, dass er in diesem Jahr vermutlich gar nicht zum Yukon kommen würde. Das, was geschehen soll, wird auch geschehen. Oder eben nicht.

Fünf Tage war ich inzwischen unterwegs, hatte seit meiner Abfahrt aus Los Angeles über 4000 Kilometer zurückgelegt und den Frühling weit hinter mir gelassen. Hier oben im Norden regierte selbst jetzt, Mitte April, noch immer der Winter, auch wenn der Schnee weitgehend getaut war. Das Navi führte mich zielsicher an Toms Grundstück vorbei. Das sollte nach seinen Angaben noch ein paar Kilometer weiter an der Schotterpiste liegen. Im Augenwinkel erkannte ich einen Mann in der Einfahrt, die ich gerade passiert hatte. Er unterbrach seine Arbeit und blickte konzentriert in meine Richtung. Ich stieß mit dem Wagen zurück.

»Du hast es geschafft!«, rief Tom mir zu, als ich ausstieg. Mit seinen stahlblauen Augen und den freundlichen Gesichtszügen erinnerte er mich irgendwie an Paul Newman, nur mit Schnauzer. Ich schätzte ihn auf Mitte, Ende fünfzig. Sein graues Haar quoll unter einer vergilbten, grünen Schirmmütze hervor. Er wirkte größer und fitter als auf den Bildern im Internet. »Ich habe gerade eine Schubkarre vorbereitet. Damit können wir deine Sachen runter zur Hütte fahren. Der Weg ist ziemlich aufgeweicht.«

Etwas zweifelnd blickte ich auf die wacklige Holzkonstruktion. Die kurzen Gabeln von zwei kleinen Gummirädern steckten vorne in einem Rahmen aus Brettern, die notdürftig verschraubt waren. »Wie weit ist es denn?«, wollte ich wissen.

»Eine Meile, maximal«, erwiderte Tom sichtbar stolz auf sein Spezialgefährt, das wir mit meinen Taschen und Proviant vollluden. »Manchmal steht hier alles wochenlang unter Wasser«, erklärte Tom, als wir nach fünf Minuten den steilen Zufahrtsweg hinter uns ließen und in ein kleines Tal kamen. »Ich muss erst noch ein paar Löcher auffüllen und den Weg besser befestigen. Wenn die Sonne ein paar Tage scheint, sollte es trocken genug sein. Dann können wir sicher auch mit den Autos runter.« Tom parkte seinen Wagen schon eine ganze Weile oben an der Straße. Sei ja auch ein gutes Training, jedes Mal zehn Minuten zu Fuß rauf und wieder runter.

Der Hain aus dünnen Birken und Pappeln öffnete sich und gab den Blick auf eine große Grasfläche frei, die am Ufer eines schmalen Flusses endete. Ich erkannte das alte Blockhaus, das ich schon auf Toms Website gesehen hatte. Rechts daneben schmiegte sich die kleine Werkstatt an eine stattliche Fichte. Vor einem respektablen Haufen aus Stücken alter Birkenrinde und Holzresten stand eine dritte Hütte.

»Das ist das *guest house*, ganz für dich!« Tom stieß die Tür auf. »Einfach, aber zweckmäßig, ich hatte dich ja gewarnt«, entschuldigte er die spartanische Einrichtung. Zwei Feldbetten, ein ausrangierter Küchentisch, ein gusseiserner Ofen. Auf den Boden hatte Tom einen dünnen Filzteppich gelegt, die gröbsten Ritzen der Wände waren mit Stofftüchern zugestopft. »Ich wollte eigentlich noch besser isolieren, hatte aber zu viel zu tun. Hast du einen guten Schlafsack?«, fragte er mit Blick auf den Nachtfrost, der für die nächsten Tage angekündigt war. »Keine Sorge, mir gefällt's!«, beruhigte ich ihn. Auf dem Tisch stand ein blauer Zwanzig-Liter-Kanister Wasser. »Soll ich uns einen Kaffee machen?«, schlug ich vor, auch weil ich unbedingt meine erst gestern erstandene Kaffeemühle ausprobieren wollte. Ich hatte sie nach langem Suchen in einem italienischen Laden am Stadtrand von Chicago entdeckt. »Gute Idee. Ich habe noch Apfelkuchen.« Tom sprang auf und kehrte nach fünf Minuten mit zwei mächtigen Stücken zurück. »Sonderangebot vom Vortag«, freute er sich bei den ersten Gabeln noch immer über sein Schnäppchen.

Mein Kaffee dauerte ein wenig länger. Nicht wegen der Handmühle, die funktionierte hervorragend. Aber der Alkoholbrenner meines mitgebrachten Kochers brauchte eine ganze Weile, bis er das Wasser im Alu-Espressokännchen durchs Sieb gepresst hatte. Für die Tour auf dem Yukon würde ich wohl doch wieder auf Benzin umsteigen.

»Das ist der beste Kaffee seit langer Zeit!«, lobte Tom wohl mehr aus Höflichkeit das braune Gebräu, mit dem ich noch nicht so recht zufrieden war. Vielleicht lag's ja an den Bohnen, obwohl extra aus Italien importiert, beste Ware hatten die Ladenbesitzer gestern geschwärmt. Den *Yukon Blend* wollte ich für den Fluss aufheben.

»Schlage vor, dass wir es heute langsam angehen lassen. Komm doch nachher rüber zum Essen, dann können wir uns besser kennenlernen.«

Tom zeigte mir noch den Brunnen, dessen Wasser man zwar wahrscheinlich auch trinken könnte. Aber vielleicht wäre es sicherer, wenn ich es nur zum Waschen und Spülen nahm. Den Kanister könnten wir an der Zapfstelle im Ort füllen, wenn wir zum Einkaufen fuhren.

»Das da hinten ist das Gästeklo.« Tom deutete auf den kleinen Verschlag, der mitten auf dem freien Feld stand. Als ich es später begutachtete, entdeckte ich eine Inschrift, die Mack, einer meiner Vorgänger, im Jahre 2006 mit Bleistift hinterlassen hatte: »Einfachheit ist die höchste Perfektion!« Ein Zitat von Leonardo da Vinci, das für mich zum Motto der nächsten drei Wochen in den Wäldern Ontarios werden sollte.

»Hier draußen haben wir alle eines gemeinsam: So verschieden wir auch sein mögen, wir sind ein Haufen verrückter Romantiker.« Für einen kurzen Moment wirkte Tom nachdenklich.

»Du meinst, um ein Kanu aus Birkenrinde zu bauen, muss man romantisch sein?«, fragte ich nach.

»Wenn es gut aussehen soll, schon. Und ich bin der größte Romantiker von allen!«

Wir mussten beide lachen. Der kleine Raum seiner hundert Jahre alten Blockhütte quoll über vor Kisten, Büchern und Geschirr. Die Wohnküche mit Sofa, Esstisch, Regalen und Kochecke maß vielleicht fünf mal sieben Meter. Im Laufe der Zeit war der Holzboden in eine deutliche Schieflage geraten, was dem Gebäude eine noch rustikalere Note verlieh. Eine schmale Treppe gleich neben der Eingangstür führte ins obere Stockwerk, in dem Toms Bett stand. ›Mein Haus ist sauber genug, dass man gesund bleibt, und dreckig genug, dass man darin glücklich sein kann!‹, verkündete eine kleine Holztafel draußen. Ein Motto, das Tom offensichtlich konsequent auf das gesamte Grundstück übertrug. Die drei fahruntüchtigen Trucks, die neben ein paar alten Ölfässern und schwarzen Müllsäcken vor sich hinrosteten, unterstrichen dies unübersehbar.

»Ende der 8oer habe ich ein Stück Land auf der anderen Seite des Flusses gekauft und eine kleine Wochenendhütte mit Teerdach drauf gebaut. Da konntest du nur mit dem Boot hin, es gab keine Straße. Immer wenn ich dann hier an diesem Blockhaus vorbeigepaddelt bin, dachte ich, das sieht so cool aus, das will ich unbedingt haben.«

Damals wohnte Marianne noch hier. Vor über sechzig Jahren kam die heute 87-Jährige aus Schlesien nach Nordamerika. Mit zunehmendem Alter schien ihr das spartanische Leben ohne Strom und fließendes Wasser, vom Fluss nebenan mal abgesehen, zu anstrengend. Sie zog in eine umgebaute Doppelgarage mit nur einem Zimmer, aber direkt an der Schotterstraße und überschrieb das Grundstück schließlich Tom. Der half Marianne nun ein wenig, nahm sie mit in die Stadt oder erledigte Einkäufe. Seit gut fünfzehn Jahren lebte er jetzt in seiner Wildnisoase, genoss das einfache Leben, auch wenn es hier im Winter bitterkalt wurde. »Wir hatten schon −42 Grad. Im Haus waren es mal −16. Aber dann machst du halt ein Feuer. Und abends trinkst du viel, damit du nachts rausmusst und dann ein paar Holzscheite nachlegen kannst.«

Toms Humor gefiel mir. Auf einem schlichten Holzofen standen eine gusseiserne Pfanne, in der eine Tiefkühlpizza fürs Abendessen schmorte, und ein großer Topf. Der blieb ständig auf der Herdplatte und sorgte für warmes Wasser und alle zwei bis drei Tage für eine heiße Open-Air-Dusche: ein Eimer mit Schlauch und Miniduschkopf, der an einem Lattengerüst baumelte. Zwei mittlerweile zerfledderte, blaue Tarps waren rundherum ans Holz getackert und sollten den kalten Wind fernhalten. Ich bezweifelte, dass das Ganze im klirrenden Winter sehr zweckmäßig war, aber jetzt im Frühjahr und Sommer reichte es völlig aus.

»Wann bist du geboren?«, wollte Tom nach dem Abendessen wissen.

»21. April 1968.«

Er schlug ein kleines blaues Büchlein auf. »Damit kriege ich raus, was du für ein Mensch bist. Die Zahlen deines Geburtstages ergeben eine Nummernkombination.«

»Das machst du wohl immer am Anfang, damit du weißt, auf was du dich einlässt?«, scherzte ich.

»Ja, meistens schon, und sehr oft stimmt's.«

Tom blätterte durch die Seiten des Bandes, bis er zu meiner Kombination gelangte, Sonne im Stier, Mond im Wassermann. Ich konnte mir nicht alles merken, was er mir vorlas, musste aber zugeben, dass ich mich in vielem wiedererkannte. Über eine Passage mussten wir beide schmunzeln. »Du bist zutiefst romantisch veranlagt, manchmal sogar sentimental, hast jedoch gelernt, deine emotionale

Energie umzuwandeln und praktisch zu nutzen!« Na, dann würde unser Boot ja an Schönheit kaum zu übertreffen sein, bei zwei so großen Romantikern.

Als Tom Anfang der 8oer aus der Kleinstadt Cardinal am St.-Lorenz-Strom in die Gegend kam, um am College in Sudbury Musik zu studieren, hatte er keine Ahnung, dass er hier hängen bleiben würde. »Ich dachte, Sudbury muss die hässlichste Stadt sein, die ich je gesehen hatte. So wie jeder, der hierherkommt. Aber wenn du aus der Stadt rausfährst, weg von den ganzen Minen, die die Landschaft zerstören, dann kommst du in eine wunderschöne Gegend. Sehr hügelig, mit viel Wald, Seen und Flüssen.« Nach dem College schlug Tom sich als Maler und mit Gelegenheitsjobs durch. Bis er sein allererstes Birkenrindenkanu sah. »In einer *trading post* war das, die es heute gar nicht mehr gibt. Aus irgendeinem Grund habe ich damals nach oben geschaut. Und da hing es von der Decke, dieses wunderschöne Birkenrindenkanu. Ich hatte noch nie etwas so Schönes gesehen.« Tom wirkte bei diesen Worten fast ein wenig verklärt. Der größte aller Romantiker. »Ich hatte damals die Schnauze voll von all dem Plastik, alles war synthetisch und vermutlich giftig, was für ein Kontrast. Es war fast so, als ob eine Stimme zu mir spräche, auch wenn das verrückt klingt: Ich bin der Geist des Waldes, und das können wir erschaffen, wenn wir zusammen statt gegeneinander arbeiten. Ich kann es nicht anders erklären, das war wie eine spirituelle Erfahrung.« Ein Moment, der sein Leben verändert hat. Auch wenn es noch sechs Jahre dauerte, bis Tom sein erstes Kanu baute. »Ich hatte ein paar Filme, die zeigten, wie die Indianer ihre Boote bauten. Das waren meine einzigen Lehrer. Später habe ich dann immer eine kurze Sequenz angeschaut, bin runter in die Garage und habe versucht, es genauso nachzubauen.« Tom sprang auf und ging zu einem der völlig überladenen Regale. »Ich möchte dir was zeigen, muss nur die Videokassette finden.« Erst jetzt fiel mir der verstaubte VHS-Rekorder aus der elektronischen Steinzeit auf, der neben dem alten Sofa stand.

»Du hast Strom hier?«

»Ja, ein kleines Solarpaneel auf dem Vordach. War schon drauf, als ich eingezogen bin.«

»Und was kannst damit betreiben?«

»Alles Wichtige, Licht und den Plattenspieler.«

Der stand in einem anderen Regal neben dem Sofa und war vermutlich noch älter als der VHS-Rekorder. Zwischen Dutzenden von Kassetten und Büchern stapelten sich die Schallplatten. Das Cover zuoberst zeigte das Porträt eines Mannes mit Struwwelmähne und Zottelbart, der eine antike Fliegerbrille trug.

»Was ist das denn?«, platzte es aus mir heraus.

Tom drehte sich um. »Oh, das ist meine Lieblingsplatte, John Hartford. Eine seiner besten, *Aero Plain*, kennst du die?« Das Album nicht, aber ich wusste, wer John Hartford war. Eine Folk- und Bluegrass-Legende, die mit *Gentle on My Mind* für Glen Campbell einen der größten Country-Pop-Hits aller Zeiten geschrieben hatte und kurz vor ihrem Krebstod als treibende Kraft beim millionenfach verkauften Soundtrack des Films *O Brother, Where Art Thou?* mitgewirkt hatte. Die Coen-Brüder schufen mit ihrer Adaption von Odysseus' Irrfahrt ein cineastisches Meisterwerk, in dem George Clooney sich mit zwei grenzdebilen Mithäftlingen durch den von der Rezession schwer gebeutelten amerikanischen Süden der 30er-Jahre des letzten Jahrhunderts schlägt, um seine Exfrau davon zu überzeugen, dass sie nicht wieder heiraten darf, weil er sie immer noch liebt. Die skurrilen Abenteuer der drei Ausbrecher werden von einem grandiosen Soundtrack aus Blues, Bluegrass, Folk, Gospel und Roots Music begleitet. Wer Musik von Größen wie John Hartford in seiner Sammlung hatte, war genau nach meinem Geschmack. Das verhieß musikalischen Einklang und sicher so manch anregende Fachsimpelei bei lecker Kaffee und Kuchen. Allerdings müsste ich dazu meine Barista-Qualitäten wohl noch etwas steigern. Zu gerne hätte ich die Platte sofort aufgelegt.

»Wir können später mal reinhören, aber jetzt will ich dir das hier zeigen.« Toms Suche war erfolgreich. Stolz streckte er mir eine abgegriffene Videokassette entgegen. »Da ist alles drauf, was du für den Bau eines Birkenrindenkanus wissen musst. So habe ich es mir auch beigebracht.«

Fünf Minuten später saßen wir nebeneinander auf dem plüschweichen Sofa und starrten auf den postkartengroßen Monitor eines portablen DVD-Players, den Tom als Bildschirm mit dem VHS-Rekorder verbunden hatte. Die wackligen Schwarz-Weiß-Aufnahmen zeigten ein indianisches Ehepaar, das vor seiner Hütte ein Kanu aus Birkenrinde fertigte. Alle Arbeitsschritte waren dokumentiert, vom Schälen der Rinde bis zum Abdichten mit Fichtenharz. Auch wenn die Details wegen der schlechten Qualität kaum auszumachen waren, starrte ich gebannt auf den winzigen Monitor.

»Wow, damit hast du dir alle Kenntnisse angeeignet?«, stotterte ich ungläubig, als der Film nach zwanzig Minuten zu Ende war.

»Damit und mit ein paar anderen Filmen, die kann ich dir auch noch zeigen in den nächsten Tagen. Aber jetzt sollten wir zu Bett gehen. Ist spät geworden, und wir haben einen anstrengenden Tag vor uns.«

Mit einem von Toms Büchern über traditionelle Kanumodelle, das mir bei der Entscheidung für einen bestimmten Baustil vielleicht helfen konnte, trat ich hinaus in die klare Nacht. Die Sterne schienen heute besonders hell zu funkeln. Auf dem kurzen Weg vorbei an den letzten Schneeresten zu meiner Hütte versuchte ich, meine Gedanken zu ordnen. Schon jetzt spürte ich, mit Tom als Baumeister die richtige Wahl getroffen zu haben.

Rund fünfzig Kanus hatte Tom mittlerweile gebaut, ausschließlich mit Material aus den Wäldern, Zedernholz, Kiefernwurzeln, Fichtenharz und natürlich Birkenrinde.

»Sie muss vor allem flexibel sein, das ist das Entscheidende, egal, ob dick oder dünn, sonst kann sie nichts aushalten und zerbricht.« Tom griff zum Messer und setzte einen kurzen Längsschnitt, um die Dicke und Qualität der Rinde besser einschätzen zu können. Ich blickte zur Spitze der gut zwanzig Meter hohen Birke, die in einem Hain eine Stunde von Toms Hütte entfernt stand. Er hatte sie vor ein paar Tagen von der Straße aus entdeckt, als er seine ›Reviere‹ im Vorfeld nach geeigneten Bäumen durchsuchte.

»Die wäre ideal, bei einem Durchmesser von locker vierzig Zentimetern bekämen wir über einen Meter breite Rinde. Perfekt für den Boden des Kanus.« Toms Enthusiasmus stieg nach den ersten Tests noch weiter.

»Wie alt schätzt du die Birke?«, wollte ich wissen.

»Wahrscheinlich knapp hundert, mindestens achtzig Jahre. Viel älter werden die Bäume auch nicht. Für unsere Zwecke kommen nur Bäume infrage, die ohnehin bald sterben würden und gut zwei Drittel ihres Lebens bereits hinter sich haben.«

Weil sie erst dann groß und dick genug sind, um brauchbare Rinde zu bekommen. Nach dem Schälen sterben die Birken. Das kann eine Weile dauern, bleibt aber nur eine Frage der Zeit, weil mit der Rinde auch die Leitungen gekappt werden, die den Baum mit Wasser und Nährstoffen versorgen. Manche Kanubauer fällen die Birken, damit das Schälen einfacher wird. Tom hingegen stand mit Motorsägen auf Kriegsfuß, zu laut und gefährlich. Dann doch lieber mit Leiter durchs Gestrüpp und am stehenden Baum arbeiten.

»Die hängt verdammt fest am Stamm.« Inzwischen hatte er einen etwa zwei Meter langen Schnitt gezogen und versuchte nun mithilfe eines mannshohen Stockes, den er vorsichtig der Länge nach zwischen Rinde und Stamm schob, das Stück abzuschälen. »Das ist das Problem mit Winterrinde. Dafür ist sie zäher, nur die beste lässt sich überhaupt schälen. Im Sommer kriegst du alles kinderleicht runter. Aber jetzt kannst du dir sicher sein: Was wir schälen können, hat beste Qualität.«

Toms anfängliche Euphorie ließ allmählich nach. Zu lange schon mühten wir uns an diesem ersten Baum ab, immer mehr wurde klar, dass es den Aufwand nicht wert war. Einige Risse und spröde Bereiche würden uns doch nur ein kleines Stück Rinde bescheren, das wirklich brauchbar wäre. Tom wirkte zunehmend angespannt. Wir konnten mit dem Bau erst beginnen, wenn wir wirklich gute Rinde für den Boden bekämen. Enttäuscht über die magere Ausbeute, fuhren wir ein Stück weiter auf dem Forstweg. Keine hundert Meter vor uns trollte sich ein junger Schwarzbär ins Dickicht. Wie gut, dass wir zu zweit waren. Da konnte einer immer Schmiere stehen.

Im nächsten Hain hatten wir mehr Glück. Zunächst schälten wir ein paar Rollen, die wir später als Seitenteile verwenden wollten. Und schließlich fanden wir ein auffällig gerade gewachsenes Prachtexemplar. Es sollte uns nach acht Stunden harter Arbeit doch noch das so wichtige Bodenstück liefern. In ganz seltenen Fällen, wenn alle Sterne günstig stehen und Weihnachten auf Ostern fällt, hatte Tom den Boden auch schon mal aus einem einzigen Stück Rinde formen können. Je nach Größe des Kanus muss das dann fünf bis sechs Meter lang sein. Wir waren schon mit drei Meter zufrieden und würden zwei zusätzliche Endstücke ansetzen, um auf insgesamt fünf Meter Länge zu kommen. Ich hatte mich für ein *Ojibwe Longnose* entschieden, mit seinen halbrunden, geschwungenen Enden das klassische Indianerkanu. Aufwendiger zu bauen, aber in Eleganz und Ladekapazität unübertroffen und perfekt für meine Zwecke.

»Wir sollten es vielleicht eine Idee schlanker machen, dann hält es besser die Spur und läuft schneller«, schlug Tom am nächsten Tag vor, als wir die Rinde auf seinem selbst gebauten Arbeitstisch ausrollten. Wobei die weiße Außenseite später innen, die braune Innenseite außen liegen würde. Viel heißes Wasser, das wir mit einer umfunktionierten Spülmittelflasche aus Kunststoff unablässig auf die Rinde spritzten, sollte sie weicher machen und Risse und Brüche vermeiden.

»Das Wichtigste ist jetzt, dass wir sie ganz flach auf den Tisch pressen. Sonst gibt's später nur Probleme, und die Form stimmt auch nicht.«

Wir platzierten einen Holzrahmen auf den Rindenstücken. Er hatte die Form eines Kanus und wurde mit Steinen und kleinen Felsbrocken so beschwert, dass er die Rinde eben auf den Tisch drückte. Erst in zwei Tagen, wenn alles sich gesetzt hätte, würden wir mit den eigentlichen Arbeiten am Boot beginnen können. Genug Zeit, um die anderen Materialien für den Bau zu besorgen, Kiefernwurzeln zum Vernähen, Zedernholz für das Innenleben und Fichtenharz zum Abdichten.

Tom kannte ein Waldstück rund eine Fahrtstunde entfernt, in dem reichlich *jack pines* wuchsen und gute Beute versprachen. Diese Pinien- oder botanisch korrekter Kiefernwurzeln sind neben denen von Fichten besonders geeignet. Sie wachsen in die Breite und liegen nur wenige Zentimeter unter der Erde. Mit Spitzhacken versuchten wir unser Glück und gruben zunächst vorsichtig in Stammnähe. Hatten wir eine passende Wurzel gefunden, folgten wir ihrem Lauf behutsam, manchmal für fünf bis sechs Meter, immer darauf bedacht, sie mit unseren Hacken nicht zu verletzen. Am Ende kappten wir den Wurzelstrang und zogen ihn in der ganzen Länge aus dem Boden. Was in der Theorie recht entspannt klingt, artete in echte Plackerei aus, auch weil bald leichter Regen einsetzte, der uns im Laufe der Zeit durchnässte und auskühlte. Viele Wurzeln sträubten sich mächtig, verzweigten sich immer wieder. Hatte was von Tauziehen, wobei die mittlerweile verschlammten Hände die Sache nicht wirklich leichter machten. Nach gut vier Stunden luden wir eine respektable Wurzelrolle in Toms Kofferraum. Vielleicht würde sie sogar für die gesamten Nähte am Boot reichen.

Als Nächstes mussten wir die Wurzeln teilen und schälen. Perfekt waren sie mit einer Dicke, die einer fetten Makkaroni-Nudel entsprach. Lag der Durchmesser bei mehr als einem halben Zentimeter, wären sie vermutlich zu starr und würden beim Verarbeiten brechen. Waren sie deutlich dünner, würden sie dem enormen Zug nicht standhalten und reißen. Mit einem Messer setzten wir einen kurzen Längsschnitt ins dicke Ende der Wurzeln, spreizten dann mit unseren Daumen vorsichtig die Hälften und führten so den Schnitt fort, bis wir zwei Teile hatten. Zum Schälen hatte Tom einen Axtkopf in einen Holzblock getrieben, mit der Klinge nach oben. Darüber zogen wir die Wurzelhälften immer wieder hin und her, bis die Rinde sich komplett löste. Kleine Verästelungen kappten wir vorher mit einem Messer. Die jetzt schneeweißen Wurzeln wurden aufgerollt und in einen Eimer voll Wasser gelegt. Das würde sie bis zur endgültigen Verarbeitung feucht und flexibel halten.

Für den Bau ihrer traditionellen Kanus verwendeten die Ureinwohner meist das Holz der Zedern. Es ist weich, flexibel und extrem leicht, drei Eigenschaften, die wir für unser Boot auch nutzen wollten. Tom steuerte den Wagen von der Hauptstraße nach rechts zum *Whitefish Reserve*, einem Reservat der Ojibwe-Indianer. Kurz darauf stoppten wir vor einem Tabakladen. Tom brauchte Nachschub, und der war hier deutlich günstiger als in der Stadt. Unablässig hielten die Autos

vor dem kleinen Kiosk. Der Umsatz konnte mit dem weitverbreiteten Kasino-Modell anderer Gegenden, das den In-
dianern übers Glücksspiel Zusatzeinnahmen von Touristen
bringen soll, vermutlich nicht mithalten, schien aber doch
ganz ordentlich auszufallen. Die Reservatsstraße schlängelte sich durch die Wälder, vorbei an einem malerischen
See. Nach einer Weile bogen wir links auf ein idyllisches
Grundstück mit Wasserfront. Aus einem grauen Fertighaus
mit auffällig grünem Dach kam ein Mann zu uns herüber.

»Hey, Kev, wie geht's? Das hier ist Dirk aus Deutschland.«

Wir stiegen aus. Tom und Kevin kannten sich schon lange.
Er lebte als Halbblut mit seiner weißen Frau im Reservat
und hatte wohl auch deshalb mit manchen Anfeindungen
seiner Stammesbrüder zu kämpfen, wie Tom mir auf der
Fahrt erzählte. Kevin wirkte ruhig und sympathisch. Seine
schwarzen Haare, in die sich die ersten grauen Strähnen
mischten, hatte er zu einem schütteren Zopf gebunden. Auf
dem T-Shirt, das er trug, prangte ein stolzer Weißkopfseeead-
ler, der seine Flügel vor einer amerikanischen Flagge spreizte.
›Mut, Ehre, Stärke‹, stand zwischen den Streifen. Am Ende
dieses Tages sollte das noch eine besondere Bedeutung für
mich bekommen. Kevin lud eine schwere Motorsäge in seinen zerbeulten Truck, dann konnte es losgehen. Wir folgten
ihm, bis er rechts am Straßenrand stoppte und ausstieg.
Schwer beladen mit Säge und Äxten, stapften wir durchs
Dickicht auf eine Lichtung zu. Die Sonne blinzelte zaghaft
durch die mächtigen Wipfel der Zedern. Einen Baum hatte
Kevin schon vor ein paar Tagen gefällt. Ein zweiter sollte
gleich folgen. Wir entschieden uns für einen, dessen Äste
erst in etwa sechs Meter Höhe begannen. Das würde eine
ausreichende Länge für die *gunwales* ergeben. Nautisch korrekt übersetzt, entsprechen die *gunwales* dem »Dollbord«
auf Booten, also der obersten Kante. Aber ich nehme mal an,
dass dieser Begriff Sie genauso verwirrt zurücklässt wie

mich und auch nicht klarer wird, um was es sich dabei handelt. Bleiben wir also bei *gunwales*, und Sie stellen sich einfach den Rand des Kanus vor, an dem man sich festhalten kann, wie an einer Reling, auch wenn damit nautisch etwas anderes gemeint ist. Ich entschuldige mich an dieser Stelle demütig bei allen Seefahrern für mein stümperhaftes Bestreben, korrekte und präzise nautische Termini umgangssprachlich zu vereinfachen. Kevin setzte den Gehörschutz auf, warf die Motorsäge an, und nur einen kurzen Moment später lag der Baumriese am Boden. Die nächsten Stunden verbrachten wir mit mühsamem Zerteilen. Keile, Äxte und Stemmeisen sollten das Holz in brauchbare Stücke verkleinern. Eine äußerst zähe Angelegenheit. Zudem trauten sich zum ersten Mal die nervigen *blackflies* nach der langen Winterpause in die Sonne und krabbelten unablässig in unsere Augen, Nasen und Ohren. Später auf dem Fluss sollten sie noch zu einer richtigen Plage für mich werden.

Schließlich luden wir die langen Holzstangen auf das Dach von Kevins Truck. Ich setzte mich obendrauf, um das Holz zu beschweren und dafür zu sorgen, dass es nicht verrutschte. Im Schneckentempo fuhren wir zurück zu Kevins Haus und verzurrten dort alles auf Toms kleinem PKW. Eine gewagte Konstruktion, mit der wir uns aber dann doch auf den Rückweg trauten. Wir verabschiedeten uns von Kevin, der noch zum Kung-Fu-Training in der *Community Hall* des Reservates wollte. Erst kürzlich hatte er den Abnehmwettbewerb seines Stammes gewonnen und sich von den 800 Dollar Preisgeld ein Fahrrad gekauft, um weiter trainieren zu können. Kevin fuhr voraus, hielt aber nach ein paar Minuten an und forderte uns mit einer Handbewegung auf, zu ihm zu kommen. Wir rollten neben seinen Truck, und er stieg aus. Ich kurbelte die Fensterscheibe runter.

»Ich habe diese Adlerfeder hier jahrelang in meinem Wagen gehabt, damit sie mich beschützt. Jetzt wäre es mir eine

Ehre, wenn du sie mit auf die Reise nimmst, damit sie dich beschützt.«

Sprachlos nahm ich die Feder aus Kevins Hand. Ich war überwältigt, auch weil ich um die Bedeutung dieser Geste wusste, die unter den Ureinwohnern bis heute eine besondere Ehre ausdrückt.

»Ich komme wieder und bringe sie zurück«, stammelte ich.

»Oh nein, das brauchst du nicht. Sie gehört jetzt dir«, beruhigte mich Kevin.

»Ich meine, ich komme wieder und bringe sie mit, um dir zu zeigen, dass ich es geschafft habe.«

Wir verabschiedeten uns noch einmal, mit einem innigen Handschlag. Dann ließen wir ihn zurück und fuhren schweigend weiter. Ich schaute noch eine Weile in den Seitenspiegel, in dem Kevins Silhouette immer kleiner wurde.

»Er mag dich«, unterbrach Tom die minutenlange Stille.

»Ich werde wiederkommen«, entgegnete ich. »Nach der Reise, versprochen.«

In den nächsten Tagen arbeiteten wir rund um die Uhr, starteten früh, noch vor der Sonne. Wir teilten das Zedernholz weiter und bearbeiteten es mit Krummmesser und immer wieder auf der Schnitzbank. So fertigten wir die *ribs*, die ich zu Ehren der vorhin vergraulten Seefahrer korrekter als Spanten bezeichnen sollte, die *sheathings*, etwa zehn bis fünfzehn Zentimeter breite Holzstreifen für die Innenverkleidung, und die bereits erwähnten *gunwales*, an denen die Birkenrinde später mit den Kiefernwurzeln angenäht werden sollte. Kein Nagel, keine Schraube, kein Klebstoff. Auch unsere Werkzeuge blieben archaisch. Neben Krumm- und Zugmesser setzten wir Ahle und Handbohrer für die Löcher ein. Die Eschen, aus deren Hartholz wir die fünf Querstreben zur Versteifung des Bootes schnitzen wollten, fällten

35

wir mit der Axt auf Toms Land. Meine Hände und Unterarme revanchierten sich für die ständige Beanspruchung bald mit dumpfem Überlastungsschmerz. Die Spitzen meiner ersten drei Finger entwickelten sogar eine Taubheit, die erst nach der Reise wieder langsam verschwinden sollte. Trotzdem genoss ich die körperliche Arbeit. Auch wenn ich manchmal morgens aufwachte und kaum die kleine Kaffeekanne halten konnte. Nach einiger Zeit aber schien sich die Anspannung zu lösen, ich war bereit für einen neuen Arbeitstag und erfreute mich am aromatischen Duft von Rinde und Holz. Der verstärkte sich in der kleinen Werkstatt jedes Mal, wenn wir heißes Wasser aufspritzten, um unser Baumaterial zu biegen und zu formen. Zwischen all den groben Holzspänen fühlte ich mich bald wie ein kleiner Meister Eder. Unser Pumuckel hieß *Banjohead* und war ein scheues Murmeltier, das allerdings nicht täglich, sondern nur hin und wieder aus seiner Höhle unter Toms Hütte grüßte. Der Name entstammte Toms musikalischen Talenten. Jeden Abend zupfte er zur Entspannung das Banjo oder griff im letzten Sonnenlicht auf der Veranda zur Gitarre und eiferte seinem großen Vorbild, Jazzlegende Django Reinhardt, nach. Auch Mandoline, Mundharmonika und Akkordeon beherrschte er.

»Mein nächster Traum ist, ein berühmter Gitarrist zu werden. Daran arbeite ich seit vierzig Jahren«, scherzte er, als ich ihn fragte, was er denn noch vorhätte. »Ist ein bisschen zäh, aber es könnte noch klappen. Nein, es wird noch klappen. Man wird schließlich immer das, wovon man träumt!«

Tom verwendete gerne Zitate aus Filmen. Das hier stammte aus der Verfilmung der Lebensgeschichte von Grey Owl. Pierce Brosnan spielt darin den britischen Schriftsteller und Naturschützer Archibald Belaney, der Anfang des 20. Jahrhunderts nach Kanada auswanderte, bei den Ojibwe-Indianern lebte und von ihnen angeblich den Namen Grey

Owl erhielt, als er adoptiert wurde. Archie ließ sich die Haare wachsen, flocht sich Zöpfe und schuf sich eine neue Identität als Halbblut. Das sollte seiner Reputation später zwar schaden, aber seine Geschichten und Berichte aus der kanadischen Wildnis sorgten für Begeisterung. Er wurde nach Europa eingeladen und feierte dort große Erfolge als Vortragsredner. Als er, zurück in Nordamerika, einem alten Häuptling der Lakota Sioux gegenübertrat, durchschaute der seine falsche Identität sofort und brach in schallendes Gelächter aus. Statt jedoch Grey Owl bloßzustellen, überreichte er ihm zum Dank für sein Engagement einen wertvollen Halsschmuck mit den bedeutungsschwangeren Worten: »*Men become what they dream, and you have dreamed well!*« Damit nahm der Häuptling nicht nur allen Kritikern den Wind aus den Segeln. Er unterstrich auch, dass allein Glaube und Überzeugung entscheiden, was aus einem Menschen werden kann, nicht Herkunft oder Vorgaben.

Irgendwann fing Tom an, mich *grasshopper* zu nennen, in Anlehnung an eine Szene aus der TV-Serie *Kung Fu* mit David Carradine. Eine Rückblende zeigte den Hauptdarsteller als jungen Schüler, dem der Shaolin-Mönch im Kloster prophezeite: »Wenn du diesen Stein aus meiner Hand nehmen kannst, bist du bereit zu gehen, Grashüpfer.« Der Junge versuchte es, aber der alte Mönch war jedes Mal schneller und verschloss den Stein in seiner Hand. So wurde ich also zum *grasshopper*, der von *Master* Tom lernen durfte, bis er genug Wissen erlangt hatte, um allein in die Welt zu ziehen. Später erzählte mir Tom, dass er schon mit fünfzehn Jahren zum ersten Mal Vater geworden war, sein Sohn allerdings damals zur Adoption freigegeben wurde. Er hat ihn nie wiedergesehen. Rückblickend hatte ich den Eindruck, dass Tom vielleicht manchmal in mir diesen verlorenen Sohn gesehen hat. Der war jetzt genau in meinem Alter. Vielleicht überinterpretiere ich, aber unsere Beziehung entwickelte sich weit über eine Zweckgemeinschaft oder ein reines Arbeitsverhältnis hinaus. An meinem Geburtstag überraschte Tom mich mit einem nächtlichen Ständchen, einer Minitorte, auf der eine einzelne Kerze brannte, und einer Mundharmonika, Hohner, made in Germany. Ich musste ihm versprechen, auf der Reise ordentlich zu üben, damit wir bei meiner Rückkehr gemeinsam jammen konnten. Außerdem gab er mir noch eine alte Doppelausgabe der Abenteuer von *Huckleberry Finn* und *Tom Sawyer* als Lektüre mit, eines seiner Lieblingsbücher. Wobei er sich mehr Huck Finn verbunden fühlte, der sei nicht so ›geschleckt‹ wie Tom Sawyer, auch wenn der wesentlich bekannter sei und immer im Rampenlicht stehe.

Wir kamen gut voran, falteten die Rinde schließlich um den aufgesetzten Holzrahmen, stabilisierten die Form mit seitlichen Stangen, die wir durch vorgebohrte Löcher im Arbeitstisch steckten und dann mit Steinen am Boden verankerten. Dann konnten die Näharbeiten beginnen. Mit der Ahle durchstachen wir die Rinde und fädelten das angespitzte Ende einer Wurzel durch das so entstandene Loch. Im Abstand von etwa zwei Zentimetern folgte das nächste Loch, durch das wir die Wurzel nun wieder nach außen führten. Diesen Arbeitsschritt wiederholten wir tagelang, setzten zunächst die Seitenteile aus Rinde an die Bodenstücke und nähten sie schließlich an den *gunwales* fest. Zugegeben eine monotone Arbeit, die mir trotzdem gefiel, nicht nur, weil die ganze Zeit der lokale Country-Sender aus dem Transistorradio dudelte. Ich fühlte mich mit jeder Naht meinem Boot ein Stück mehr verbunden. Zwar hörte ich noch nicht den Geist des Waldes, der zu mir sprach, wie Tom es beschrieben hatte, aber ich war dankbar für jeden Moment dieser einzigartigen Erfahrung. Tom war zudem ein Meister der Motivation. »Sie sieht gut aus ... großartig ... du hast es drauf ... gute Arbeit!«, bekam ich immer wieder zu hören und hatte am Ende das Gefühl, dass er es hin und wieder sogar ernst meinte. Unser Boot nahm Form an, runde Form.

»O ja, sie hat die richtigen Kurven!«, freute sich Tom, als wir die beiden Endstücke einsetzten und die klassische Nasenform des Kanus sich deutlich abzeichnete. Dabei klangen seine Worte so, als ob er die perfekten Rundungen einer gut gebauten Traumfrau kommentierte. Ich musste ihm zustimmen. Seine beiden wichtigsten Grundsätze, die wir während der Arbeit gebetsmühlenartig wiederholten: »Zweimal messen, nur einmal schneiden« und »Lieber zu lang als zu kurz«, hatten sich bewährt. Als wir den Holzrahmen schließlich aus dem Rumpf zogen, war ich begeistert. Sie sah genauso aus wie das Kanu auf dem Foto in dem Buch von Tappan Adney, das wir immer wieder als Vorlage heranzogen. Dieses Buch war unser ständiger Begleiter. Unzählige Male maßen wir nach, übertrugen und korrigierten die Abmessungen und Markierungen. Ohne Adney wäre die Kunst des traditionellen Kanubaus vermutlich schon lange vergessen. Der Journalist und Autor widmete sich bis zu seinem Tod 1950 der Bewahrung dieses Wissens, fertigte über einhundert akribisch nachgebaute Modelle der unterschiedlichen indianischen Kanus an und fasste die gesammelten Daten und Maße in einem faszinierenden Buch zusammen. Später sollte mir dieser beeindruckende Mann ganz überraschend noch einmal begegnen.

Vor der jetzt kommenden, schwierigsten Bauphase wirkte der sonst so lässig-fröhliche Tom wortkarg und angespannt, wie ganz zu Anfang beim Schälen der Birkenrinde. Zwei Tage hatten wir die Spanten im Brunnen versenkt, damit sie sich ordentlich mit Wasser vollsaugen konnten und so leichter zu biegen waren. Trotzdem würde der nächste Schritt unsere volle Konzentration verlangen. Paarweise kochten wir die Spanten in einer rußgeschwärzten Rinne auf offenem Feuer vor der Werkstatt für jeweils fünf Minuten. Gleich anschließend wurden sie an markierten Stellen vorgebogen. Tom benutzte dazu sein Knie, das er gegen das Holz stemmte, während er die Enden behutsam zu sich zog. War die gewünschte Form erreicht, platzierten wir die noch warmen Spanten im Boot und fixierten sie mit Holzklemmen. Insgesamt 34 Spanten sollten dem Kanu von innen Stabilität verleihen. Als auch die letzte Klemme saß, löste sich Toms Anspannung. Er entschuldigte sich dafür. Wir trugen das Boot zum ersten Mal aus der Werkstatt, legten es auf die Wiese, wo die Sonne das Holz jetzt für zwei Tage trocknen sollte.

In der Zwischenzeit schnitzte ich die rund fünfzig hauchdünnen *sheathings*, die wir später innen zwischen Rinde und Spanten schoben. Damit war mein Kanu komplett ausgekleidet, und ich würde bedenkenlos zuladen und hineinsteigen können, ohne befürchten zu müssen, die Rinde zu beschädigen. Tom erhitzte noch einen Topf Teer, den er von innen auf den Nahtstellen verteilte, als zusätzliche Abdichtung. Schon die indianischen Baumeister nutzten dieses Material. Mit Holzhammer und Meißel trieben wir schließlich die inzwischen getrockneten Spanten über die vorher platzierten *sheathings*. Überstehendes Holz wurde gekappt, und allmählich wölbte sich der Rumpf meines Bootes zu einer perfekten, stabilen Form. Wir waren begeistert! Der Rest war Feinarbeit: Zwei Kopfbretter sollten die empfindlichen Enden stützen, in denen keine Spanten saßen, und die *gunwales* erhielten noch eine Abschlussleiste auf jeder Seite.

Jetzt fehlte nur noch das Harz. In einem Fichtenhain neben der Hauptstraße nach Sudbury kratzten wir mit einem Messer die zähen Klumpen von den Stämmen, weiter oben mit einer alten Konservendose, die Tom an einem Stock befestigt hatte. Wir sammelten einen halben Eimer voll Harz, erhitzten es später in einem Topf und filterten es durch ein grobes Stück Stoff. Das flüssige Harz versetzte Tom noch mit einem großen Löffel Bärenfett, um ihm die richtige Konsistenz zu verleihen.

»Wenn du später mal was reparieren musst und es zu spröde wird, gib beim Erhitzen einfach wieder ein wenig Fett dazu. Falls du kein Bärenfett auftreiben kannst, tut es auch auch anderes, nur tierisch muss es sein«, gab er mir als Tipp mit auf den Weg. Sein Bärenfett stammte übrigens von einem Schwarzbären, den ein Freund geschossen hatte. Tom bewahrte es in einem großen Glas auf.

Wir schnitzten uns zwei dünne Stöcke, mit denen wir das Harz auftragen wollten. Das Boot lag schon auf der Seite.

»Jetzt musst du lecken und drücken! Dein Finger muss immer feucht bleiben, sonst klebt das Harz an der Haut fest.«

Tom tauchte sein Stöckchen in die Pfanne, die wir neben uns auf die Wiese gestellt hatten. Er träufelte das flüssige Harz auf die erste Nahtstelle und drückte es sofort mit dem Zeigefinger seiner anderen Hand fest auf die Rinde. So arbeitete er zügig weiter, benetzte immer wieder seinen Zeigefinger, indem er ihn kurz ableckte, und verteilte das Harz über die gesamte Naht. Meine ersten Versuche, ihm nachzueifern, scheiterten kläglich. Eintauchen, aufträufeln, drücken, benetzen. Das überforderte meine Multitasking-Fähigkeiten deutlich. Und so klebte das Harz schon nach kurzer Zeit in zähen Batzen an meinen Fingern. Hatte ich die Finger gesäubert, war die Pfanne erkaltet und musste erst wieder auf den Campingkocher. Am Nachmittag fuhr Tom in die Stadt, zwei Holländer abholen, die ab morgen mit ihm bauen wollten. So hatte ich genug Gelegenheit, an meiner Harztechnik zu feilen, was mir vor allem später auf dem

Fluss noch zugutekommen sollte. Als Tom mit den beiden nächsten *grasshoppers* zurückkam, fehlte nur noch an Bug und Heck die Versiegelung.

Die Sonne hatte sich schon hinter die Baumwipfel verabschiedet, als wir schließlich mit stolzgeschwellter Brust und dem Boot unterm Arm zum Fluss eilten, um es zu testen. Nach fast drei Wochen Bauzeit war der Moment der Wahrheit gekommen. Vorsichtig setzten wir es zum ersten Mal ins Wasser. Würde es dicht halten, wie ließ es sich fahren, war es stabil? Tom schien mindestens genauso aufgeregt wie ich. Er kniete sich ins Heck, ich stieg vorne in den Bug. Noch unsicher, stießen wir uns vom Ufer ab und starrten wie gebannt auf den Boden des Bootes. Nichts. Keine lecke Stelle, durch die Wasser ins Kanu dringen konnte. Es blieb so knochentrocken wie an Land.

»Das hatte ich erst einmal, ein auf Anhieb komplett dichtes Boot!«

Toms Begeisterung erfasste auch mich. Wir paddelten raus auf den Fluss, der hier sicher dreißig Meter breit und noch saukalt war. Mit jedem Paddelschlag aber fühlten wir uns sicherer, zogen kräftiger durch die Wogen. Sie war schnell, wendig und lag souverän im Wasser. Erst jetzt konnten wir unserer Erleichterung freien Lauf lassen und schrien unser Glück über den Fluss. Vor Freude über den erfolgreichen Abschluss, aber auch aus Dankbarkeit für die intensive Zeit, die uns nun verband. Mein Kanu hatte seine Feuertaufe mit Bravour bestanden.

»Es erinnert mich jedes Mal an das erste Kanu, das ich gebaut habe, und an das Gefühl damals, auch wenn es jetzt nicht mehr so intensiv ist. Aber es bleibt einfach ein magischer Moment.«

Ich wusste genau, was Tom meinte.

Eigentlich hatte mich längst die Unruhe gepackt, ich wollte los, mit meinem Boot den Yukon erobern. Trotzdem blieb ich noch einen Tag länger, nicht nur, um mir noch ein Paddel aus Zedernholz zu schnitzen. Ich wollte den Moment des Abschieds ein wenig hinauszögern, auch wenn Tom schon längst von den beiden Holländern in Beschlag genommen wurde. Am Nachmittag setzte ich mich auf die raue Holzbank am Ufer des Vermillion River, der gemächlich an Toms Blockhütte vorbeifloss. Der Wind kräuselte das Wasser ein wenig. Ob die Quellseen im Yukon schon eisfrei waren, jetzt, Anfang Mai? Um mich herum blühten die ersten Frühlingsblumen. An den Birken und Pappeln zeigten sich die ersten Knospen, und zartes Grün begann, noch vorsichtig, zu sprießen. Schon vor ein paar Tagen hatte ich den ersten Moskito der Saison erschlagen. »Möchtest du ihn ausstopfen lassen?«, hatte Tom gescherzt. »Mein Kumpel hat ein Taxidermie-Geschäft. Und auf seiner Visitenkarten stand mal als Slogal: Steve's Taxidermie – Wir stopfen alles aus!« Ich würde seinen Humor vermissen. Und ihn, *Master* Tom. Aber für den *grasshopper* war es Zeit aufzubrechen. Wir luden das Kanu auf meinen Wagen, verzurrten es mit Schaumstoffrollen und Gurten.

»*She's a beauty!*«, kommentierte Tom noch einmal unsere prächtige Schönheit.

»Danke, dass ich hier bei dir sein durfte.«

»Danke fürs Kommen. Es war mir eine Ehre, dass du den ganzen Weg auf dich genommen hast, nur um ein Kanu mit mir zu bauen.«

Wir umarmten uns.

»Ich werde wiederkommen. Das war mehr für mich, als nur ein Boot zu bauen.«

»Ja, wahrscheinlich hast du recht, das war es.«

North to Alaska

Von gruseligen Bärenattacken,
        Reifenpannen auf dem Alaska Highway
und der Hauptstadt der Wildnis

4000 Kilometer immer nach Norden! Das war mal
'ne klare Ansage vom Navi, den ich vor meiner Abfahrt an
die Windschutzscheibe pappte. Das war sogar noch ein Stück
weiter als von Flensburg nach Teheran mit dem Auto. Nicht,
dass das eine gängige und häufig genutzte Straßenverbin-
dung wäre. Aber vielleicht hilft es ja beim Erfassen der gigantischen Distanz, die vor mir lag. Hoffentlich würden Loretta, mein Truck, und das Kanu auf dem Dach die lange
Reise überstehen. Wobei ich schon gerne fahre, vor allem in
Nordamerika. Mit den überall geltenden Geschwindigkeits-
begrenzungen braucht man vermutlich etwas länger, dafür
kommt man aber deutlich entspannter an. Keine Raser, die
einen mit der Lichthupe von der Autobahn fegen möchten,
kein Drängeln. In Amerika heißt das Motto *cruising*, was
mitunter Fahrstil und Lebensweise beschreiben kann. Um
die tagelange Anreise noch angenehmer zu gestalten, hatte
ich Loretta mit Satellitenradio ›gepimpt‹. Über 150 werbe-
freie Kanäle mit unterschiedlichsten Musik- und Talkfor-
maten, allein sechs Country-Sender, ich fühlte mich im Ra-
diohimmel. Und wenn in den Bergen das Satellitensignal
wirklich mal zu schwach wurde, schloss ich den portablen
CD-Spieler mit einer Adapterkassette an das altertümliche
Autoradio und spielte selbst DJ. Leider ließ der Sound etwas
zu wünschen übrig. Egal, wie laut ich das Radio einstellte,

der ständig vibrierende Schaltknüppel übertönte fast alles. Auch an Lorettas eigenwillige Startphase morgens musste ich mich gewöhnen und lernte, dass man bei Motoren dieses Alters erst mal per Gaspedal Benzin in die Leitungen pumpen muss, bevor man den Schlüssel drehen kann und der Wagen anspringt.

Nun war ich zudem wahrlich keine Mechanikerleuchte. Meine Kenntnisse und Fähigkeiten beim Blick unter eine Motorhaube beschränkten sich auf Wischwasser-Nachfüllen und Ölstand-Messen. Wobei ich bei Letzterem offenbar auch noch dazulernen musste. Ich fand zwar den Messstab, aber wo um Himmels willen sollte ich das Öl nachfüllen? Kein Deckel oder Stutzen im Motorraum meines Trucks wirkten vertraut, ich suchte vergeblich nach einem abgegriffenen Ölkannen-Symbol. Zum Glück sorgte Loretta für reichlich Aufsehen, egal, wo wir fuhren oder hielten. Mehrere Male überholten uns Autofahrer auf dem *interstate*, kurbelten bei Tempo 120 die Scheibe runter und streckten uns anerkennend den erhobenen Daumen entgegen. Beim Tanken wurden wir regelmäßig angesprochen. »Welches Baujahr ist das?« »Mann, ich hatte auch mal so einen.« »Der ist ja top in Schuss!« »Was für ein toller Truck!« Die Glückwünsche nahm ich ja noch dankend entgegen, aber als es zum Fachsimpeln überging, musste ich bereits bei der Frage nach dem Motor passen. Achtzylinder, mehr konnte ich nicht sagen. Da kannten sich die Bewunderer schon deutlich besser aus, und so war mir schon sehr bald auch bekannt, welchen Stutzen ich abschrauben musste, um Öl nachzufüllen, ich Dummchen.

Zum Glück brauchte Loretta nicht viel, also Öl, Sprit schon. Sie war ein Geschöpf der 70er, die damalige Ölkrise bald vergessen, und so schafften wir mit einer Gallone Normalbenzin knapp siebzehn Meilen, das entspricht etwa vierzehn Liter auf einhundert Kilometer. Ich muss zugeben, mein grünes Gewissen haderte mit dieser Bilanz. Aber hat das Instandhalten und langfristige Nutzen, statt immer gleich alles wegzuwerfen und neu zu kaufen, nicht auch was mit Nachhaltigkeit zu tun? Loretta würde mir bei guter Pflege sicher noch ein paar Jahre erhalten bleiben. Außerdem waren die Hybridmotoren der Gegenwart mit ihrem Minimalverbrauch auch nicht der Weisheit letzter Schluss. Wie würden wir denn die hochgiftigen Batterien entsorgen, die den Spritbedarf dieser Plastikautos so radikal reduzieren? Ich weiß, wahrscheinlich gibt es trotzdem keine wirkliche Rechtfertigung für das Fahren meines Steinzeittrucks, aber es machte einfach Spaß. Ich genoss die Übersicht, die weichen Sitze, den antiken Geruch und die schlichte Ausstattung ohne komplizierte Computersysteme, die man bei einer Fehlfunktion erst nach dem Einsatz eines weiteren Computeranalysegerätes wieder flottbekam. Einmal ließ ich versehentlich den Schlüssel im Zündschloss stecken und verriegelte die Tür von außen. Bei einem Neuwagen eine kleine Katastrophe. Wenn der Hilfsdienst die Tür überhaupt öffnen könnte, wäre anschließend wahrscheinlich ein kompletter Reset der Elektronik nötig geworden, um die Wegfahrsperre zu deaktivieren. Ich hingegen besorgte mir einen Kleiderbügel aus Draht, formte und fingerte damit durch einen Fensterritz und saß fünf Minuten später wieder gut gelaunt hinterm Steuer.

Als kleine Wiedergutmachung für den enormen Benzinhunger meines Trucks probierte ich es mit Müllvermeidung. Das ist in Deutschland ja schon nicht immer einfach. Meist ernten Sie selbst bei uns nur verwirrte Blicke und absolutes Unverständnis, wenn Sie der Bäckereifachverkäuferin stolz den Brotbeutel aus Stoff übergeben. »Da soll ich's reintun?« »Ja.« »Ohne Tüte?« »Ja.« »Aber das staubt doch, wegen dem Mehl. Und dann fallen ja die ganzen leckeren Körner runter. Warten's, ich tu's Ihnen nur in ein kleines Papiertüterl ...« Erst wenn Sie dann die Stimme deutlich erheben und mit

Nachdruck vermitteln können, dass Sie tatsächlich nicht so debil sind, wie Sie womöglich erscheinen, und Herr aller Sinne und Gedanken waren, als Sie den Brotbeutel mit der Bitte übergaben, die Backwaren darin umweltfreundlich zu verstauen, erst dann wird die bemühte Bäckereifachverkäuferin das von ihr bereits in weiser Voraussicht verpackte Brötchen wieder aus dem Papiertüterl auswickeln. Vielleicht. So gesehen, reagierten die amerikanischen Kolleginnen zwar überrascht, aber auch rasant pragmatisch, wenn ich ihnen bereits nach zweimaligem Nachfragen glaubhaft versichern konnte, dass ich wirklich keine Plastiktüten für meinen Einkauf wollte. Sie wechselten dann einfach blitzschnell an die Nebenkasse, wo eine überforderte Hausfrau mit plärrenden Bälgern an der Hand ihren Monatseinkauf für die ganze Familie bewältigen musste und selbstverständlich den Einpackservice dankbar annahm. Anders beim täglichen Kaffeekauf in den USA. Da wurde ich sogar mit 10 Cent Rabatt dafür belohnt, dass ich meine eigene *mug* mitbrachte, in die ich den *Double-Espresso-Filled-Up-With-Warm-Milk-Not-Too-Hot-Maybe-140-Degrees-No-Foam-And-Three-Raw-Sugars* abfüllen ließ, zumindest bei der Kette, die auch den *Yukon Blend* röstete. Ich bestellte meinen Kaffee übrigens tatsächlich genau so, auch in der Reihenfolge. Nicht um die Barista zu ärgern oder rumzuzicken. Ich wusste, nachdem ich mir viele Male an übermäßig heißem Kaffee die Lippen verbrüht hatte, nur einfach genau, was ich wollte und wie ich es bekam. Wohltemperiert und lecker. Davon inspiriert, besorgte ich mir noch ein *Bubba Keg*, einen monströsen Isolierbecher mit einem Fassungsvermögen von 34 *ounces*, also über einem Liter. Mit dem stolzierte ich nach dem Tanken noch an die *soda fountain* gleich neben der Kasse und füllte ihn bis zum Rand mit Eiswürfeln und Cola für die Fahrt. *Drink big – dream big!* Ja, in Amerika ist vielleicht nicht alles besser, aber vieles immer noch größer.

Wobei Kanada noch größer ist, obwohl es gerne als ›kleiner‹ Nachbar der USA betrachtet wird. Tatsächlich ist Kanada mit knapp 9,9 Millionen Quadratkilometer Fläche nach Russland das zweitgrößte Land der Erde. Die USA folgen auf Platz 3 und sind selbst inklusive Alaska und Hawaii noch über 100 000 Quadratkilometer kleiner. Anders verhält es sich mit den Bevölkerungszahlen: 35 Millionen in Kanada, fast 315 Millionen in Amerika. Und weil es sich gerade anbietet, jonglieren wir auch noch mit den anderen relevanten Zahlen. Deutschland hat rund 82 Millionen Einwohner, ist aber zum Vergleich nur 360 000 Quadratkilometer klein. Das sind 120 000 Quadratkilometer weniger als im Yukon-Territorium, wo aber nur 35 000 Menschen leben. Fehlt noch Alaska, der US-Bundesstaat der Superlative, mit 1,7 Millionen Quadratkilometer Fläche der größte und bei nur 700 000 Einwohnern auch der am dünnsten besiedelte. Kein halber Mensch kommt, statistisch gesehen, auf einen Quadratkilometer. In Deutschland sind es fast 230! Genug der Zahlenspiele, Sie merken schon, im Norden des amerikanischen Kontinents ist verdammt wenig los, während Mitteleuropa aus allen Nähten platzt. Sicher auch ein Grund, warum es so viele Deutsche hierher, in den Norden des Kontinents, zieht. Für mich waren bis dahin die USA das Maß aller Dinge gewesen, wenn es um Größe ging. 2004 hatte ich das Land umradelt und dabei fast 15 000 Kilometer in einem halben Jahr zurückgelegt. Ich glaubte damals, ein Gefühl für die Weite und Dimension bekommen zu haben, die sich vom Fahrradsattel aus noch viel intensiver erfassen ließen. Trotzdem überraschte mich die Größe Kanadas, vielleicht auch weil es weniger Städte und damit weniger Abwechslung an der Strecke gab. Koffein und Country halfen zwar, trotzdem empfand ich die Fahrt zum Yukon als lang und zäh. Von der Prärie kam ich in die Rocky Mountains, die landschaftlich zumindest spektakuläre Momente bescherten. Ich sah Elche,

Karibus, Bisons und Bären. Mit einem hatte ich eine fast hautnahe Begegnung. Er tapste durch den Straßengraben neben dem Highway, als ich vorbeifuhr. Ich bremste, stieß zurück und hielt auf der anderen Seite. Der junge Bär richtete sich auf und kam sogleich in freudiger Erwartung eines Snacks über die Straße getrabt. Als er meinen Wagen erreichte und sich am Fenster hochziehen wollte, fuhr ich zur Sicherheit ein Stück weiter und stoppte dann wieder. Der Bär folgte mir unbeeindruckt und immer noch überzeugt, dass es nur eine Frage von Momenten sein konnte, bis ich wie die anderen Touris vor mir *candy* oder Kekse rausrücken würde. Dieses Spielchen wiederholten wir noch ein paarmal, bis ich endgültig weiterfuhr und hoffte, dass die Insassen des Wagens hinter mir, die inzwischen schon beim Bären angehalten hatten, ebenfalls standhaft blieben und sich nicht durch die putzige Erscheinung und die schwarzen Knopfaugen erweichen ließen. Andernfalls würde der Jungbär sicher bald überfahren oder dank fehlender Scheu vor den Menschen zum Problem, das nur mit einer Kugel zu lösen wäre.

Bären, Moskitos und Kälte, die drei Ungeheuer des Nordens, die viele Menschen zu Unrecht mit diesem großartigen Land gleichsetzen. Klar macht man früher oder später bei einer Reise hier oben mit allen dreien auch Bekanntschaft. Aber das muss ja nicht zwangsläufig in der Katastrophe enden. Trotzdem geizten die Menschen, denen ich vor der Reise von meinem Plan erzählte, nicht mit Gruselgeschichten, meist über Bären. Eine war mir dabei besonders in Erinnerung geblieben. Dani arbeitete als Bergführerin und Kanu-Guide, sie kannte sich aus im Norden. Wir trafen uns zum Plausch bei Schnitzel und Spezi über Reisen, Sehnsucht, Flucht und Jagd als Motivation.

»Ein guter Freund von mir hat als einer von ganz wenigen eine Bärenattacke überlebt.« Ich war mir nicht sicher, ob ich die ganze Geschichte wirklich hören mochte, und konnte dann doch nicht widerstehen. »Eigentlich hat er alles richtig gemacht, Bärentonne für Lebensmittel, keine geruchsintensiven Produkte im Zelt, sie waren sogar zu zweit unterwegs. Aber der Bär hat ihn nachts im Zelt überrascht und in die Seite gebissen, haarscharf vorbei an den lebenswichtigen Organen. Man konnte Wasser auf der einen Seite reinlaufen lassen, und auf der anderen kam es wieder raus.«

Mit jedem Wort spürte ich die Urangst wiederkehren, die nach meiner Vortour im letzten Jahr unterdrückt schien.

»Sein Freund muss einen guten Schlaf gehabt haben. Erst als die Stangen des Zeltes brachen, weil der Bär sich draufgeworfen hatte, ist er in seinem Zelt nebendran aufgewacht und hat das Tier mit dem Bärenspray vertreiben können. Allerdings musste er es viermal versuchen, bevor es tatsächlich gewirkt hat!«

Na, prima. Vielleicht sollte ich mir auch noch mal Werner Herzogs Doku über den *Grizzly Man* Timothy Treadwell anschauen, der am Ende mit seiner Freundin von einem Grizzly zerfleischt wurde. Und dann wäre sicher eines der im Norden so gerne gelesenen Bücher über die dramatischsten Bärenattacke der letzten Jahre ein passender Abschluss, um meinen vielen Wochen im Bärenland entspannt entgegenzublicken. Das würden erholsame Nächte am Fluss, wenn ich abends in meinen Schlafsack stieg, von den Bestien nur getrennt durch eine hauchdünne Nylonhaut. Wenn man den im Internet kursierenden Statistiken trauen darf, starben in der ersten Dekade des 21. Jahrhunderts keine dreißig Menschen in Nordamerika durch Bärenangriffe. Zum Vergleich: In den USA werden im Straßenverkehr mehr als 30 000 Menschen getötet, jährlich! Über die beiden anderen Ungeheuer des Nordens, Kälte und Moskitos, möchte ich mich zu späterer Gelegenheit auslassen. Nur so viel schon jetzt: Wenn die Zahl der toten Mücken auf meiner

Windschutzscheibe, die mit jedem Fahrkilometer wuchs, Relevanz behalten sollte, würde ich die interne Moskitobilanz dieses Sommers garantiert zu meinen Gunsten gestalten können. Dabei beabsichtigte ich, meine im Lauf der Reise erworbenen Mückenstiche der Anzahl der von mir zermatschten Blutsauger gegenüberzustellen, quasi als sportlicher Wettkampf und um meinem Verstand bei der Bewältigung der zermürbenden Übermacht und Allgegenwart dieser miesen Plagegeister behilflich zu sein. Und dort vor mir auf der Scheibe klebten schon jetzt die Überreste Hunderter, ach was, Tausender Moskitoleichen. So viele Stiche würde ich niemals abbekommen, oder doch?

In Dawson Creek (nicht zu verwechseln mit der TV-Serie, die woanders spielt, oder Dawson City am Klondike, wo es zum Goldrausch kam) erreichte ich nach drei Tagen Fahrt endlich den Alaska Highway. Stolz verkündeten Hinweisschilder, dass hier der *mile marker 0* dieser früher so abenteuerlichen Straße in die Wildnis stünde. In nur acht Monaten stampfte die US-Armee 1942 die 2300 Highway-Kilometer in den nordischen Permafrost. Obwohl es Pläne für eine Straße durch die Wildnis schon länger gab, führten letztlich die japanischen Expansionsbestrebungen Richtung Osten während des Zweiten Weltkriegs zu ihrem Bau. Präsident Roosevelt konnte seinen kanadischen Kollegen von diesem vermeintlich so wichtigen Projekt zur Friedenssicherung überzeugen. Diese Zustimmung war unabdingbar, sollte doch der überwiegende Teil der Nachschubstraße durch kanadisches Gebiet verlaufen. Nur ein Bruchteil der Strecke liegt nämlich tatsächlich in Alaska, wo der Highway bei Delta Junction endet, rund 160 Kilometer südlich von Fairbanks. Wenige Monate nach der Fertigstellung zogen die Japaner sich weitgehend zurück, womit sie ihren eigentlichen Zweck verlor. Aber nun war die Straße ja schon mal da, also konnte man sie auch nutzen. Das blieb allerdings lange Zeit ein halsbrecherisches Unternehmen. Das Klima des Nordens, mit Eis und Schnee im Winter und Regen und Schlamm im Sommer, setzte der Schotterpiste schwer zu. Manche Abschnitte blieben tagelang unpassierbar. Erst als die notdürftigen Brücken ersetzt waren und großflächig asphaltiert wurde, entwickelte sich der Alaska Highway zur Hauptverkehrsader, auf der Güter, vor allem aber Touristen in den Norden transportiert wurden.

Ich parkte Loretta für ein Foto vor dem Monument, das den offiziellen Anfang der Straße markierte, und bat einen älteren Herrn, doch ein paar Bilder zu knipsen. Helmut war schon vor vielen Jahrzehnten aus Deutschland gekommen, wie sich bald herausstellte, wegen der Weite des Landes. Auch Bede, der kurz darauf zu uns stieß, hatte seine Heimat Australien verlassen und war dem unwiderstehlichen Charme des Nordens verfallen. Er erzählte mir von seinen Outdooraktivitäten, den besten Paddelrevieren der Gegend und bot an, mein Kanu zu lagern, falls nach der Tour Bedarf wäre. »Du machst es richtig!«, klopfte er mir anerkennend auf die Schulter, als wir uns verabschiedeten. Ich hatte nicht zum ersten Mal das Gefühl, dass viele Menschen in Gedanken mit mir auf dem Fluss reisen würden. In diesem Zusammenhang erinnerte ich mich an eine interessante Diskussion noch vor der Abfahrt mit dem Bruder meines besten Freundes Jim in Dakota. Randy arbeitete als Coach an einer Schule, trainierte Nachwuchstalente. Wir sprachen über die Rolle von Vorbildern und die Bedeutung von Inspiration und Motivation. »Leidenschaft ist brutale Begeisterung!«, meinte er irgendwann. Das sei ansteckend, mitreißend. Dem könne man sich nicht entziehen. Auch Randy sagte das mit Blick auf meine Reise. Sich zu trauen auszubrechen, die Komfortzone zu verlassen, um sich sich selbst zu stellen. »Erst unter Druck zeigt sich, wer und wie du wirklich bist!« Davor hätten viele Menschen Angst. Mag schon sein, dass mich manche deshalb auf eine gewisse Weise begleiten wollten. Dabei fühlte ich mich bei Weitem nicht so heldenhaft, wie Randys Worte es suggerierten. In meinem Kopf überschlugen sich manchmal die Gedanken. Was musste ich noch besorgen, wen kontaktieren, wo würde ich meinen Truck parken, wie die Rückreise später organisieren? Und hält das Kanu überhaupt durch? Ich litt bei jedem Schlagloch, jeder Windböe mit, kontrollierte immer wieder die Gurte und zweifelte zunehmend, ob der lange Transport auf dem Truck wirklich eine so gute Idee war. Da ich keinen richtigen Dachgepäckträger anbringen konnte, versuchte ich es mit einem Schaumstoffschlauch-System aus dem Surfshop. Mein Kanu ächzte gewaltig unter dem Druck der Gurte, mit denen es befestigt war, und im Laufe der Zeit verformten sich die Abschlussleisten der *gunwales* beängstigend. Eine der Wurzelnähte an der Spitze des Kanus war gleich zu Beginn durch die ständige Vibration beim Fahren geplatzt. Und brannte die Sonne zu stark auf die Fichtenharzabdichtung, lief sie in zähen Striemen über den Rumpf. Ich würde einige Reparaturen vornehmen müssen, bevor ich überhaupt starten konnte. Manchmal fürchtete ich, wie die Hauptfigur aus Hemingways *Der alte Mann und das Meer* zu enden. Sie erinnern sich vielleicht an die Verfilmung mit Spencer Tracy in der Rolle des kubanischen Fischers, der nach langer Erfolglosigkeit den Fang seines Lebens macht, am Ende aber nur das gigantische Skelett eines Marlins nach Hause bringen kann, weil die Haie ihn unterwegs komplett abgenagt haben.

»WUMM!« Der plötzliche Schlag fuhr mir durch Mark und Bein. Ich verlangsamte die Fahrt und rollte am Straßenrand aus. So also fühlte es sich an, wenn einem der Reifen beim Fahren unterm Hintern wegplatzt. Loretta hatte zwar ein wenig geholpert, aber es war nicht schwer, die Kontrolle über die Lenkung zu behalten. Ich stieg aus und begutachtete den Schaden am linken Hinterrad. Zum Glück hatte ich einen vollwertigen Ersatzreifen unter dem Truck. Damit würde ich hoffentlich bald wieder auf der Straße sein, bevor es stockfinster wäre. Die Sonne hatte sich zwar jetzt nach 22 Uhr schon verabschiedet, aber das Dämmerlicht könnte noch eine Weile ausreichen. Ich öffnete die Motorhaube, um den Wagenheber abzuschrauben, als ich hörte, wie hinter mir ein weiterer Wagen stoppte. Kirt und Doug waren gerade mit ihrem Arbeitstruck auf dem Weg in den Feierabend nach Fort Nelson.

»Mach dir keine Sorgen, wir haben alles dabei, was du brauchst!«

Im Handumdrehen hatten die beiden Loretta aufgebockt, die Schrauben am geplatzten Rad mit ihrem Pressluftwerkzeug gelöst und den Ersatzreifen montiert. Dann reichten sie mir noch einen Lappen für meine schmutzigen Hände, und schwups, waren sie auch schon am Horizont verschwunden. Na, da meint es ein Engel ja richtig gut mit mir, der soll mal nur bei mir bleiben, dachte ich, als ich meinen vor Fassungslosigkeit noch immer weit offen stehenden Mund wieder schloss. Und er blieb auch, der Engel, und vermutlich gleich noch eine ganze Heerschar dazu. Aber das konnte ich zu diesem Zeitpunkt noch nicht ahnen. In Fort Nelson bekam ich am nächsten Morgen Ersatz für den geplatzten Reifen und tauschte auch gleich einen zweiten aus, der bei näherer Inspektion schon einen tiefen Riss zeigte.

Schon merkwürdig, dass in Nordamerika so viele Reifen platzen. Die unzähligen Fetzen am Wegesrand waren ein deutliches Indiz, dass es sich hier eher um die Regel als die Ausnahme zu handeln schien. In den 24 Jahren Autofahren in Europa hatte ich noch nie eine Reifenpanne gehabt. Lag's an der besseren Qualität der Reifen oder Straßen? Gleiches galt für Glasschäden an der Windschutzscheibe. Ich hatte den Eindruck, dass vor allem im Norden nahezu jedes Fahrzeug mit einem prominenten Sprung verziert war, der sich in abenteuerlicher Länge allmählich über die gesamte Breite der Scheibe kunstvoll verästelte. Auch Loretta erwischte es, als uns ein großer Truck entgegenkam, der ein kleines Steinchen aufwirbelte. Ich sah es wie in Zeitlupe auf uns zufliegen, und zack, hatte es eingeschlagen und gleich einen gut zehn Zentimeter langen Riss in der Mitte der Windschutzscheibe provoziert. Klar hatte ich auch schon mal einen Steinschlagschaden in Deutschland. Aber das waren meist mikroskopisch winzige Löchlein, die jahrelang die Form behielten, wenn man sie nicht irgendwann doch von einem Fachmann auffüllen ließ. So ganz verkehrt schienen manche Standards in der Alten Welt tatsächlich nicht zu sein.

YUKON – Larger than Life!, las ich auf der Holztafel neben der Straße. Ich war endlich angekommen. Zwar noch nicht am Ausgangspunkt meines Kanuabenteuers, aber immerhin hatte ich nach fünf Tagen Fahrt mein Zielgebiet erreicht und würde bald in der Hauptstadt Whitehorse sein, wo ich mich mit Vorräten eindecken wollte. Vorher aber stoppte ich noch in Watson Lake, der ersten Ortschaft, die man über den Alaska Highway im Yukon erreicht. Hier befindet sich auch die bekannteste Attraktion des Nordens, mal abgesehen von der Natur selbst. Der weltberühmte *Sign Post Forest* zählt wahrscheinlich zu den meistfotografierten Motiven entlang der Straße. Ziemlich genau tausend Kilometer hatte man in Watson Lake auf dem Alaska Highway zurückgelegt. Und nun stand man inmitten eines Schilderwaldes, im wahrsten Sinne des Wortes. Mehr als 70 000 Schilder aus aller Welt sollen hier inzwischen an Hunderte von Pfosten geschraubt sein. Und jedes Jahr werden es mehr, Schilder und Pfosten. Die meisten sind Straßenschilder, aus allen

Teilen der Welt. Ingolstadt ist genauso vertreten wie Osterode am Harz, Augsburg oder Zwickau. Auch Bärbel und Sigi haben sich hier 2004 unübersehbar mit einem eigenen Nummernschild verewigt, gleich neben einem ausgedienten Autokennzeichen aus Offenbach. An einem der Pfosten entdeckte ich sogar eine beschriebene Bettpfanne. Den Anfang machte übrigens Carl K. Lindley, ein Ingenieur der US-Armee, der den Highway 1942 mitgebaut hatte und wohl aus Heimweh ein Schild seiner Heimatstadt an einen Pfosten nagelte: »*Danville, Illinois, 2835 miles*«. Vermutlich ahnte Carl damals nicht, welche Lawine von Nachahmern er damit auslösen sollte. Manchmal denke ich, dass die Amerikaner mit solchen Aktionen vielleicht ein wenig die im Vergleich zur Alten Welt nur spärlich vorhandene Geschichte ausgleichen wollen und sich einfach Attraktionen und Sehenswürdigkeiten schaffen, wo eigentlich keine sind. Schilderwälder sind inzwischen in ganz Nordamerika zu finden und fast so beliebt wie die skurrilen Schuhbäume, an denen manchmal Tausende von signierten Schuhen baumeln. Auch diese Tradition beginnt meist mit einem Pionier, der ein paar ausgelatschte Treter über einen herausragenden Ast eines markanten, frei stehenden Baumes wirft. Mit etwas Glück erkennen nachfolgende Passanten das Potenzial und schließen sich an, bis so viele Schuhe am Baum hängen, dass er in die Liste der sehenswerten Schuhbäume aufgenommen wird, die man im Internet findet, inklusive detaillierter Wegbeschreibung. Das prominenteste Exemplar stand lange Zeit in der kalifornischen Mojawe-Wüste Kaliforniens, bis ein gemeines Feuerattentat dieses Gesamtkunstwerk zerstörte.

Obwohl es erst kurz nach 18 Uhr war, hatte sich die Sonne plötzlich verfinstert. Nur noch als fahle Scheibe blitzte sie durch einen dichten, von ihr orange gefärbten Schleier und tauchte den Highway in ein unwirkliches Zwielicht. Beißender Rauch lag in der Luft. Erst viele Meilen später lichtete sich der apokalyptische Dunst. Am Horizont zwischen den sanften Hügelketten entdeckte ich eine riesige Rauchsäule, die in pilzförmigen Wolken einige Hundert Meter in den jetzt wieder blauen Himmel quoll. Mit diesen Ausmaßen wäre sie sicher auch eindrucksvoll vom All aus zu sehen. An einer Seite franste der Rauch zu einer kompakten, weißgrauen Decke aus, die vom Wind weit fortgetragen wurde und für die seltsame Verfinsterung verantwortlich war, die ich gerade hinter mir gelassen hatte. Der erste Waldbrand der noch jungen Saison. Ein jährlich wiederkehrendes Phänomen im Norden, das regelmäßig mehrere Millionen Hektar Wald vernichtete. Auf den ersten Blick vielleicht eine zerstörerische Feuerwalze, die aber unverzichtbarer Bestandteile des Erneuerungskreislaufs der Natur war. Auch auf dem Fluss würde ich das noch erfahren.

Whitehorse – *The Wilderness City*. 26 000 Einwohner, die Hauptstadt des Yukon. Wieder ist das Territorium gemeint, nicht der Fluss, der aber mitten durch Whitehorse fließt und der auch für den Namen der Wildnismetropole verantwortlich ist. Oder war, um korrekt zu bleiben. Denn früher schäumte das Wildwasser hier so mächtig durch eine Angst einflößende Stromschnelle, dass sich poetisch veranlagte Abenteurer an die Mähnen weißer Pferde erinnert fühlten. Vermutlich wollten sie sich mit diesem Vergleich nur beruhigen oder ablenken, bevor sie sich auf ihrem Weg zum Klondike-Gold in halsbrecherischer Weise in die todbringenden Fluten stürzten. Mittlerweile sind Goldrausch und Wildwasser weitgehend Geschichte. Denn eine Staumauer zur Stromgewinnung machte der einst gefürchteten Stromschnelle vor über fünfzig Jahren endgültig den Garaus. Whitehorse ist wahrlich keine schmucke Stadt, der Charme eher spröde. Reizvoll wird Whitehorse aber durch die für den Norden außergewöhnlich umfassende Infrastruktur, die Abenteurer und Wildnistouristen mit allem nur Erdenklichen versorgt. Und das auch meist zu halbwegs fairen Preisen, keine Selbstverständlichkeit im abgelegenen Norden. Auf der kurzen, aber ansatzweise beschaulichen Main Street findet sich sogar ein Café, wo ich auch ohne meine sonst übliche Bestellformel einen sehr leckeren Milchkaffee schlürfen konnte, während ich Mails checkte und von meiner Ankunft im Yukon berichtete. Whitehorse scheint außerdem fest in deutscher Hand. Nicht nur bei den Besuchern stellen wir den Großteil: Viele Tourenanbieter, Frühstückspensionen und Läden werden von deutschen Auswanderern geführt. In den Sommermonaten gibt es sogar einen Direktflug aus Frankfurt, der Tausende von Zivilisationsflüchtlingen am Yukon ausspuckt.

Ich sah den Fluss zum ersten Mal, als ich die Zufahrtsstraße nach Downtown nahm. In einem großen Bogen schmiegte sie sich an sein Ufer. Ich wäre gerne auf der Stelle aus dem Truck gesprungen, aber die Fahrer der nachfolgenden Wagen hätten wohl wenig Verständnis für meine spontane Sentimentalität gezeigt. Also fuhr ich in die First Street und parkte Loretta vor einem Kanuverleih. Ich lief rüber ans Ufer. Es hatte was von einem ersten Date. Man kannte sich von Bildern, vom Erzählen, aber wenn man sich dann tatsächlich das erste Mal gegenüberstand, was würde überwiegen? Begeisterung, Kribbeln im Bauch oder doch eher der Wunsch nach dem vorübergehenden Kelch? Ich war überwältigt. Endlich da zu sein. Und von der Kraft und Geschwindigkeit des Wassers. Die Strömung schien stärker als erwartet. Und der Yukon kleiner. Der später so mächtige Strom maß hier keine hundert Meter bis zum anderen Ufer. Wenn alles glattlief, würde ich in einer Woche genau dort entlangpaddeln.

Vorher aber stockte ich meine Vorräte auf, vervollständigte die Ausrüstung um eine Rolle *duck tape*, das amerikanische Kult-Klebeband, von dem die Fans behaupten: »Wenn das nicht funktioniert, hilft gar nichts mehr!« Nicht, dass ich vorhatte, mein Naturboot damit zuzupflastern, aber man wusste ja nie, für was es noch gut wäre. Und zusammen mit der Tube Bootskleber gab es mir einfach ein beruhigendes Gefühl, sollten Fichtenharz und Ersatzwurzeln mal nicht mehr ausreichen. Im letzten Moment besorgte ich auch noch einen GPS-Notsender, mit dem ich auf Knopfdruck einen Hilferuf absetzen, aber auch meine Koordinaten an Freunde und Verwandte schicken konnte. Auf ein Satellitentelefon wollte ich verzichten. Das schien mir übertrieben, ich hatte ja keine gefährliche Antarktisexpedition vor, in wochenlanger Isolation, ohne Kontakt zur Außenwelt. Aber so ein handlicher *spot tracker*, und sei es nur, damit Mama beruhigter schlafen konnte, war sicher legitim.

Elisabeth hatte mir von diesem neuen Wunderpeilgerät erzählt. Sie arbeitete bei einem ursprünglich von einem Deutschen gegründeten Outfitter in Whitehorse und war 1993 aus Frankfurt in den Yukon ausgewandert. »Ich bin früher zur Studentenzeit sehr viel gereist. Hab eine ganze Menge Länder gesehen und wurde immer unzufriedener. Nach jeder Tour musste gleich die nächste Tour kommen und dann wieder die nächste. Und dann war ich zum ersten Mal in Kanada, Ontario, Algonquin Park und dachte: Das gibt's nicht. Meine Suche war beendet. Ich bin angekommen, ich war in Kanada und wusste genau: Hier muss ich her!« 1991 befuhr Elisabeth mit ihrem Mann aber erst noch den Yukon, schrieb darüber auch ein Buch, das ich vor meiner Abreise noch gelesen hatte. Und jetzt traf ich sie, natürlich rein zufällig. Klar, dass ich auch noch mal persönlich alles über die Tour wissen wollte.

»Wir haben zweieinhalb Monate gebraucht, sind relativ früh gestartet damals, kamen schon im April nach Kanada, kauften Ausrüstung und ein Boot unten in British Columbia, fuhren dann hoch und mussten feststellen, dass Ende April noch alle Seen zugefroren sind. Und so warteten wir auf den Eisaufbruch, bis zum 31. Mai.« Ich kannte zwar vieles schon aus dem Buch, klebte aber an ihren Lippen, als sie die wichtigsten Momente noch mal zusammenfasste, quasi der Yukon im Schnelldurchlauf.

»Das ist eine Reise. Keine Tour. Eine Tour kannst du planen, du fährst irgendwohin, du weißt, wo du startest, wie viele Tage und Wochen du unterwegs sein wirst, wo die Tour endet. Eine Yukon-Befahrung hat eine total andere Dimension. Du weißt, wo du startest, und du hast eine Idee, wo du hinkommst, aber du hast keine Ahnung, wie weit du kommst, ob du das Ziel erreichst, wann du das Ziel erreichst und was in der Zwischenzeit auf dich zukommt. Dieses Element, dass du gar nicht weißt, wo das Ganze endet, führt zu einem völlig anderen Erleben. Und deswegen nenne ich das eine Reise.«

Wir hatten uns hinterm Laden an einen Campingtisch in die Sonne gesetzt, neben all die Leihkanus. Ich wollte wissen, was für Elisabeth damals die größte Herausforderung war.

»Der Yukon ist 3200 Kilometer lang. Am Anfang noch recht lieblich, die letzten tausend Kilometer, das letzte Drittel, würde ich aber als Kampf bezeichnen. Es wird dann sehr schwierig, mit den Naturgewalten fertig zu werden. Der Yukon ist dort über zwei Kilometer breit. Du kommst langsam in die Herbststürme, Gegenwind in der Regel, Wellen, die für ein offenes Kanu, wie du es ja auch haben wirst, im Prinzip zu hoch sind. Wir kämpften und kämpften, und du kommst überhaupt nicht von der Stelle. Teilweise mussten wir nachts paddeln, weil der Wind meist erst so gegen sechs Uhr abends nachgelassen hat.« Zum Glück gebe es im nordischen Sommer auch unterhalb des Polarkreises reichlich Licht, selbst die Nächte seien im Juni und Juli noch taghell.

»Die zweite große Herausforderung war die Begegnung mit den Menschen. In Alaska triffst du manchmal täglich oder alle zwei Tage auf einen Ort, ein Dorf. Wir haben so nette Leute getroffen, die uns aufgenommen, bewirtet haben. Da fiel es uns echt schwer, uns jedes Mal wieder zu verabschieden und aufzubrechen.« Mit jedem Wort stieg meine Vorfreude, ich konnte es kaum mehr erwarten, endlich selbst zu starten. Elisabeth musste zurück in den Laden, gab mir vorher aber noch einen Rat, an den ich mich auf der Reise immer wieder erinnern sollte: »Lass dir Zeit und genieß es. Paddel, wenn du dich danach fühlst und wenn die Natur es dir erlaubt. Wenn's ein zu großer Kampf wird, gib nach, aber nicht auf. Diese Tour machst du nur einmal. Man braucht sehr viel Durchhaltevermögen, Kraft und Willen, das Ganze durchzustehen. Ich wünsche dir eine ganz wunderbare Reise und dass du jeden Tag daran denkst, dass du jeden Moment genießen solltest. Vergiss nicht, dass es auch schön sein soll, nicht nur geschafft werden muss.«

Der Chilkoot Trail

Von drei literarischen Schwergewichten
des Nordens, goldenen Stufen durchs Eis
und hochwirksamem Bärenspray im Zelt

Der vertraute Duft von dampfendem Sauerkraut waberte durch das kleine Häuschen. Meredith und Dave hatten sich beim Speiseplan allerdings nicht von mir und meiner Herkunft inspirieren lassen. Schon bevor wir uns begegneten, stand fest, heute Abend gibt's Würschtel und Kraut. Ich saß immer noch amüsiert über die rasante Entwicklung der Geschehnisse der letzten Stunden am gedeckten Esstisch. Gehört hatte ich von Dave schon lange vor meiner Ankunft in Skagway, Alaska, und im Vorfeld per Mail auch versucht, Kontakt aufzunehmen. Allerdings ohne Erfolg. Als ich in die Stadt kam, wollte ich es ein letztes Mal probieren, hinterließ eine Nachricht auf seinem Handy. Kurze Zeit später rief er zurück. Wir verabredeten uns am Broadway, und schon bald darauf stieg ich zu ihm in seinen kleinen Bus, mit dem er sonst die Touristen chauffiert. Lee Marvin lebt und Iwan Rebroff auch!, dachte ich sofort bei der Begrüßung. Seine Extrembassstimme hallte bei jedem Wort vibrierend durch Mark und Bein. Wenn Gott mal einen Synchronsprecher brauchte, Dave wäre die perfekte Besetzung! Ursprünglich wollte ich mit ihm nur vereinbaren, wo wir uns am Sonntag treffen könnten, falls er Zeit hatte, mich zum Chilkoot Trailhead, dem Ausgangspunkt meiner Tour, zu fahren. Nach kurzem Gespräch aber lud er mich zu sich nach Hause ein, und schlafen könnte ich auch bei ihm. Als

Dyea Dave war der Mann mit dem Heiner-Brand-Schnauzer und Schuhgröße 55 (!) im Internet fast schon eine Legende, nicht nur wegen seiner markanten Stimmlage. Er wusste sich und die Sehenswürdigkeiten, zu denen er die Touristen führte – unter anderem eben an den Ort der einstigen Boomtown Dyea –, nachhaltig in Szene zu setzen.

»Nur die Polizei kennt meinen richtigen Namen«, scherzte er trocken. »Ich kam vor über zwanzig Jahren aus dem Norden Alaskas runter an die Küste, um meine Schwester zu besuchen, die hier arbeitete. Hab dann angefangen, Wanderer zum Chilkoot Trail zu fahren, und dabei ein paar Geschichten zur Gegend erzählt, die den Leuten offenbar gefallen haben. So ist daraus ein richtiges Geschäft geworden.«

Die meisten von Daves Kunden kommen mittlerweile mit den riesigen Kreuzfahrtschiffen, die Skagway als Highlight ihrer Fahrt durch die Inside Passage ansteuern. Täglich fallen sie zu Tausenden wie die Ameisen über den eigentlich beschaulichen Ort her, der sich inzwischen ganz auf die Touristen und ihr Geld eingestellt hat. Abgesehen von den modernen Reisebussen und dem Asphalt auf den Straßen, scheint die Zeit hier jedoch fast stehen geblieben zu sein. Die Fassaden der historischen Häuserfronten mochten schon zur Zeit des Goldrausches so ausgesehen haben. Tatsächlich begann die abenteuerliche Geschichte von Skagway erst 1887, ein Jahrzehnt vor dem Boom, den das Klondike-Gold auslöste. Captain William Moore sollte damals das Grenzgebiet zwischen Kanada und dem *panhandle* Alaskas, der sich als schmaler Streifen zwischen British Columbia und den Pazifik quetschte, erkunden und kartografieren. Dabei entdeckte er eine Route, über die man vermeintlich einfacher als über den steilen Chilkoot Pass das Inland erreichen konnte. Als kühner Visionär dachte sich Moore, dass es nach den schon bekannten Goldfunden in anderen Teilen des Nordens nur eine Frage der Zeit wäre, bis man auch hier irgendwo fündig würde. Dann könnte die Bucht zu Füßen der neuen Route über die Berge der ideale Ausgangspunkt sein. Er steckte Land für ein Wohnhaus ab, baute eine Sägemühle und begann sogar schon mit den Arbeiten an einer Anlegestelle für Schiffe. Als dann 1896 am Bonanza Creek tatsächlich Gold gefunden wurde, war Moores Stunde gekommen. Anfangs konkurrierte sein neu gegründetes Skagway allerdings noch mit der Nachbarsiedlung Dyea, nur wenige Kilometer entfernt in der nächsten Bucht. Von dort aus erreichte man den zwar steileren, aber kürzeren Chilkoot Trail, den die Ureinwohner schon lange Zeit als Zugang ins Hinterland nutzten. Zehntausende von Goldsuchern entschieden sich zunächst für diese Route, zumal der flachere, aber längere Pfad über den White Pass aus Skagway ähnlich unwegsam schien. An einer Stelle dort sollen sogar über 3000 erschöpfte Packpferde in die Tiefe gestürzt und verendet sein. Als aber 1898 mit dem Bau einer Eisenbahnstrecke über den White Pass begonnen wurde, waren die Tage von Dyea gezählt. Die des Goldrausches am Klondike allerdings auch, weitgehend. Die Claims dort waren verteilt oder leer geschürft, und als die Nachricht vom nächsten spektakulären Fund die Welt aufhorchen ließ, zogen die Glückssucher weiter nach Nome in Alaska.

Während heute praktisch nichts mehr auf die Existenz von Dyea hindeutet, wo 1898 mehrere Tausend Menschen lebten, hatte Skagway sich behaupten können. Freilich sind es nun die vielen Touristen, die der kleinen Stadt mit 900 festen Einwohnern vor allem im Sommer Leben einhauchen. Die gigantischen Kreuzfahrtdampfer bringen sie zu Tausenden, wenn auch meist nur für ein paar Stunden, ehe sie wieder ablegen und nach Juneau, Sitka oder Haines weiterziehen. Auch Daves Partnerin Meredith kam so einst nach Skagway. »Als ich mit dem Schiff hier ankam, wusste ich, ich war zu Hause. Das sagen viele Leute, wenn sie hier anlegen. Aber es war tatsächlich so, ich verliebte mich regelrecht in Alaska.« Und dann später wohl auch in die exzentrische Person, der sie noch am Kai ihr überschüssiges Gepäck aufschwatzte, um anschließend mit einer Freundin auf dem Chilkoot Trail zu wandern: Dave. Jetzt lebt sie gemeinsam mit ihm in einem kleinen Haus in einer ruhigen Nebenstraße und arbeitete saisonal als Ranger im Klondike Gold Rush National Historic Park. Klar, dass ich von ihr nach dem letzten Nachschlag Sauerkraut alles wissen wollte. Über den Trail, auf dem ich meine Reise morgen beginnen würde. Und auch noch einmal über das richtige Verhalten, falls ich einem Bären begegnen sollte, was durchaus wahrscheinlich war.

»Du musst die Bären als Erstes einfach mal wissen lassen, dass du da bist! Das ist das Wichtigste. Die wollen nichts von dir, du bist ihnen egal. Mach also Krach auf dem Trail, Singen, Klatschen, alles, was laut ist, hilft.«

Wahrscheinlich weil der Bär dann denken würde: Wieder so ein durchgeknallter Touri, der mit seinem nervigen Geplärre meine idyllische Ruhe stört.

»Manche empfehlen Bärenglöckchen am Rucksack, aber die vermischen sich vermutlich zu sehr mit den Umgebungsgeräuschen und werden dann von den Bären nicht mehr wahrgenommen«, ergänzte Meredith. Wichtig sei auch ein sauberes Camp, ohne Lebensmittel, Zahnpasta, Sonnenmilch oder andere Dinge im Zelt, die die feine Nase eines Bären neugierig machen können. Deshalb stünden auf dem Trail auch extra ein paar bärensichere Boxen bereit, in denen man den Proviant über Nacht verstauen sollte.

Und was, wenn es dann doch mal zur Begegnung käme?

»Auf keinen Fall wegrennen, dann wirst du zur Beute. Bleib ganz ruhig, mach dich bemerkbar, und gib dem Bären die Chance zur Flucht.«

In der Theorie leuchtete mir das alles ja ein, aber wenn's dann wirklich drauf ankam, wie stark wären dann meine Nerven?

»Ich hatte schon ein paar sehr intensive Begegnungen mit Bären«, klinkte Dave sich ein. »Einer war wohl gerade aus der Winterruhe erwacht, ein altes Männchen. Der brauchte eine Weile, bis er mich bemerkte und näher kam. Nicht, um mich zu bedrohen oder anzugreifen, er war wahrscheinlich nur neugierig und wollte herausfinden, was ich war. Bären sehen sehr schlecht, riechen dafür aber umso besser. Ich habe ihn dann schließlich überzeugen können, dass ich ungefährlich bin, und ging an ihm vorbei. Du musst einfach in so einer Situation ruhig auf den Bären einreden. Dann hauen sie in aller Regel sofort ab.«

Mit seinem Ehrfurcht gebietenden Bass hatte Dave ja leicht reden. Aber was, wenn man nicht so gesegnet war und dann mit vor Todesangst erregter Fistelstimme zu diskutieren versuchte? Für diesen und andere ähnlich dringende Fälle hatte ich mir Bärenspray besorgt, mit dem man allerdings nicht sich selbst besprüht wie mit Mückenspray. Das sei tatsächlich schon vorgekommen, versicherte mir Dave, dass Wanderer offensichtlich die Bedienungsanleitung nicht verstanden hätten und sich statt den Bären in eine kräftige Wolke dieses extrascharfen Pfeffersprays einhüllten. Ich stellte mir vor, wie zunächst verdutzt und später amüsiert der Bär wohl den vor brennendem Schmerz wild fuchtelnden Hobbyabenteurer betrachtete, der sich vor ihm rotzend die Seele aus dem Leib hustete. Zu diesem Zeitpunkt hatte ich noch keine Ahnung, dass ich mich drei Tage später selbst in die Reihe dieser Volldeppen stellen würde.

Bevor ich mich auf den Chilkoot Trail begeben konnte, musste ich noch den Transport meines Kanus organisieren. Das wollte ich nämlich nicht selbst über den Pass schleppen, obwohl es wahrscheinlich furchtbar authentisch gewesen wäre. Aber ich hatte ja nicht vor, den Goldsuchern nachzueifern, auch wenn ich auf ihren Spuren wandelte. Die mussten früher bis zu eine Tonne Proviant und Ausrüstung über die Berge schuften, sonst hätte die kanadische Polizei ihnen die Einreise verweigert. Man fürchtete ein Massensterben der unvorbereiteten Greenhorns, zumal es keinerlei Infrastruktur gab, die so viele Menschen im endlosen Winter hätte versorgen können. Ich erkundigte mich bei der vorhin schon erwähnten Eisenbahn nach einer Transportmöglichkeit. Die ist über 110 Jahre nach Fertigstellung und Inbetriebnahme immer noch über den White Pass unterwegs und hat sich inzwischen ganz auf die Touristen eingestellt. Zwei Dampf- und zwanzig Diesellokomotiven ziehen jetzt die insgesamt achtzig restaurierten Waggons über die steile Strecke in die Berge. Selbst Königin Elisabeth II. saß einst mit Prinzgemahl Philipp in einem der historischen Wagen und staunte über das technische Meisterwerk, das durch »britische Gelder, amerikanische Ingenieurskunst und kanadische Handarbeit« möglich geworden war, wie das Bordmagazin stolz berichtet. 35 000 Tausend Menschen hatten mitgebaut und in 26 Monaten die 180 Kilometer lange Strecke mit 450 Tonnen Dynamit in die Schluchten gesprengt. Da klangen die 10 Millionen Dollar Baukosten fast wie ein Schnäppchen. Heute bietet die Eisenbahnlinie normalerweise Tagestouren für die Kreuzfahrtbesucher über den Pass und dann weiter nach Carcross oder Whitehorse an und nimmt auf dem Rückweg vereinzelte Wanderer vom Chilkoot Trail mit. Am Ticketschalter löste ich für dreißig Dollar eine Fahrkarte für mein Kanu, das samt Ausrüstung in vier Tagen mit einem Güterwaggon zum Lake Bennett gebracht werden sollte. Wartende Fahrgäste schlenderten bis zur Abfahrt ihres Zuges durch den großen Souvenirshop des historischen Gebäudes. Neben den obligatorischen Sammlertassen, T-Shirts und Geldbörsen im *White-Pass-&-Yukon-Route*-Design stapelten sich *Mommy & Me Chugga Chugga PJs*: mit lustigen Lokomotiven bedruckte Strampler und Nachthemden für Baby und Mami im Partnerlook. Im nächsten Regal ein kleiner Plüschtierzoo aus Bennett, dem Biber, Rocky, der Ziege, und Howling Denver, dem Wolf, der auf Knopfdruck sogar heulen konnte. Fehlte nur noch Emma, die Lokomotive, die hier etwas lieblos *Steam Engine #73* hieß und, als große Spielzeugvariante in Deutschland gefertigt, nun für satte 4000 Dollar verkauft wurde. Bei diesem Preis zu Recht der Stolz der Flotte, wie der umfangreiche Werbeprospekt verkündete, der in puncto Angebotsvielfalt locker mit jedem Inflight-Shopping-Magazin mithalten konnte und selbstverständlich auch den in Amerika unverzichtbaren Weihnachtsschmuck in Lokomotive- oder Waggonform anpries. Trotzdem konnte ich widerstehen, stoppte aber auf dem Rückweg noch im örtlichen Buchladen, dessen Auslage unschwer einen Kampf der Giganten um die Gunst der Leser erkennen ließ. Jack London, Robert Service oder Pierre Berton? Wer war der beste, der authentischste, der erfolgreichste Autor des Nordens? Für uns Europäer eine eindeutige Entscheidung, denn die meisten haben von Service oder Berton wahrscheinlich noch nie gehört, mich vor dieser Reise eingeschlossen. Jack Londons Geschichten aus dem Norden zählen zweifelsohne zu den meistverkauften und machten den jungen Autor aus Kalifornien bald zum Popstar. London kam 1897 als 21-Jähriger zum Klondike, nur ein Jahr nach dem ersten Goldfund. Reich wurde er trotzdem nicht. Stattdessen musste er wie viele andere für die schlechte Ernährung und harte Arbeit in den Goldfeldern mit seiner Gesundheit bezahlen: Er erkrankte an Skorbut und verließ den Yukon wieder genauso mittellos, wie er gekommen war. Seine Erfahrungen und Eindrücke aber verarbeitete er ein paar Jahre später zu Geschichten, die den

Mythos des Yukon mitbegründeten und ihn zum Traumziel für Abenteurer machten. *Der Ruf der Wildnis*, *Wolfsblut* und *Lockruf des Goldes* faszinieren bis heute die Leser in aller Welt. Jack Londons früher Tod – er starb mit vierzig Jahren als Alkoholiker – dürfte eher zur Verklärung seiner Arbeit beigetragen als geschadet haben. Im Gegensatz zu seinen rassistischen Tendenzen, die er auch über seine Romane auslebte. Die Stadt Whitehorse ehrte ihn zum hundertjährigen Jubiläum der Goldfunde am Klondike 1996 mit dem *Jack London Boulevard*, änderte diesen Namen aber nach massiven Protesten wegen seiner rassistischen Äußerungen in *Two Mile Hill*, wie die Straße vom Alaska Highway in die Stadt noch heute heißt. Vielleicht erklärt das, warum Jack London im Yukon längst nicht so verehrt zu werden scheint wie beispielsweise in Deutschland.

Wie anfangs erwähnt, war die Lektüre jener drei Bücher, die ich zu meinem 18. Geburtstag bekam, wahrscheinlich einer der Hauptgründe, der mich 24 Jahre später schließlich zum Yukon führte. Ich hatte hingegen keine Ahnung, wer Robert Service war, obwohl ich auf der anderen, seiner Zufahrtsstraße, dem *Robert Service Way*, nach Whitehorse hineinfuhr. Der Barde des Yukon, eigentlich Brite und gelernter Banker, kam zwei Jahre vor Jack London ebenfalls 21-jährig nach Kanada. Allerdings erst mal nach Vancouver Island in British Columbia an der Westküste. Auch hier fand er Arbeit bei einer Bank, die ihn 1904 nach Whitehorse versetzte, sechs Jahre nach dem großen Goldrausch. Inspiriert von der beeindruckenden Wildnis, begann Robert Service, Gedichte über den Norden zu schreiben. Sein wahrscheinlich bekanntestes, *The Cremation of Sam McGee*, erzählt die Geschichte der Einäscherung eines Goldsuchers aus der Sicht des Mannes, der ihm kurz vor seinem Erfrierungstod versprach, ihn zu verbrennen. Das klingt jetzt vielleicht ein bisschen merkwürdig, macht sich aber bei einem Lagerfeuerabend am Yukon ziemlich gut. Service lebte dann ab 1909 drei Jahre lang in einer kleinen Blockhütte in Dawson, die gleich neben der von Jack London steht, die nachträglich ebenfalls hierhergebracht wurde. Beide *cabins* sind heute beliebte Anlaufpunkte für Touristen. Und weil's so schön passt, kommen die auf ihrem Weg dorthin am ehemaligen Wohnhaus von Pierre Berton vorbei, dem Dritten im Bunde der Yukon-Autorenlegenden. Er war der einzige waschechte Yukoner, 1920 in Whitehorse geboren, als Sohn eines ehemaligen Goldsuchers, der mit seiner Familie inklusive Klein Pierre schon ein Jahr später zurück nach Dawson City zog. Als Student arbeitete Pierre Berton wie sein Vater in den Goldfeldern am Klondike, lebte aber damals eigentlich schon in British Columbia. Nach dem Krieg legte Berton eine beachtliche Karriere als Fernsehjournalist hin, mit einer eigenen, nach ihm benannten Sendung, in der er zahlreiche Prominente interviewte, noch lange bevor bei uns jemand vom Konzept einer Talkshow gehört hatte. Daneben veröffentlichte er bis zu seinem Tod im Jahr 2004 fünfzig Bücher, nicht nur, aber auch über den Yukon und die Zeit des Goldrausches, für die er mit über dreißig Preisen ausgezeichnet wurde.

Wer immer von den dreien nun der größte oder glaubwürdigste Schriftsteller sein mag, am Mythos Yukon haben sie alle mitgestrickt. Und ich entschied mich ohnehin für einen vierten Autor, dessen Buch *The Klondike Stampede* Dave mir als das wahrscheinlich authentischste zu diesem Thema empfohlen hatte: Tappan Adney. Ich traute meinen Ohren nicht, als er mir davon erzählte. Tappan Adney? Der auch das Standardwerk zu den Birkenrindenkanus verfasst und Tom und mich drei Wochen begleitet und fasziniert hatte? Wie sich herausstellte, war ebenjener Tappan Adney als junger Journalist zum Klondike gereist, um für das New Yorker Magazin *Harper's Weekly* hautnah vom Goldrausch im Yukon zu berichten. Mit Kamera und Notizblock machte sich Adney kurz nach Bekanntwerden der Funde am Klondike auf und verbrachte über ein Jahr mit den Goldsuchern. Die Spesenabrechnung hinterher hätte ich gerne mal gesehen. Seine Fotos und Berichte dokumentieren eindrucksvoll die unvorstellbar harten Bedingungen und die Gefahren und zeugen von der Verzweiflung, die viele damals in den Norden trieb. Auch wenn es ein dicker Wälzer war, ich musste einfach zugreifen und freute mich schon auf die Lektüre, die haargenau meine Route bis Dawson City beschreiben würde. Wie wunderbar sich wieder alles gefügt hatte.

Selbst der Grenzübertritt von Kanada nach Alaska vor zwei Tagen war ein Kinderspiel gewesen. Vermutlich wollte sich der amerikanische Grenzbeamte um kurz vor Mitternacht seinen bis dahin entspannten Dienstabend nicht durch eine akribische Inspektion meines Hippietrucks mit Holzkanu verderben. Ich hatte das aber auch schon ganz anders erlebt. Mit meinem gerade fertig gewordenen Boot auf dem Dach rollte ich voller Stolz an die Grenze zwischen Ontario und Michigan bei Sault St. Marie und übergab dem Beamten meinen Reisepass mit dem gültigen Journalistenvisum, bereit, die ersten Komplimente für mein wunderschönes Kanu anzunehmen. Stattdessen besprach der sich kurz per Funk mit seinen Kollegen, denen er abschließend noch *»Have fun!«* zurief, und forderte mich dann wortkarg auf, den zwei schwer bewaffneten *officers*, die inzwischen zu uns getreten waren, zu folgen. Beide trugen verspiegelte Sportbrillen, Augenkontakt nicht gewünscht.

»Sie folgen mir jetzt da rüber auf den Parkplatz, und fahren Sie nicht schneller, als ich gehe«, kommandierte der eine Rotzlöffel. Auch sein Kollege mischte sich jetzt ein, Typ *football linebacker*, ein Schrank aus Muskeln und schlechter Laune: *»Turn on your flashlights!«*

Ich sollte meine Taschenlampe anschalten? Das ergab keinen Sinn, also fragte ich nach. »Entschuldigung ...«

»*TURN ON YOUR HEADLIGHTS!*«, brüllte er zurück.

Devot schaltete ich die Scheinwerfer an.

»Schneller, nicht so langsam«, schallte es nun wieder von der anderen Seite.

Rauer Charme hier oben in Michigan, dachte ich, als ich endlich meine Parkposition erreicht hatte und sofort aussteigen musste.

»Treten Sie hinter die Linie, und bleiben Sie dort, bis wir Ihnen weitere Instruktionen geben.«

Da hatte einer aber zu viele Taliban-Videos gesehen und reagierte übernervös, schoss es mir spontan durch den Kopf.

Inzwischen stieg die Zahl der Beamten mit kugelsicherer Weste, Springerstiefeln und Sonnenbrille auf sechs. Halt, fünf waren es, ein Sechster trug keine Brille und lächelte mich an, während sich die anderen an meinem Auto zu schaffen machten.

»Tolles Boot, selbst gebaut?«

Er hatte offenbar die Rolle des *good cop* übernommen, erinnerte ich mich aus zahlreichen US-Krimis. Gleich würde er mir vorschlagen zu kooperieren, weil seine anderen Kollegen nicht so nett wären wie er.

»Und wohin willste?«

Während ich mich angespannt um einem Small Talk bemühte, amüsierten sich seine Kollegen im Inneren meines Wagens unüberhörbar über das Gepäck.

»Der hat sogar sein Paddel selbst geschnitzt!«, prustete der Rotzlöffel. Kurz darauf setzte er sich auf den Fahrersitz und startete.

»Schlage vor, wir gehen mal ins Büro«, lud mich der *good cop* nun ein, während ich sah, wie mein Auto in den Katakomben der Grenzanlage verschwand.

Ich musste in einer vom normalen Wartebereich abgetrennten Zelle Platz nehmen. Gut, sie hatte keine Gitterstäbe, aber die Tür ließ sich nur von den Beamten per Knopfdruck öffnen. Was hatte die Terrorangst nur aus diesem großartigen Land gemacht? Die einstige Keimzelle von Demokratie und Freiheit schien hier zu einer Gruft verzweifelter Attentatspanik verkommen. Wobei viele Grenzbeamte in Deutschland die gleiche Schule durchlaufen zu haben schienen. Bloß kein freundliches Wort oder gar angedeutetes Lächeln. Stoischer Blick, karge Gestik galten offenbar als unverzichtbare Tugenden für eine Karriere beim Grenzschutz.

Zwei indianische Schwestern aus Fairbanks erzählten mir in diesem Zusammenhang später von einer, wie ich finde, typischen Erfahrung bei der Einreise in Frankfurt. Noch völlig übernächtigt vom langen Flug, waren sie der Schlange der Mitpassagiere zur Passkontrolle gefolgt und überreichten dem finster dreinblickenden Beamten ihre amerikanischen Pässe. Der studierte sie nur kurz, bevor er sie unwirsch anblaffte: »Wenn ich in ein fremdes Land reise, würde ich mich bemühen, die Sprache zu verstehen oder zumindest die Zeichen richtig zu deuten!« Er verwies sie mit knapper Handbewegung auf das Schild, das diesen Schalter nur für Reisende aus der EU auswies. Völlig eingeschüchtert entschuldigten sich die beiden Schwestern und wollten sich mit ihren Pässen nebenan erneut anstellen. »Ich mach das schon«, entgegnete der Beamte da mit großmütigem Unterton und ließ sie nun noch mehr an seiner Geistesgegenwart zweifelnd einreisen. Ich halte nichts von Verallgemeinerungen, aber in diesem Fall musste ich zugeben: Typisch deutsch! Erst rummeckern und es dann doch machen. Warum nicht gleich so.

Der Türsummer riss mich aus meinen Gedanken. Ich war wieder frei und folgte dem Rotzlöffel jetzt die Treppe runter zu meinem Auto.

»Alles okay, wir haben nichts gefunden«, kommentierte er die Aktion und fügte trotzdem, um ganz sicherzugehen, hinzu: »Nehmen Sie Drogen, oder handeln Sie damit?«

Fassungslos vor so viel Dreistigkeit, stieg ich ins Auto und suchte nach meiner sündhaft teuren Sonnenbrille mit Stärke, die ich auf den Beifahrersitz gelegt hatte.

»Oh, warten Sie, die habe ich gesehen, schauen Sie mal im Fußraum nach.« Ich kochte innerlich. Sie hatten den ganzen Wagen auf den Kopf gestellt, meine Brille unter Bergen von Ausrüstung begraben und sich nicht mal entschuldigt.

»Ich hoffe, Sie lassen uns da raus und erwähnen das nicht in Ihrem Buch«, hatte mich der *good cop* noch gebeten, als ich ihm von meinen Plänen erzählte und er sich verabschiedete.

»Oh nein, natürlich nicht, das bleibt unter uns«, versicherte ich ihm glaubhaft. Ups, jetzt isses doch passiert, verdammt. *Sorry, guys!*

Ich schlenderte zurück zu meinem Truck, den ich in einer Seitenstraße vom Broadway geparkt hatte.

»Das ist wunderschöööööön!«

Mein Kanu riss wieder einen Bewunderer zu einem diesmal außergewöhnlich ekstatischen Kommentar hin.

»Darf ich ein Foto machen?«, fragte mich die Frau, nachdem sie ihrem Begleiter die Einkaufstüten in die Hand gedrückt hatte. »*Beautifuuuuuuuuuuuuul!* Und jetzt noch eines mit dir.«

Ich positionierte mich seitlich neben dem Truck.

»Vielen, vielen Dank und alles Gute!«, verabschiedeten sich die beiden, nachdem ich auch noch kurz von meinem Vorhaben berichtet hatte.

Ich öffnete die Beifahrertür und warf das soeben erstandene Buch von Tappan Adney auf die Sitzbank, als sie zurückkamen.

»Entschuldigung, wir wollen nicht zu aufdringlich sein, aber würdest du uns deinen Truck vermieten?«

Stella und Charlie arbeiteten zum wiederholten Male während der Sommermonate in Skagway und verkauften Schmuck bei einem der vielen Juweliere der Stadt an Touristen. »Charlie hat es gerade zum Mitarbeiter des Monats mit dem meisten Umsatz gebracht!«, berichtete Stella stolz vom Verkaufstalent ihres Mannes, der, so wie sie, längst die verdiente Rente hätte genießen können. Eigentlich lebten sie auf Hawaii, aber die Sommer hier in Alaska seien auch toll. Und mit dem Truck könnten sie dann ein paar Ausflüge am Wochenende machen und hin und wieder in Whitehorse Einkäufe erledigen. Für Loretta wäre es vermutlich auch besser, wenn sie zwischendurch ein wenig Bewegung hätte, statt drei Monate geparkt zu bleiben, dachte ich und versprach, es mir bis morgen zu überlegen und mich zu melden.

Jetzt musste ich erst mal packen. Lang genug hatte ich mich davor gedrückt und immer wieder eine andere Beschäftigung gefunden, die dringender war. Mir graute bei dem Gedanken an die Unmengen von Ausrüstung und Proviant, die ich nun für den Trail und meine Reise auf dem Wasser sortieren wollte. Zum Glück hätte ich nach etwa zehn Tagen, wenn ich mit dem Boot wieder nach Whitehorse kam, noch mal die Gelegenheit, abzuwägen und endgültig zurückzulassen, was sich nicht bewährt hatte oder überflüssig schien. Bis tief in die Nacht war ich hinter Daves Haus damit beschäftigt, umzuschichten und schließlich auf die Gepäcktonne, Taschen und den Rucksack zu verteilen. Später im Boot spielten Volumen und Gewicht kaum eine Rolle, auf dem Trail aber würde ich jedes Gramm zu viel spüren. Als ich den fertig gepackten Rucksack zum Test auf meine Schultern wuchtete, verstärkten sich meine Zweifel. Ich schätzte das Gewicht auf gut 25 bis 30 Kilo. Warum nur war er so schwer? Die Wanderung über die Berge sollte bloß drei oder vier Tage dauern. Wahrscheinlich lag's an der Fotoausrüstung, tröstete ich mich, wohlwissend, dass ich das Gepäck sicher noch weiter hätte entschlacken können, aber inzwischen zu erschöpft und müde war, um mir weiter Gedanken zu machen.

Ich hoffte nur, dass mein Knie auf dem Trail mitspielen würde. Das hatte nach einer Störung in der Wachstumsphase einen massiven Knorpelschaden entwickelt, und so musste ich mich vor fünf Jahren einer schweren Knorpel-Knochen-Transplantation unterziehen. Das erzähle ich Ihnen nicht, weil Männer ab einem bestimmten Alter gerne und ausführlich über ihre Wehwehchen klagen. Ich war mir tatsächlich nicht sicher, ob und wie ich den Chilkoot Trail meistern würde. Tests im Vorfeld führten immer wieder zu saftigen Ergüssen im Knie. Joggen ging nach der OP eigentlich gar nicht mehr, und selbst leichte Wanderungen sorgten bei entsprechender Länge und Gefälle sehr schnell für Probleme. Trotzdem hatte ich mir in den Kopf gesetzt, meine Reise zu Fuß zu beginnen, und war gespannt, wie weit ich es morgen schaffen würde.

Am Sonntag, dem 13. Juni sollte es endlich losgehen. Prasselnder Regen, der auch schon den gestrigen Tag bestimmt hatte, drückte an diesem Morgen mächtig auf die Stimmung. Bald aber riss die Wolkendecke über Skagway auf, und die ersten Sonnenstrahlen ließen das dicke Gletschereis zwischen den Gipfeln der umliegenden Berge türkisblau schimmern. Ich wollte den Tag meines Aufbruchs mit Meredith und Dave bei einem Gottesdienst in der Dorfkirche beginnen. Nach der Begrüßung fragte der Pastor wie üblich nach Gebetsanliegen der Besucher, die er anschließend gleich berücksichtigen wollte. Meredith hatte mich vorher gefragt, ob es mir recht sei, wenn sie meine Reise erwähnte. Und so bat der Pfarrer, selbst gerade von einem

Paddelabenteuer zurück, in großer Runde um Schutz für mich und darum, dass ich dort draußen in der Natur in jedem Moment Gottes Majestät erleben möge. Seine Worte würden mich begleiten, und ich versprach, nach Ende der hoffentlich erfolgreichen Tour zurückzukehren und zu berichten. Gegen 14 Uhr hatte ich mich mit Charlie verabredet, dem ich Loretta tatsächlich während meiner Abwesenheit vermieten wollte. Ich umarmte Meredith und Dave zum Abschied und freute mich schon jetzt aufs Wiedersehen im Herbst.

»Wir sind gespannt auf die Rückkehr des Reisenden«, sagte Dave. »Irgendwie würde ich gerne mitkommen, bin aber auch froh, dass jemand anderes das Abenteuer unternimmt, an dem ich dann hinterher vom Sessel aus teilhaben darf.«

Wir fuhren die knapp fünfzehn Kilometer nach Dyea, wo Charlie mich am Startpunkt des Chilkoot Trails absetzte. Er würde auch in drei Tagen das Kanu und die Ausrüstung in den Zug nach Bennett verladen, damit ich dann alles dort in Empfang nehmen könnte. Etwas wehmütig blickte ich Loretta schon hinterher, aber jetzt, nach vielen Jahren des Träumens, Monaten der Vorbereitung und Wochen der Anreise, würde es losgehen. Ich setzte den ersten Schritt auf den legendären Chilkoot Trail – mein Yukon-Abenteuer hatte begonnen.

Mann, war ich fertig. Mehr stolpernd als wandernd, schleppte ich mich die letzten Meter ins *Sheep Camp*, das ich erst in der Dämmerung erreichte. Zum Schluss muss ich unter der schweren Last auf meinen Schultern bei jedem Schritt vor Schmerz laut gestöhnt haben. Was für ein jämmerlicher Anblick, als Lastenträger wäre ich zur Zeit des Goldrausches kläglich gescheitert und ausgemustert worden. Kraftlos ließ ich mich auf die Holzplattform fallen, auf der später mein

Zelt stehen sollte. Fast sieben Stunden hatte ich für die ersten knapp zwanzig Kilometer auf dem Trail gebraucht. Und dabei lief es anfangs richtig gut. Schnell war ich über den ersten steilen Hügel geklettert, danach schlängelte sich der Pfad ohne größere Hindernisse durch den dichten Küstenregenwald. Bei *Finnegan's Point,* der ersten Campmöglichkeit, überholte ich ein frankokanadisches Kamerateam, das im Rahmen einer Dokusoap zehn Freiwillige begleitete, die auf den Spuren der Goldsucher wandelten. Mit der authentischen Ausrüstung und dem gleichen Proviant wie die Pioniere wollten sie über den Chilkoot Pass zum Lake Bennett, dort Boote zimmern und damit über die Quellseen und den Yukon bis nach Dawson City gelangen. Auch wenn ich die Teilnehmer dieses Experiments selbst nicht zu Gesicht bekam, sah ich unterwegs einen Teil der Ausrüstung, die noch darauf wartete, nachgeholt zu werden. Stoffzelte, schwere Eisenöfen, Pfannen und Glaslaternen. Um die von der kanadischen Regierung geforderte Tonne Equipment über die Berge zu schaffen, mussten viele Goldsucher jeden Weg mehr als dreißigmal hin- und herlaufen. Bei einer Strecke von eigentlich überschaubaren fünfzig Kilometern bis über den Pass nach Bennett kamen so am Ende 3000 zurückgelegte Kilometer zusammen. Eine unmenschliche Schinderei, die anfangs geschätzte 100 000 Abenteurer auf sich nahmen. Allerdings hielt vermutlich nur ein Drittel davon durch und schaffte es bis zum Klondike. Tatsächlich gab es verschiedene Routen zu den Goldfeldern von Dawson. Von ausschließlich über Land quer durch Kanada bis nur auf dem Wasser, dem Yukon gegen die Strömung von der Beringsee aus flussaufwärts folgend. Die meisten aber entschieden sich für das vermeintlich kleinste der Übel, den Weg über den Chilkoot Trail zu den Quellseen und dann auf dem Wasserweg weiter. Erst mit der Inbetriebnahme von Eisenbahn und Schaufelraddampfern wurde aus der Tortur vergleichsweise eine Vergnügungsreise. Aber da war der Goldrausch ja auch längst abgeebbt, und die Glücksritter waren weitergezogen.

Kurz vor Mitternacht stand mein Zelt auf der Plattform, und ich kroch erschöpft in meinen Schlafsack. Eigentlich wollte ich in vier Stunden schon wieder auf dem Trail sein, damit ich den Pass überqueren konnte, bevor der Schnee zu sulzig und die Lawinengefahr zu groß würden. Aber beim Einschlafen war mir klar, dass das in meiner momentanen Verfassung utopisch war.

Unruhig und mitgenommen, schlurfte ich nach 6 Uhr rüber zum Küchenzelt. Die amerikanische und kanadische Nationalparkverwaltung hat entlang des Chilkoot Trail eine beachtliche Infrastruktur für die Wanderer geschaffen und insgesamt neun Campingplätze angelegt. Viele dieser Plätze entsprechen den Orten der ursprünglichen Zeltstädte, die den Goldsuchern auf ihrem beschwerlichen Weg Mahlzeiten oder auch eine sehr rustikale Übernachtungsmöglichkeit anboten. Heute finden sich dort meist Küchenzelte mit Holzofen, Bärencontainer, Zeltplattformen und Plumpsklos. Finanziert übrigens von den Gebühren der Wanderer selbst, die sich ein *permit* kaufen und vorher festlegen müssen, in welchem Camp sie wann übernachten werden. Wildes Zelten ist ausdrücklich untersagt. Man möchte die Auswirkungen des Tourismus auf die Natur möglichst gering halten und die Zahl der *hiker* begrenzen. Mehr als fünfzig werden pro Tag nicht auf den Trail gelassen. Jetzt, Mitte Juni, spielte das noch keine Rolle. Erst eine Handvoll anderer Wanderer waren in dieser Saison vor mir aufgebrochen.

Nach dem Morgenkaffee erwachten langsam wieder die Kräfte in mir. Ich begann gemächlich mit dem Verpacken der Ausrüstung, als Ranger Katie mich begrüßte. Ihr offizielles Namensschild verriet die eindeutige Familienherkunft – Unertl. Na, wenn die nicht aus dem Alpenvorland

stammte, würde ich doch glatt meine Überzeugung als Antialkoholiker aufgeben und nach meiner Rückkehr ein Weiß-
bier der gleichnamigen Marke zischen. Katie war in einer
kleinen Hütte unterhalb des Camps stationiert und hatte
mich gestern Abend schon früher erwartet. Sie erzählte von
einem neugierigen Schwarzbären, der über Nacht Tatzen-
spuren auf der Küchenzeltwand hinterlassen hatte. Ich
musste also doch tief geschlafen haben, konnte mich an
keine Zwischenfälle erinnern, obwohl mein Zelt in Sichtweite keine zwanzig Meter entfernt stand. Wir plauderten
noch eine Weile und verabredeten uns für den Mittag unterhalb des Passes. Als Ranger kontrollierte Katie die Strecke
fast jeden Tag, vor allem wegen der Schneefelder, die in der
Sommersonne schmolzen und brüchig wurden.

Bald hatte ich die Baumgrenze hinter mir gelassen und
kam trotz unwegsamen Geländes besser voran, als es mein
Zustand gestern Abend hoffen ließ. Je mehr die Landschaft
sich öffnete und den Blick freigab auf die umliegenden
Berggipfel, desto mehr hatte ich das Gefühl, durchatmen zu
können. Dicke Wolkenfetzen wurden vom Wind unablässig
gegen das Gebirge gepeitscht, aber es blieb trocken. Kurz darauf marschierte ich über den ersten Abschnitt Altschnee,
der schließlich als geschlossenes Band bis zur Passhöhe zu
führen schien. Durch eine Schicht roter Algen wirkte der
Schnee gespenstisch versifft. Verblichene Markierungsstan-
gen wiesen den Weg über das Schneefeld, das sich bald
zwischen zwei Felsgrate zwängte und schließlich in einem
Plateau endete – The Scales. Früher wurden die Lasten hier
noch einmal gewogen und der Preis für die Träger neu verhandelt. Erst dann reihten sie sich in die Schlange der Männer ein, die sich wie Ameisen den letzten Abschnitt bis zum
Pass hochquälten. Die Golden Stairs, die goldenen Treppen-
stufen, wurden ins Eis geschlagen, um den Aufstieg überhaupt möglich zu machen. Natürlich waren die nicht gol-

den, sollten aber bei jedem Schritt vor Augen führen, warum die Plackerei sich lohnte. Wer zwischendrin neben den Stufen erschöpft pausierte, musste anschließend oft lange warten, bis er eine Lücke fand und sich wieder einreihen konnte. Besser Situierte ließen ihre Ausrüstung mit einer Lastenseilbahn zum Pass ziehen. Viele aber konnten sich nicht mal Träger leisten und gaben frustriert und entmutigt auf. Die rostenden Relikte zurückgelassener Herdplatten, Konservendosen und Pfannen bezeugen noch heute die menschlichen Dramen, die sich hier abgespielt haben müssen. Wohin man auch blickte, überall fanden sich Spuren der Goldsucher, wie in einem gigantischen Freilichtmuseum.

Ich setzte meinen Rucksack ab und blickte zum letzten Anstieg. Die Stairs lagen schneefrei vor mir. Das würde eine ziemliche Kraxelei über diesen 35 bis 45 Grad steilen Geröllberg. Links daneben öffnete sich ein zweiter Einschnitt, der länger, aber flacher wirkte und früher von einigen Goldsuchern als alternative Aufstiegsroute genutzt wurde. Am 3. April 1898 kam es dort zu einem verheerenden Lawinenunglück, bei dem Dutzende ums Leben kamen. Ihre Leichen wurden später auf einem Waldfriedhof bei Dyea beigesetzt, der immer noch als Mahnmal vor den alpinen Gefahren warnt.

Katie hatte inzwischen zu mir aufgeschlossen. Während wir Nüsse aus einer Tüte *trail mix* naschten, schwärmte sie von ihrem Job. Den ganzen Tag draußen in dieser großartigen Natur und dafür auch noch Geld kriegen.

Sie begleitete mich noch bis zum Fuß der Stairs, dann setzte ich die ersten noch vorsichtigen Schritte auf die losen Felsbrocken. Einige gaben beängstigend nach, und so hangelte ich mich auf allen vieren über den wackligen Untergrund langsam nach oben. Zwischendurch stoppte ich kurz, ließ den Blick schweifen und sammelte neue Kräfte. Manchmal schien das Gewicht des Rucksacks mich aus dem

Gleichgewicht nach hinten zu ziehen. Aber je höher ich kam, umso mehr stieg meine Zuversicht, diese schwindelerregende Angelegenheit bald geschafft zu haben, und ich begann die Kletterei zu genießen. Zwischen den Felsbrocken neben mir lagen verrostete Kabel und Holzreste, Überbleibsel der Seilbahn. In kurzen Serpentinen stapfte ich konzentriert weiter und erreichte schließlich ein weiteres Schneefeld. Noch nicht der Pass, aber das Schlimmste war überstanden. Ich hielt mich am rechten Rand, wo der Schnee etwas griffiger schien. Trotzdem rutschte ich immer wieder aus und war froh um die Wanderstöcke, die mir zusätzlich Halt gaben. Ich wandelte nun auch auf den Spuren von Arthur Krause. Der deutsche Wissenschaftler zog im Mai 1882 über den Chilkoot Pass und kartografierte das Gebiet. Seine Unterlagen blieben bis zum Goldrausch die genauesten der Gegend, auch wenn das für die meisten Männer damals vermutlich kaum eine Relevanz hatte. Sie waren viel zu sehr damit beschäftigt, dem Vordermann beim Aufstieg nicht in die Hacken zu treten oder mit ihren bis zu fünfzig Kilo schweren Lasten auf dem Rücken nicht den Halt zu verlieren.

Das Schneefeld wurde jetzt zunehmend flacher, das Laufen einfacher. Erwartungsvoll schaute ich nach vorne, wo sich der Scheitelpunkt immer deutlicher abzeichnete und schließlich den atemberaubenden Blick auf ein Hochplateau mit noch tief vereisten Seen freigab. Ich stand auf dem Chilkoot Pass. Hier oben fegte der Wind mit Orkanstärke über die Schneefelder, und ich beeilte mich, die kleine Schutzhütte in unmittelbarer Nähe zu erreichen. Die kanadische Fahne davor, die den Grenzübertritt markierte, flatterte wild am Mast. Sieben Grad zeigte das Thermometer neben der Eingangstür, im Sturm fühlte es sich deutlich frostiger an. Sein Heulen war selbst in der Hütte unüberhörbar. Ich setzte den Rucksack auf die kleine Bank und atmete erleichtert auf. Von 0 auf 1000 Meter in 24 Stunden. Kein Geschwindigkeitsrekord, aber trotzdem ein Moment, den ich feiern wollte. Schließlich ging's von hier aus immer nur bergab, bis zur Beringsee.

Während das Wasser für den gefriergetrockneten Zigeunertopf auf dem Benzinkocher brodelte, las ich die Tafeln an den Wänden, die noch mal eindrucksvoll den Weg über den Chilkoot Pass zur Zeit des Goldrausches dokumentierten. Irgendwo unter dem Schnee sollten noch gut erhaltene Faltboote aus Segeltuch ruhen, mit denen einige Pioniere ursprünglich ihren Weg fortsetzen wollten. In den nächsten Wochen würde die Sonne den Schnee schmelzen und sie wieder freilegen. Meine ausgedehnte Mittagspause schloss ich mit Vanillepudding und Kaffee, bevor ich wieder auf den Trail zurückkehrte. Für die nächsten Stunden ging es über meterdicke Schneefelder, vorbei am noch zugefrorenen Crater Lake, dem vermeintlich ersten der Quellseen des Yukon. Aber wer konnte schon festlegen, wo genau der Yukon begann oder seine Quelle hatte. Auf Karten taucht der Name erstmals offiziell für den Fluss auf, der aus dem Marsh Lake hervorgeht. Folgt man dem Marsh Lake nun nach Süden entlang der anderen mit ihm verbundenen Seen, wäre der Crater Lake tatsächlich der erste in dieser Kette. Auch deshalb hatte ich mich entschlossen, meine Reise hier auf dem Chilkoot Trail zu beginnen. Aber eigentlich spielte es keine wirkliche Rolle. Der Pfad über die Berge war allein schon spektakulär und entschädigte für die Strapazen. Hier auf kanadischer Seite rissen die Wolken jetzt auf. In der Sonne genoss ich den Weitermarsch, hätte jauchzen können vor Freude, auch wenn ich immer wieder durch die Schneedecke einbrach und der Trail manchmal nur schwer erkennbar war. Allerdings machte sich zunehmend mein Knie bemerkbar. Der steile Aufstieg und die schwere Last hatten es massiv anschwellen lassen.

Neun Stunden waren seit meinem Aufbruch heute früh vergangen, als ich die letzten Meter ins *Happy Camp* humpelte. Nomen est omen, damals für die Goldsucher und jetzt für mich. Mein Zelt stellte ich wieder auf eine der Plattformen und freute mich auf einen einsamen Abend in dieser grandiosen Bergkulisse. Als ich aber mit der Zubereitung des Abendessens begann, wurde die Tür zur Schutzhütte unwirsch aufgestoßen. Der drahtige Allesandro aus Rom war den Chilkoot Trail förmlich hochgespurtet und hatte für die 33 Kilometer bis hierher nur zehn Stunden gebraucht. Das sah man ihm allerdings auch an. Völlig ausgepowert sackte er auf der Holzbank in der Schutzhütte zusammen. Selbst wenn sein Englisch besser gewesen wäre, hätten wir uns kaum unterhalten können. Während er seinen Ultraleichtschlafsack ohne Isomatte auf der Bank ausrollte, kaute er lustlos an einem Energieriegel. Gleich darauf verabschiedete er sich ohne Worte in einen kurzen Schlaf. Als ich am nächsten Morgen zurück in die Schutzhütte kam, hatte er seinen kleinen Daypack längst wieder gepackt und rannte vermutlich schon seit Stunden Richtung Bennett, das er wahrscheinlich erreichen würde, noch bevor ich mich auf meine letzte Etappe begab.

Ich begutachtete die handballgroße Beule, hinter der sich mein rechtes Knie verbarg. Die Ruhe der Nacht hatte nicht die erhoffte Besserung gebracht. Trotzdem wollte ich die zwanzig Kilometer bis Bennett heute schaffen und morgen dort mein Kanu empfangen. Der Morgennebel verzog sich bald, und so humpelte ich, dem Wasserlauf folgend, durch die sonnige Gebirgslandschaft. Inzwischen dominierten wieder Kiefern am Wegesrand und verströmten ihr wohlriechendes Aroma. Nach Regenwald und alpinem Gelände in Alaska hatte ich nun mit dem subarktischen, borealen Nadelwald die dritte Vegetationszone auf dem Trail erreicht. Kurz vor Lake Lindeman passierte ich das magere Metallgerippe eines zurückgelassenen Bootes. Manche Goldsucher wagten tatsächlich schon hier, bei der erstbesten Pfütze, die Weiterreise auf dem Wasser, obwohl vor dem Lake Bennett noch eine gefährliche Wildwasserschlucht zu bezwingen war.

Der Pfad führte jetzt rasant ins Tal, wo ich gegen Mittag das Ufer von Lake Lindeman erreichte. Sein Wasser schimmerte verlockend türkisgrün in der Sonne, aber der Wind hatte wieder deutlich aufgefrischt. Weiße Gischt klatschte unablässig an den Strand. Besorgt nahm ich die Wellenberge zur Kenntnis und hoffte für morgen auf ruhigere Zeiten, wenn ich in See stach. Noch gut zehn Kilometer lagen bis Bennett vor mir, die einfach kein Ende zu nehmen schienen. Vielleicht auch, weil mein Knie inzwischen so stark angeschwollen war, dass selbst die kleinste Bewegung eingeschränkt wurde und ich bei jedem Schritt zum Ausgleich von einer Seite auf die andere torkelte. Immerhin lenkte mich das etwas vom Gewicht des Rucksacks ab, dessen Gurte sich schmerzhaft in die Schultern gruben. Spätestens jetzt musste ich einsehen, dass an eine Wanderung auf dem über 3000 Kilometer langen Appalachian Trail im Osten der USA bis auf Weiteres nicht zu denken war, sie mir wahrscheinlich sogar für immer versagt bliebe. Und dabei hätte das so einen schönen Abschluss meiner amerikanischen Trilogie gebildet. Erst mit dem Rad einmal um die USA, dann im Kanu durch den wilden Norden und schließlich zu Fuß übers Gebirge. Vielleicht sind die Prothesen der Zukunft ja auch für solche Belastungen ausgelegt, tröstete ich mich auf den letzten Metern bis zu einer Anhöhe. Von dort konnte ich das vor mir liegende Tal überblicken, das komplett vom See ausgefüllt wurde. Die Sonne war gerade hinter den Bergen verschwunden, sorgte aber noch für ein surreales Licht, das der Landschaft eine friedliche und zugleich bedrohliche Anmutung verlieh. Der Kirchturm von Bennett lugte schon zwischen den Pinien hervor. Gleich war ich am Ziel. Vorbei an der St.-Andrews-Kirche, dem einzigen aus der Goldrauschzeit verbliebenen Gebäude, lief ich runter ans Ufer. Fast windstill erstreckte sich Lake Bennett vor mir bis zum Horizont. Hier wollte ich morgen meine Reise zum Beringmeer auf dem Wasser fortsetzen. Zum Triumphieren war es noch zu früh, aber ich war erleichtert, diese erste Hürde genommen zu haben. Und im Kanu könnte sich mein Knie sicher auch wieder erholen.

Zufrieden schloss ich an diesem Abend den Reißverschluss meines Schlafsacks, als mir die vielen Warnschilder wieder in Erinnerung kamen. Überall machten sie auf Bären aufmerksam, die hier regelmäßig durchs Camp trollten. Zwar hatte ich mein Bärenspray schon griffbereit neben den Zelteingang gelegt, mich aber noch nie wirklich mit der Bedienung beschäftigt. Wie schnell würde man wohl im Ernstfall die Sicherheitskappe abstreifen können ... muss ich weitererzählen? Ich meine, wie bescheuert muss man eigentlich sein, um genau dieser Frage in einem Zelt nachzugehen. Von der Erschöpfung des Tages umnebelter Verstand hin oder her. Keine Minute später wusste ich jedenfalls, dass das Pfefferspray wirkte. Und wie. Beim Abziehen der Kappe hatte ich versehentlich einmal kurz ausgelöst. Blitzschnell zog ich den Reißverschluss des Zeltes auf und sprang aus dem Schlafsack ins Freie. Das spontane Husten war sofort in einen permanenten Würgereflex übergegangen und konkurrierte jetzt mit dem intensiven Niesreiz, der sich stakkatoartig entlud. Ich eierte mit meinem dicken Knie, so schnell ich konnte, runter zum Wasser, um mir das Spray von Händen und Gesicht zu waschen. Dabei verteilte ich es erst recht schön gleichmäßig auf allen zugänglichen Hautpartien, und mein Gesicht brannte wie nach zwei Tagen Sonnenbaden auf einem Hochgebirgsgletscher. VOLLDEPP!, schrie ich hinaus in die Nacht und hätte mich am liebsten noch zusätzlich mit Dornenzweigen für so viel Hirnlosigkeit gegeißelt. Ich wankte zurück zum Zelt und näherte mich vorsichtig dem Eingang. Zum Glück hatte sich das Spray dort weitgehend verflüchtigt. Allerdings entdeckte ich eine deutliche Spur an der Kapuze meines Schlafsacks und auf der Isomatte. Prima, das würde ja eine entspannte Nacht werden. Um weiteres Leiden zu begrenzen, kramte ich nach den Spülhandschuhen, die ich zum Schutz der Hände eingepackt hatte, und versuchte die Reste des Pfeffersprays, so gut es ging, abzuwaschen. Unsicher stieg ich nach einer Stunde zurück in meinen Schlafsack und hoffte, dass die Müdigkeit bald über das penetrante Brennnesselgefühl im Gesicht und an den Händen siegen würde. Irgendwann musste ich dann doch eingeschlafen sein. Das Brennen ließ über Nacht nur sehr dezent nach, zwischendurch stellte sich auch immer wieder ein leichter Würgereiz ein, der mich in den nächsten Tagen daran erinnerte, dass ich erstens immer noch ein Idiot war und zweitens meine Bärenphobie mit Blick auf die Schlagkraft des Sprays ablegen konnte. Vorausgesetzt, die Windrichtung stimmte im Ernstfall ...

Für die Goldsucher war das Erreichen von Bennett am gleichnamigen See sicher auch eine Genugtuung, markierte aber nur ein Zwischenziel. Hier in der Zeltstadt aus Tausenden von Notunterkünften schlugen sie die Hänge kahl und bauten sich für ihre Weiterreise Flöße, Boote und Schiffe. Manchmal ähnelten sie eher grob gezimmerten Holzkisten, eilig mit Teer abgedichtet, und während der eine mit Steuern beschäftigt war, schöpfte der andere das einströmende Wasser aus der Nussschale. Auch wenn die Hochzeit Bennetts von kurzer Dauer blieb, entstanden doch einige Läden, Hotels und Restaurants. Eines gehörte Friedrich Trump, dem Großvater des heute in Amerika unvermeidbaren Donald, der als Manager, Geschäftsmann und TV-Star mittlerweile Promistatus genießt. Gemeinsam mit seinem Partner betrieb er das *Arctic Hotel & Restaurant* an der Front Street, in unmittelbarer Nähe der Anlegestelle für die Schaufelraddampfer, die Bennett sehr bald anliefen. Mit der Fertigstellung der Eisenbahnlinie aus Skagway aber verlagerte sich das Publikumsinteresse mehr und mehr auf die andere Seite der Stadt. Geschäftstüchtig wie der Enkel schnallte Friedrich sein Hotel einfach auf einen Lastkahn und verfrachtete es gleich neben den Bahnhof. Den gibt es heute noch, wenn auch nur als authentischen Nachbau, in dem im Sommer die Eisenbahntouristen bewirtet werden.

Sehnsüchtig blickte ich auf die Gleise. Jeden Moment sollte der Zug um die Ecke biegen. Hoffentlich mit meinem Kanu. Plötzlich schallte das markante Tröten der Zugpfeife aus der Ferne, bald darauf rollte die grün-gelbe Diesellock mit vier Waggons an den Bahnsteig. Während die Fahrgäste zum Lunch in die Bahnhofshalle strömten, lief ich den Zug entlang bis zum Gepäckwagen. Der Schaffner hatte mich bereits entdeckt und die schwere Eisentür beiseitegeschoben. Da lag mein Kanu, anscheinend unbeschädigt, auch die Ausrüstung schien komplett. Erleichtert begann ich mit dem Ausladen. Das Boot wuchteten wir schließlich zu zweit durch den schmalen Türspalt und weiter ans Seeufer. Nun musste ich nur noch ein wenig umpacken und könnte starten. Einige Passagiere waren inzwischen zu mir gelaufen, fotografierten das Boot und wünschten mir Glück für die Reise. Als der Zug nach knapp einer Stunde weiterfuhr, sah ich viele erhobene Daumen hinter den Fenstern. Eine ältere Frau artikulierte ein besonders deutliches *Good luck!*, das ich zwar nicht hören, aber doch verstehen konnte.

Vor meinem Aufbruch wollte ich mich noch stärken, zu verlockend war das Lunchangebot. Im voll gedeckten *Chilkoot Room* für Wanderer war ich der einzige Gast und schaufelte Unmengen von Eintopf, Krautsalat und frisch gebackenem Brot in mich. Zum Nachtisch gab's Apfelkuchen, und dann wieder von vorne. Der Trail hatte mich offenbar ausgezehrt. Mit reichlich Tee und Eiswasser spülte ich auch die letzten Reste Pfefferpray noch runter und erfrischte mich abschließend im Gästeklo. Gegen 16 Uhr war endlich alles Gepäck im Kanu verstaut. Ursprünglich hatte ich mir vorgenommen, noch mal das Fichtenharz auf den Nahtstellen zu kontrollieren, aber das musste bis morgen warten. Ich konnte es nicht mehr erwarten, schob das schwer beladene Boot vom Ufer weg, ließ mich auf die beiden wasserdichten Säcke gleiten, die meine Sitzgelegenheit bildeten, und legte ab. Behutsam stieß ich das Paddel ins glasklare Seewasser und atmete tief durch. Ich war unterwegs, Richtung Beringmeer, das ich hoffentlich nach über 3000 Kilometern erreichen würde.

Die Quellseen

Vom Ende, das ein Anfang wurde,
einem Indianer mit deutschem Namen
und stolzen Tänzern in der Mittsommernacht

Aus, vorbei, das war's. Fassungslos starrte ich auf das zerfetzte Heck meines Kanus. Fast handtellergroß war das Loch in der brüchigen Birkenrinde. Der Wind peitschte die Wellen erbarmungslos ans steinige Seeufer. Erst jetzt spürte ich wieder die Kälte, die über die triefnasse Kleidung den Körper hochkroch. Der Schock saß tief. Vor ein paar Minuten noch paddelte ich zuversichtlich meinem Abenteuer entgegen. Und jetzt? Sollte hier schon Schluss sein, am zweiten Tag, bevor es richtig losgegangen war?

Am Morgen hatte sich die Sonne noch trügerisch im kristallklaren Wasser gespiegelt. Schon bald aber war der Wind aufgefrischt, wie durch einen Trichter zwischen den Bergketten über Lake Bennett gefegt und hatte die Wellen mannshoch aufgetürmt. Ich musste an die Warnungen denken, mit denen hier oben im Norden keiner geizte. Lebensgefährlich könnten die Seen sein, offene Boote sollten dann besser am Ufer bleiben. Immer wieder ertranken gekenterte Kanuten, wenn sie es nicht rechtzeitig aus den eisigen Fluten schafften. Die Schwimmwesten machten es den Rettungsteams dann wenigstens einfach, die auf dem Wasser treibenden Leichen aufzufischen. Sehr witzig. Aber vielleicht half Galgenhumor ja auch, mit der Angst fertig zu werden. Und die hatte ich irgendwie immer, wenn's um Wasser ging. Nicht lähmend, aber doch latent, fast wie eine

Hassliebe. Im sudelwarmen Golf von Mexiko zu planschen fühlte sich großartig an. Schon am Pazifik hingegen flößte mir die brachiale Gewalt der Brandung einen Heidenrespekt ein. Und dann waren da irgendwo in der Erinnerung noch die Geschichten von glitschigen Feuerquallen, blutrünstigen Killerhaien und stachligen Rochen, die mit ihrem peitschenartigen Schwanz einen menschlichen Brustkorb blitzartig durchlöcherten wie Wyatt Earp in seinen besten Tagen mit dem Revolver. Gut, diese Gefahren gab es hier oben alle gar nicht. Außer Wyatt Earp, wobei der ja ein Guter gewesen ist, zeitweise während des Goldrauschs in Nome, Alaska, lebte, dort mit seiner Frau eine Kneipe führte und angeblich sogar mit Jack London befreundet gewesen sein soll.

Ich jedenfalls war im Angesicht der Schaumkronen, die immer beängstigender in mein Kanu schwappten, sehr bald darauf bedacht, Ufernähe zu suchen. Aber Anlanden und Abwarten wollte ich noch längst nicht. Zu lange hatte ich von dieser Reise geträumt, war am Mittag voller Tatendrang und Zuversicht ins Boot gestiegen. Das schaukelte dann sehr bald schon bedrohlich Richtung Felsenufer. Ich bemühte mich immer wieder beizudrehen, aber Wind und Wellen waren stärker. Um das Schlimmste zu verhindern, sprang ich irgendwann ins eiskalte Wasser, versuchte Kanu samt Ausrüstung von den Steinen am Ufer wegzuziehen. Vielleicht würde ich es um die nächste Ecke schaffen und dort eine windgeschützte, sandige Bucht finden. Keine Chance. Die Wucht der Brandung riss das Boot aus meinen Händen und schmetterte es gegen die Felsen. Hastig entlud ich die Ausrüstung aus dem inzwischen vollgelaufenen Kanu und zog es zuletzt selbst auf den steinigen Strand. Den Schaden erkannte ich erst beim Umdrehen des Bootes. Die Adrenalinproduktion meiner Nebennieren musste in diesem Moment ekstatische Ausmaße angenommen haben. Wie im Rausch spulte ich das Rettungsszenario ab. Reparaturset sichten, Ersatzrinde einweichen, Kiefernwurzeln fürs Vernähen säubern, Fichtenharz zum Versiegeln erhitzen. Alles easy, alles geprobt, wird schon. Jetzt aber, ein paar Minuten nach dem verheerenden Unfall, schwand die Zuversicht wie die Sonne, die inzwischen düstere Wolken verhüllten. Allein in der Wildnis. Gestrandet. Das zermürbende Heulen des Sturmes durchdrang meine Seele, als ob es jede Hoffnung im Keim ersticken wollte. Der See mutete wie ein wilder Ozean an. Selbst wenn ich mein Boot reparieren könnte, an Weiterfahrt war so nicht zu denken. Gedemütigt ließ ich den Blick zum buschigen Uferwald schweifen, der sich an den steinigen Strand klammerte. Ich konnte keinen Platz für ein Camp ausmachen. Und hier am Strand, auf den Steinen? Der Wind würde die Ausrüstung hinwegfegen und das Zelt sicher ähnlich zerfetzen wie das Heck meines Kanus. Vielleicht fände sich ja zwischen den dichten Büschen und Bäumen doch ein Plätzchen.

Ich kletterte die steile Böschung hoch und suchte nach einem halbwegs ebenen, windgeschützten Fleck in Strandnähe. Aber auch bei näherer Betrachtung entpuppte sich das Ufer als unzugängliches Dickicht. Frustriert lief ich oberhalb der Böschung ein Stück nach Süden. Hier nahm der Wind zwar wieder zu, aber dort drüben schienen die Bäume etwas auseinanderzuweichen. Tatsächlich, eine kleine Lichtung zwängte sich zwischen sperrige Äste und Zweige, gerade groß genug für mein Zelt. Ich beeilte mich, die Ausrüstung nachzuholen, und nach fünf Märschen hatte ich alles beisammen. Das Boot ließ ich unten am Strand. Der Wind hätte es mir beim geringsten Versuch, es zu schultern, aus den Händen gerissen und vermutlich auf den Steinen irreparabel zerschmettert. In der Provianttonne fingerte ich nach Nervennahrung und entschied mich für einen Beutel *Peanut Butter M&Ms Easter Eggs*, mit denen ich mich im nachösterlichen Ausverkauf günstig eingedeckt hatte. Wobei der Preis nur eine sekundäre Rolle spielte. Vielmehr war es die perfekte Relation zwischen Erdnussbutterfüllung und dragiertem Milchschokoladenmantel, die mich regelrecht in Verzückung versetzte und die mir jetzt nach dem Unfallschock bestimmt guttun würde. Sie merken schon, das Thema Ernährung, vor allem Süßigkeiten als Belohnung, spielt eine wichtige Rolle auf meinen Reisen. Ich möchte das aber erst später vertiefen. Nachdem ich die kompletten 2000 Kalorien des Beutels in Windeseile vernascht hatte, fühlte ich mich noch schlechter. Um den Zuckerschock ein wenig zu kompensieren, lief ich noch einmal runter zum Strand und begutachtete den Schaden am Kanu. Mit jedem Moment, den ich länger auf das riesige Loch blickte, schwand die Hoffnung, damit jemals wieder auch nur einen Meter auf dem Wasser fahren zu können. Ich griff nach der Ersatzrinde, die ich in einem Beutel gleich beim Boot gelassen hatte. Die beiden Stücke würden vermutlich zu klein sein, um den Schaden komplett zu bedecken. Außerdem fand ich am Heck einen zusätzlichen Riss, der sich fast über die gesamte Höhe bis zu den *gunwales* hochzog. Das müsste ich sicher mit Wurzeln vernähen und dazu vorher die Spanten und *sheathings* von innen entfernen. Wahrscheinlich würde die spröde Rinde durch meine Reparaturarbeiten nur noch weiter geschädigt und das Fichtenharz am Ende sowieso nicht ausreichen, um alles abzudichten. Wie gut, dass ich allein unterwegs war. Ein unqualifiziertes »Ach, so schlimm isses doch gar nicht, das wird schon wieder ...« hätte mir jetzt gerade noch gefehlt. Ich wollte mich einfach eine Weile im Selbstmitleid suhlen und brauchte keine positiven Durchhalteparolen. Schließlich wusste ich selbst, dass ich mich nicht verletzt hatte, die Ausrüstung heil und halbwegs trocken geblieben war, die Provianttonne vor Snacks und Leckereien überquoll und mich im schlimmsten Fall ein Fußmarsch entlang der Eisenbahngleise, die irgendwo da hinterm Wald verlaufen mussten, nach Carcross, die rund zwanzig Kilometer entfernte nächste Ortschaft, brächte. »Hier darf, kann und wird nicht Schluss sein!!!«, notierte ich am Abend im Tagebuch. Amen. Noch ahnte ich nicht, dass dieser scheinbare Super-GAU sich schon bald als wahrer Glücksfall erweisen würde.

Ich schlief lange, aber unruhig, träumte wirr in der Nacht. Brandung und Wind bohrten sich offenbar tief in mein Unterbewusstsein, das bloß nicht vergessen sollte, dass die Reparatur kein Zuckerschlecken würde. Immerhin schien die Sonne, als ich mich nach dem Frühstück wie gerädert zum Strand schlich. Perfektes Surferwetter. Keine Ahnung, warum ich daran denken musste. Hatte schließlich noch nie auf einem Brett gestanden, und außerdem war hier draußen außer mir sowieso niemand. Mutterseelenallein stand ich nun vor dem schwer angeschlagenen Kanu. Meine Zuversicht schien über Nacht noch weiter gesunken zu sein. Aber was hatte ich zu verlieren? Gegen den zermürbenden Wind packte ich mich in mehrere Lagen Kleidung. Baumwolle, Fleece, Softshell, am Ende noch eine Mütze auf den Kopf, dann ging's mit Arbeitshandschuhen ans Werk. Nicht lachen, die hatte ich, wie auch die Spülhandschuhe, tatsächlich mitgenommen, weil ich wusste, wie sehr Wind, Wasser und die geringe Luftfeuchtigkeit hier oben meine Haut austrocknen würden. Ich erinnerte mich an tiefe, sehr schmerzhafte Risse an den Händen während meiner Sarek-Tour in den 90ern, die erst nach Wochen verheilten, als ich wieder zu Hause war und die Wunden mit Heilsalbe und Melkfett behandelte.

Als Erstes entschied ich mich für ein Stück Ersatzrinde, legte es zum Einweichen mit Steinen beschwert ins Seewasser am Ufer und schöpfte gleich noch eine Ladung für die Kiefernwurzeln. Dann suchte ich Treibholz zusammen. Ein paar lange Stämme sollten das Boot als Unterlage gegen die spitzen Steine am Strand schützen. Einige Äste kürzte ich mit der Säge und fertigte so Keile und einen Meißel, der mir das Herausschlagen der Spanten erleichtern würde. Bald hatte ich etwa ein Drittel der Spanten und *sheathings* aus dem Inneren des Bootes entfernt und sicherte sie mit Spanngurten, die die Krümmung bewahren sollten. Auf dem Benzinkocher brodelte das Wasser, mit dem ich nun die Rinde mehrfach übergoss, um sie flexibel zu halten. Ich steckte noch vier Tarpstangen zwischen die Steine neben dem Kanu und fixierte sie mit Gurten als Gerüst für die Ersatzrinde, damit sie möglichst eng am Bootskiel anläge. Die Operation konnte beginnen. Wie ein Chirurg das Skalpell setzte ich behutsam die Ahle auf die Rinde und bohrte das erste Loch, durch das ich die vorher präparierte Nähwurzel steckte. Der Anfang war gemacht. Bei jedem weiteren Loch und anschließenden Festziehen der Naht hoffte ich, der brüchigen Rinde nicht noch weiteren Schaden zuzufügen oder sie gar auszureißen. Ziemlich knifflige Angelegenheit, zumal die Sonne jetzt hinter dicken Wolken verschwunden war und der Wind mich gnadenlos auskühlte, trotz meiner vielen Isolationsschichten.

Gegen Mittag hörte ich die vertraute Zugpfeife der Eisenbahn in der Ferne. Erst vor 24 Stunden hatte sie mein Kanu nach Bennett gebracht, erwartungsfroh war ich aufgebrochen, und nun saß ich hier fest, nicht sicher, ob ich überhaupt eine realistische Chance hatte weiterzufahren. Der Himmel verfinsterte sich zunehmend. Immer wieder blickte ich über den See, hoffte auf Rettung. Aber woher sollte jemand von meiner Situation wissen? Nach Stunden zäher Arbeit saß der Ersatzflicken schließlich an seinem Platz. Als ich gerade die *sheathings* und Spanten wieder einbauen wollte, vernahm ich ein Brummen im Heulen des Sturms. Zunächst traute ich meinen Ohren nicht und suchte auf dem See nach einer Bestätigung. Nichts. Ich griff erneut zu Zelthammer und Holzmeißel. Da, schon wieder, diesmal lauter, wie von einem Motor. Abermals ließ ich meinen Blick übers Wasser schweifen, und tatsächlich, am Horizont kämpften sich zwei Schlauchboote durch die Gischt. Rufen war sinnlos beim ohrenbetäubenden Lärm von Wind und Brandung, aber zumindest signalisieren könnte ich und ging noch näher ans Wasser. Wie Robinson Crusoe fuchtelte ich nun wild mit den Armen, winkte in Richtung der Boote, aber niemand schien mich zu bemerken. So ein bisschen konnte ich die Verzweiflung von Schiffbrüchigen nachempfinden, die nach einem Killersturm auf hoher See ans Ufer einer Palmeninsel gespült wurden und nach Jahren des Wartens und Kokosnussessens ihre Rettung vom Einsiedlerdasein trotz Signalfeuer am Horizont vorbeiziehen sehen. Zum Haareausreißen, was bei der über die Zeit zunehmend verfilzten Mähne sicher auch nicht so einfach wäre. Ich sollte mehr Glück haben. Eines der Schlauchboote drehte bei und tuckerte in Richtung Strand. Unter einem breiten Tarp, das den kompletten Bug bis zum Führerhaus überspannte, lugten für einen kurzen Moment neugierige Kinderaugen hervor. Der Kapitän verlangsamte die Fahrt, versuchte das Boot in der Brandung zu halten und rief mir etwas zu. Ich verstand kein Wort, obwohl er sich nur rund dreißig Meter vor mir befand. Wir versuchten es mit Schreien und Gestikulieren, vergeblich. Schließlich deutete er in Richtung Gleise, drehte ab und kämpfte sich weiter gegen den Sturm über den See. Nun überlegte auch ich mir kurz, die Haare auszureißen, konnte seine Entscheidung aber nachvollziehen. Wahrscheinlich war er mit der Familie auf dem Weg zu der Insel, von der ich gestern früh aufgebrochen war, und darauf bedacht, die Kinder in Sicherheit zu bringen. Trotzdem gelang es mir nicht, meine Enttäuschung einfach zu ignorieren. Zu sehr zweifelte ich noch immer, ob

Autorenidylle mit Blockhaus und Nordlicht, meine Schreiboase im arktischen Winter

Master Tom Byers bei der Rindenernte. Die Birken sollten möglichst gerade und hoch gewachsen und mindestens 60 bis 80 Jahre alt sein.

Erste Bauphase: Die Rindenstücke werden um einen Rahmen gefaltet und mit Steinen beschwert flach auf den Arbeitstisch gedrückt.

Filigrane Nähkunst, Kiefernwurzeln halten die Birkenrindenstücke zusammen. Viel heißes Wasser sorgt für ausreichende Elastizität beim Vernähen.

Arbeitsteilung mal anders: Der Meister zupft das Banjo, während ich das Zedernholz für die anderen Bauteile zerkleinere.

Maßarbeit, Tom setzt die frisch geformten ribs ein. Sie verleihen dem Kanu die nötige Stabilität. Und toll sieht es zudem aus.

Tadah! Nach fast drei Wochen Bauzeit ist das Kanu bereit zum Stapellauf. Zuvor erhitztes Fichtenharz dichtet die Nähte ab.

Nach Tausenden von Kilometern: Truck Loretta mit Kanu am Beginn des legendären Alaska Highway in Dawson Creek

North to Alaska, ins Land der Mitternachtssonne. Rauchwolken eines riesigen Waldbrandes verfinstern den Himmel.

Der einzige hautnahe Kontakt der gesamten Reise: Ein junger Schwarzbär trottet in Erwartung eines Snacks über den Highway.

On Chilkoot Pass

Tortur am Chilkoot, Goldsucher erklimmen die *golden stairs*, um pro Mann bis zu 1000 Kilo Ausrüstung und Proviant über den Pass zu schaffen.

Auf den Schneefeldern kurz vor dem Gipfel. Mein Gepäck wiegt rund 30 Kilo, aber im Gegensatz zu den Goldsuchern muss ich nur einmal rauf.

Angespannter Start zu Wasser am Lake Bennett. Ob ich das viele Gepäck wirklich in mein Kanu kriege?

Schwerer Heckschaden schon am zweiten Tag auf dem Wasser. Die Birkenrinde ist regelrecht zerfetzt, nachdem das Kanu auf einen Felsen schlug.

Improvisiertes Reparaturgestell am Unglücksufer. Treibholz, Tarpstangen und Steine halten die Ersatzrinde am Platz.

Nach zwei Tagen mühsamer Reparatur im Dauersturm sitzt der Flicken. Erst im Wasser wird sich zeigen, wie gewissenhaft die Arbeiten waren.

Meisterschnitzer Keith Wolf Smarch und sein neuestes Werk, ein Totem für den *Killerwhale Clan*

An den Totempfählen arbeiten die Schnitzer mehrere Monate, das Holz stammt meist von mächtigen Zedern aus British Columbia.

Farbenfroh zelebrieren die Tlingit ihre Kultur und traditionellen Tänze.
Clansymbole schmücken die Gewänder und drücken die Zugehörigkeit aus.

Mit Clanführerin Doris kurz vor der Weiterfahrt am Ufer des Nares Lake.
Das reparierte Kanu scheint dicht zu halten.

Stolzer Tänzer der Tagish bei den Feierlichkeiten zu Sonnenwende und *Aboriginal Day* in Carcross

Bedrohliche Abendstimmung am Lake Laberge. Der nächste Tag aber verwöhnt mit Sonne und hochsommerlichen Temperaturen.

Zwischen Whitehorse und Dawson City finden sich überall Relikte aus der Zeit des Goldrausches vor über hundert Jahren.

Kaffeekunst in der Wildnis, für einen guten Latte ist (fast) kein Aufwand zu groß …

… sodass ich jeden Morgen zelebriere und die Gedanken für einen Moment schweifen lassen kann, bevor es zurück aufs Wasser geht.

Fast scheint die Zeit stehengeblieben. Dawson City schwelgt vielerorts noch immer im Goldrausch ...

... der seine Spuren unübersehbar hinterlassen hat. Wie gigantische Steinraupen ziehen sich die *tailings* durchs Klondike-Tal.

der Schaden am Boot wirklich zu reparieren war, und ich wollte es mir nur nicht eingestehen.

Was für eine Wende! Irgendwie hatte ich sie nach den Erfahrungen auf anderen Reisen erwartet, gespürt, war dann aber trotzdem überrascht, als das Polizeiboot am nächsten Morgen plötzlich auf mich zusteuerte. Ich hatte gerade damit begonnen, das Harz auf die Wunde am Kanu zu pinseln, und wieder zuerst das Motorengeräusch vernommen. Diesmal aber hielten die beiden Männer direkt Kurs auf mich. Ich lief ihnen entgegen und streckte dem Ersten, der nach dem Ankern ins knietiefe Wasser gesprungen war, erleichtert die Hand zur Begrüßung entgegen. Rob erkundigte sich, ob alles okay sei, und erklärte, dass man sie gerade erst per Funk verständigt hätte. Die beiden Schlauchboote von gestern. Danke!

»Eines ist sicher, wir werden dich bei diesem Sturm auf keinen Fall hier zurücklassen.« Das war tröstlich, denn auch bei strahlendem Sonnenschein blieb der Seegang mannshoch. Matt, der das Boot gesteuert hatte, war jetzt ebenfalls zu uns gesprungen. Zügig verpackte ich meine Ausrüstung, während die beiden Polizisten alles einluden. Als Letztes hievten wir das Kanu der Länge nach zwischen die beiden Sitze des Boots und polsterten es hinten mit meinen Taschen, damit es bei der Fahrt nicht auf den Motor schlug. Ein letzter Blick zurück auf den Unglücksstrand, dann steuerten wir Carcross an. Die hohen Wellen schmetterten gegen den Rumpf des Bootes wie bei einer Fahrt auf dem offenen Meer. Bedröppelt klammerte ich mich an mein Kanu. Ich musste zugeben, dass ich hier draußen keine Chance gehabt hätte, selbst wenn mir die Reparatur gelungen wäre. Für die knapp zwanzig Kilometer brauchten wir sogar im robusten Polizeiboot, das wild wie ein Rodeogaul übers Wasser bockte, gut eine halbe Stunde. Matt und Rob waren erst seit Kurzem hier stationiert. Ihr Ausbilder hatte ihnen erst letzte Woche in einem Crashkurs vermittelt, wie man das Boot beherrschte und wo seine Grenzen lagen. Die wollten die beiden offenbar nicht gleich überschreiten. Gut so.

Erst als wir die Bucht von Carcross erreichten, ließ der Wellengang etwas nach, und Matt konnte zügig unter der Eisenbahnbrücke ans Dock der kleinen Siedlung steuern. Unter regem Interesse einiger Tagish-Indianer packten wir Ausrüstung und Kanu an Land.

»Was ist das? Birkenrinde? Toll«, kommentierte Steve mit glasigen Augen. »Meine Mutter hat hier früher Boote aus Elchhaut gemacht. Aber so was habe ich noch nie gesehen.«

Ich freute mich natürlich besonders über die Komplimente der Indianer. Und falls Ihnen die Bezeichnung »Indianer« als politisch nicht korrekt aufstößt, sie ist nicht abwertend gemeint. Aber gibt es überhaupt einen Terminus, der für alle Ureinwohner passend wäre? In den USA sprechen ja viele von den *Native Americans* oder verwenden gleich die jeweilige Stammesbezeichnung. Um also keine Gefühle zu verletzen, erkundigte ich mich mal im *Visitor Center* von Whitehorse nach Informationen zur Kultur der *Native Americans* im Yukon. »Sie meinen der *First Nations*!«, entgegnete mir die Dame hinterm Tresen etwas schnippisch, wir wären hier ja schließlich in Kanada. In meiner Naivität hatte ich gedacht, der Begriff *Native Americans* bezöge sich auf den ganzen Kontinent, nicht nur die USA. Ähnlich viele Fettnäpfchen stehen dann bei der Suche nach der richtigen Bezeichnung für die Urvölker der Arktis bereit. *Inuit* scheint ja inzwischen anerkannt und weit verbreitet. In Kanada stimmt das inhaltlich auch meist, aber glauben Sie bloß nicht, in Alaska, also den USA, auf Inuit zu treffen. Hier leben nach wie vor *Eskimos*, wie man mir durchaus stolz im Alaska Native Heritage Center in Anchorage versicherte. *Inuit* bezöge sich auf eine Sprachfamilie, zu der die Yup'ik- und Inupiat-Eskimos in Alaska gar nicht gehörten. Und mit einem gewissen Augenzwinkern hieß es noch, *Eskimo* bedeute ja nichts anderes als »Rohfleischesser«, insofern wären also auch die Sushifans weltweit eigentlich *Eskimos*. Andere leiten das Wort von einer Bezeichnung der im Osten Kanadas lebenden Innu für ihre Kollegen in der Arktis her, die man sinngemäß mit »Schneeschuhflechter« übersetzen könnte. Komplexe Thematik, aber solange die Ureinwohner von sich selbst als *Indians* oder *Eskimo*s sprechen, scheint es mir vertretbar, diese Begriffe hin und wieder zu verwenden. Ich bemühe mich allerdings, wo es möglich und hilfreich ist, noch präziser die jeweilige Stammesbezeichnung anzuführen. Hier in Carcross waren wir also im Land der Tagish und Tlingit, die ich bald noch intensiver kennenlernen durfte. Jetzt aber wollte ich zuerst mal mit Master Tom in Ontario telefonieren. Vielleicht hätte er noch ein paar Tipps und könnte mir helfen, den Schaden am Kanu zu beurteilen. Ich war so verunsichert, dass ich notfalls sogar mit dem Boot quer durch Kanada zu ihm gefahren wäre, um es dort fachmännisch zu reparieren. Rob und Matt ließen mich ihr Bürotelefon benutzen.

»Ich kann mir vorstellen, dass dein Vertrauen in das Kanu jetzt erschüttert ist. Aber glaube mir, dieses Boot wird dich zur Beringsee tragen!«, versuchte mich Tom zu beruhigen.

Vielleicht tat es auch einfach gut, sich den ganzen Frust der letzten zwei Tage von der Seele zu quatschen, in jedem Fall fühlte ich mich nach dem Telefonat besser und schöpfte neue Zuversicht.

Rob und Matt fuhren mich anschließend samt Ausrüstung auf den kleinen Campingplatz des Stammes, auf dem ich meine Reparatur in Ruhe zu Ende bringen wollte. Später schenkte mir Rob sogar noch einen Bunsenbrenner, der zum wichtigsten Reparaturwerkzeug auf der Weiterfahrt werden sollte und regelmäßig zum Einsatz kam. Ich wollte mich für ihre großartige Hilfe bedanken und sie wenigstens zu einem Kaffee einladen.

»Oh, nicht nötig, wir haben ja eine Kaffeemaschine auf dem Revier«, lehnte Rob ab, schließlich sei das ja auch ihr Job.

»Und diesmal hat uns wenigstens keiner angebrüllt«, ergänzte Matt grinsend.

Ich konnte mir schon vorstellen, dass sie manchmal einen schweren Stand hatten, als weiße Polizisten in einem Indianerdorf, vor allem wenn Alkohol im Spiel war. Es schien mir aber auch, als hätte der Einsatz den beiden Spaß gemacht. Deshalb waren sie ja hier in der Wildnis. Sie wollten draußen in der Natur sein, statt hinter einem Schreibtisch in der Stadt zu versauern. Ein paar Tage später erschien eine kurze Polizeimeldung in der Zeitung: »*Gestrandeter Kanut gerettet!*«, lautete die Schlagzeile. Ich las über die heldenhafte Evakuierung durch die RCMP, die Royal Canadian Mounted Police, trotz härtester Bedingungen und wie gut ausgerüstet ich gewesen sei, vor allem mit Proviant, also keine akute Gefahr bestanden habe. Trotzdem sollte man doch auf dem See immer Schwimmwesten und isolierende Kleidung tragen und vorher jemanden über seine Pläne unterrichten. So waren meine neuen Freunde, die ich in den letzten Tagen vor Beginn meiner Reise im Yukon und in Skagway kennengelernt hatte, also bestens informiert über mein Schicksal.

Bevor ich das in einer kleinen Blechbüchse mitgebrachte Fichtenharz auf dem Campingkocher erhitzte, wollte ich versuchen, noch etwas Tierfett aufzutreiben. Master Tom hatte mir das am Telefon empfohlen, um damit die Konsistenz zu verbessern. Vom Campingplatz schlenderte ich rüber zur Tankstelle mit angeschlossenem Supermarkt, Schnellimbiss und Wohnmobilpark am Klondike Highway und kaufte mir für fünf Dollar gleich noch ein Ticket für die Dusche dort. Tat richtig gut, den gröbsten Schmutz der ersten Woche der Tour mit warmem Wasser runterzuspülen. Anschließend erkundigte ich mich in der Hoffnung, einen Jäger zu finden, an der Kasse nach jemandem im Ort, der vielleicht Bärenfett besäße. Zugegeben, die Frage sorgte zunächst für Unverständnis, aber dann wurde ich an einen Mann verwiesen, der draußen vor der Tür stand, natürlich wieder rein zufällig. Ich schilderte ihm mein Anliegen, worauf er antwortete, dass er zwar grad keinen Bären erlegt habe, aber gerne mit Karibufett aushelfen könne. Er würde es mir später zum Zeltplatz bringen. Perfekt.

Ich feierte meine Rettung mit einer eiskalten Cola und einem Stück labbriger Pizza aus der Tankstellenvitrine und erkundete den Ort. Die Straßen waren für einen Samstagabend ziemlich verwaist, trotzdem gefiel mir das Dorf auf Anhieb, besonders jetzt im warmen Licht der untergehenden Sonne. In den Vorgärten der ansehnlichen Blockhütten ragten bunte Vogelhäuschen auf Masten in den Abendhimmel. *Goldrush Sushi*, las ich als Hinweis auf ein tatsächlich vorhandenes Fastfoodhäuschen, in dem man japanischen Rohfisch bekam. Die weißen Buchstaben umrahmten eine in bunten Farben liebevoll stilisierte Sushiplatte, die in eine überdimensionale, zwei Meter große Goldwaschpfanne gemalt war. Neben dem kurzen, knorrigen Baumstumpf des *Yukon Rubber Tree*, an dem ein halbes Dutzend olle Gummistiefel baumelte, hing eine Wäscheleine mit einem leuchtend roten *longjohn*, der klassischen Wildwestunterwäsche in Form eines Ganzkörper-Feinripp-Overalls. Eine Häuserwand war mit drei abenteuerlichen Riesenzangen und handbeschriebenen Treibholzstücken dekoriert. »Zahnziehen, egal, welcher: 1 $«, warb das eine. »Einen bestimmten Zahn ziehen: 100 $«, ergänzte das andere. Eine alte Schüssel verriet auch die Preise fürs Waschen. »Einmal Baden 1 $. Heißes Bad 2 $. In sauberem Wasser Baden 4 $.« Herber Humor, raue Sitten, damals. Als ich mich in der einsetzenden Dämmerung auf den Rückweg machte, wurden die Moskitos zum ersten Mal aggressiver. Am Camp schürte ich ein rauchiges Feuer und beobachtete vergnügt, wie die Biester sich an meiner Softshelljacke erfolglos die Rüssel verbogen. Scheinwerfer schnitten durch die Dunkelheit, ein zerbeulter Truck rollte auf meinen Zeltplatz.

»Hier ist dein Fett!« Keith hatte Wort gehalten und überreichte mir eine Tüte mit Karibuspeck, den er von seinen Hunden stiebitzt hatte. »Leider habe ich meinen Schlüssel nicht dabei, aber wenn du morgen Lust hast, komm zu dem Schuppen am Ende der Straße. Das ist meine Werkstatt, ich könnte dir ein paar meiner Arbeiten zeigen.« Er sei der Totemschnitzer des Stammes, erklärte er und gab mir noch eine Visitenkarte.

»Entschuldigung. Ich hoffe, ich störe nicht. Aber wir feiern morgen Sonnenwende und *Aboriginal Day* zu Ehren der kanadischen Ureinwohner. Hätten Sie Lust, dabei zu sein?«

Der Karibuspeck fing gerade an, in der Pfanne zu schmelzen, als die kleine Frau mit dem rundlichen Gesicht am nächsten Morgen zu mir kam. Ich hatte sie schon eine Weile beobachtet und überlegt, was wohl auf den selbst gemachten Plakaten stand, die sie bei der Wasserstelle auf dem Campingplatz anbrachte.

»Um kurz nach vier in der Früh geht es los, noch vor Sonnenaufgang, die Festlichkeiten dauern den ganzen Tag bis in die Nacht, und wir könnten Sie quasi offiziell auf die Reise schicken.«

Doris hatte also schon von meinem Missgeschick gehört. Sie sei als Clanführerin der *Carcross Tagish First Nation* in den Ablauf der Feierlichkeiten eingebunden und habe bis zum Vormittag das Zepter in der Hand. Ich zögerte keinen

Moment und fühlte mich an eine ganz ähnliche Situation während meiner Radtour um Amerika erinnert. Damals waren in der westtexanischen Einöde vier Speichen gleichzeitig gebrochen. Ich saß fest, bis mich ein Beamter des Grenzschutzes an der Straße auflas und in ein kleines Wüstennest brachte. Dort lernte ich nicht nur den vermutlich am weitesten gereisten Tourenradler Amerikas kennen, der zudem ein großer Heino-Fan war. Ich wurde auch vom Besitzer des Motels, in dem ich damals abstieg, zur Schlangenjagd eingeladen, um die Tiere vor dem Tod durch Überfahren auf dem Highway zu retten. Anschließend zeigte er mir dann noch seinen skurrilen Kleintierzoo mit über achtzig Schlangen, Vogelspinnen und Riesenkäfern. Ohne mein Missgeschick damals hätte ich diese Menschen niemals getroffen. Und ohne meinen Unfall jetzt wäre ich vermutlich schon längst an Carcross vorbeigepaddelt und hätte die Feierlichkeiten und die Begegnungen hier verpasst.

Doris lud mich ein, doch später bei ihr im Camp vorbeizuschauen, ich könne es gar nicht verfehlen. »Das mit den meisten Leuten«, lächelte sie verschmitzt. Ihre gutmütige, weise Ausstrahlung und kompakte Erscheinung erinnerten mich irgendwie an Jedi-Meister Yoda aus *Star Wars*. Am liebsten hätte ich sie sofort geknuddelt.

Inzwischen sammelte sich eine ordentliche Fettlache in der Pfanne. Ich nahm sie vom Kocher und stellte nun die umfunktionierte Wurstdose mit dem Fichtenharz darauf. Das Fett ließ ich gleichzeitig in die Dose tropfen und begann mit dem kleinen Stöckchen, das ich mir geschnitzt hatte, vorsichtig umzurühren. Bloß nichts verschütten, ich würde sicher jeden Tropfen zum Versiegeln brauchen. Als mir die Konsistenz optimal erschien, nahm ich die heiße Dose mit den Arbeitshandschuhen vom Kocher und begann großflächig mit dem Auftragen des Harzes. Wenn er zu stark abgekühlt war und zäh wurde, erhitzte ich ihn wieder und schloss die Feinarbeit mit dem Bunsenbrenner von Polizist Rob an. Das Ergebnis sah vielversprechend aus.

Ich wollte das Ganze jetzt eine Weile trocknen lassen und stattete Keith in seiner Werkstatt einen Besuch ab. Wobei die mehr einer modernen Arbeitshalle glich. Sehr aufgeräumt, sauber und in einem top Zustand. Der helle Holzboden und das viele Licht, das durch die großen Fenster einfallen konnte, unterstrichen die freundliche Atmosphäre. Der Stamm hatte Keith die Werkstatt erst vor Kurzem hingestellt.

»Vor zwanzig Jahren kam ich mit einer Vision zurück nach Carcross. Ich erzählte den Leuten hier von meiner Absicht, Totempfähle zu schnitzen und die Kultur der Tlingit zu bewahren. Aber damals hat mich keiner verstanden.«

Die Tlingit lebten ursprünglich als Küstenindianer in Alaskas Südzipfel, waren aber immer wieder über die Berge gezogen, und so hatte sich im Laufe der Zeit ihre Kultur stark mit der der Tagish vermischt.

Keith schnitzte gerade an einem zeremoniellen Holzhut, als ich die Werkstatt betrat. Zwei stattliche, fast fertige Totempfähle waren hinter ihm über die gesamte Länge des Raumes aufgebahrt. Zur Erinnerung: Totempfähle haben rein gar nichts mit Karl Mays Marterpfählen zu tun. Sie erzählen vielmehr eine Geschichte, ehren eine Person oder Familie und repräsentieren in entsprechendem Design einen Clan. Das sollten auch die beiden Pfähle von Keith, wenn sie vor dem neuen *potlatch*-Haus in Carcross zusammen mit vier anderen aufgerichtet würden. Allerdings stand dieses Versammlungshaus noch gar nicht. Die offizielle Grundsteinlegung sollte erst morgen erfolgen, im Rahmen der Feierlichkeiten zum *Aboriginal Day*.

»Hast du Lust auf eine Spritztour mit dem Boot?«

Keith schlug vor, das schöne Wetter auszunutzen und raus auf den Tagish Lake zu fahren, der mein nächstes Ziel sein würde, sofern das Kanu wasserdicht blieb. Kurz darauf sausten wir mit seinem kleinen Motorboot über den spiegelglatten Windy Arm des Tagish Lake. Normalerweise war der berüchtigt für seine Fallwinde und den rauen Wellengang. Aber heute kräuselte nicht mal eine leichte Brise das Wasser. Wenn's doch morgen auch so bliebe, schickte ich ein Stoßgebet zum Himmel. Das würde es leider nicht.

»Weißt du, dass ich einen deutschen Namen habe?«

Ich stutzte.

»Ja, ich heiße Keith Wolf Smarch. Mein Ururgroßvater war Otto Wolf und kam als Auswanderer aus Deutschland nach Kanada.«

Jetzt musste ich schmunzeln und dachte an die unzähligen Auswanderer-Dokus bei uns im Fernsehen. »*Goodbye, Deutschland*« schien damals noch viel hipper gewesen zu sein.

»Als die Deutschen dem Rest der Welt den Krieg erklärten, waren wir Nachfahren hier natürlich nicht sehr beliebt. Mein Lehrer schlug meinem Vater sogar vor, ein ›e‹ an unseren Namen ›Wolf‹ zu hängen, damit er englischer aussähe. Als ich später von dieser ganzen Geschichte erfahren habe, musste ich das natürlich sofort rückgängig machen.«

Mittlerweile saßen wir wieder in Keiths Werkstatt. Er hatte seine langen schwarzbraunen Haare zu einem frischen Zopf gebunden und strahlte souveräne Gelassenheit aus. Dabei schienen seine wachen Augen hinter den Gläsern der randlosen Brille bei jedem Satz für einen kurzen Moment aufzublitzen, so als ob sie das Gesagte bestätigten.

»Carcross hieß früher *Caribou Crossing*, weil eben die Herden auf ihrer Wanderung hier regelmäßig vorbeizogen. Der Goldrausch hat dann alles verändert, auch den Namen.« Dabei war die Abkürzung sicher noch das geringste Übel für die Tagish, die eines Tages im Mai 1898 plötzlich Tausende von Booten auf sich zusegeln sahen. Voll besetzt mit Goldsuchern, die in Bennett bis zum Eisaufbruch überwintert hatten und dann alle gleichzeitig ablegten, als der See befahrbar schien. »Die meisten hier stammen von Skookum Jim, Dawson Charlie und Kate Carmack ab. Skookum Jim war mein Urururonkel.« Das erzählte Keith nicht ohne einen gewissen Stolz in der Stimme. Sein Vorfahr ging als Entdecker der ersten Nuggets im Bonanza Creek am Klondike in die Geschichte ein. Im Sommer 1896 war das, ein Moment, der die Welt veränderte, auch wenn die Nachricht von den Funden erst fast ein Jahr später mit der Ankunft der ersten voller Yukon-Gold beladenen Schiffe in Seattle und San Francisco die Runde machte und den Rausch auslöste. Wie genau das mit dem Fund sich damals abspielte, ist bis heute umstritten. Manchen schreiben die Entdeckung George Carmack zu, weil der unter seinem Namen auch den ersten Claim um den Fundort absteckte und registrieren ließ. Andere sind sich sicher, dass es seine Frau Kate, die Schwester von Skookum Jim, war. Die gängigste Geschichte aber rückte eben Skookum Jim selbst in den Mittelpunkt. Doris, die Clanführerin vom Zeltplatz, würde sie mir später ausführlich erzählen.

Aber jetzt hatte ich noch so viele Fragen an Keith. Auch zu den Totempfählen. Sie waren aus Zedernholz gefertigt, dem gleichen Holz, das wir beim Kanubau verwendet hatten. Die zehn bis fünfzehn Meter langen Stämme konnten einen Durchmesser von bis zu einem Meter erreichen und wurden mit einem LKW aus British Columbia nach Carcross geschafft. »Zuerst müssen wir sie entrinden und das weiche Holz darunter wegschlagen«, erklärte Keith. »Als Nächstes suchen wir uns die geradeste Seite aus, auf der dann das Design entsteht. Die meisten Totempfähle sind symmetrisch. Ich lege also eine gerade Längslinie mit einem Stift fest und teile den Pfahl dann in drei horizontale Abschnitte, wobei der Kopf ein wenig größer ausfällt. Anschließend zeichne ich das Design auf die eine Hälfte und kopiere es am Ende auf die andere.« Bevor er mit dem eigentlichen Schnitzen begann, griff Keith erst mal zur Motorsäge. »Ich bin Traditionalist, sage ich immer, aber verwende trotzdem eine Motorsäge. Die alten Hasen früher hätten sicher auch eine verwendet, wenn es sie damals schon gegeben hätte.«

Keith hatte die Kunst der Totempfahlschnitzerei übrigens bei einem Meister erlernt, der das Talent des jungen Mannes erkannte und fördern wollte. Jahrelang zogen die beiden durch Kanada und Alaska, arbeiteten an Totempfählen und unterrichteten in den indianischen Dörfern. »Gleich nach meiner Zeit als Lehrling habe ich angefangen, selbst Unterricht zu geben. Und jetzt, zwanzig Jahre später, kann ich endlich das machen, was ich mir immer erträumt habe. Mein Wissen an die Kinder hier vermitteln, an alte Menschen, junge Menschen, damit wir gemeinsam unsere Kultur wiederentdecken und bewahren können.« Der Weg dahin war allerdings ein steiniger. Lange Zeit konnte niemand etwas mit dem verrückten ›Spinner‹ und seinen Holzschnitzereien anfangen, und so verließ Keith seinen Heimatort. Über fünfzehn Jahre lebte er in Teslin, einer anderen, zwei Stunden entfernten Tlingit-Gemeinde, die für seine Ideen wesentlich offener war. Aber jetzt hier in Carcross zu arbeiten fühlte sich einfach wie seine Bestimmung an. »Es ist, als ob sich für mich ein Kreis schließt. Mein Sohn schnitzt mit mir, ich bin vor Kurzem Großvater geworden und weiß jetzt, dass ich etwas hinterlassen werde. Was kann mehr Freude bereiten als eine Arbeit, die Spaß macht und bei der man spürt, dass sie wichtig ist? Das sage ich mir jeden Tag.« An talentiertem Nachwuchs mangelte es jedenfalls nicht. Und so hatte Keith reichlich interessierte Schüler, die nun mithalfen. »Unsere Kultur ist zurück, überall tanzen sie und singen wieder die alten Lieder. Und wir haben diesen Schuppen hier zum Schnitzen.«

Er holte ein kleines Klappalbum mit Fotos seiner Arbeiten vom Nebentisch. Viele zeigten Masken, von denen Keith regelmäßig welche an eine Galerie in Vancouver verkaufte. Auf einem Foto aber erkannte ich ein vertrautes Gesicht. Die Nase, die Ohren, das war doch ... »Oh ja, Prinz Charles. 2002 durfte ich ihm eine Maske schnitzen, die dann ein Jahr später feierlich übergeben werden sollte.« Nach einem Festbankett sollte er die Holzmaske an den Prinzen überreichen, auf der Bühne, vor laufenden Kameras. »Prinz Charles nahm die Maske, schüttelte meine Hand und sagte: ›Sehr schöne Maske, Mr Smarch, verkaufen Sie viele davon?‹ Und ich entgegnete: ›Eure Hoheit, *jetzt* werde ich viele verkaufen.‹«

Der Prinz prustete vor Lachen in die Kameras, und Keith zeigte mir ein weiteres Foto, auf dem dieser königliche Moment festgehalten war.

Auf dem Rückweg zum Camp lief ich an zwei von Keiths Totempfählen vorbei, die am Eingang zur Vorschule platziert worden waren. Direkt daneben sollte das neue *potlatch*-Haus entstehen, von dem er gesprochen hatte. Die Tradition des *potlatch* konnte sich bei vielen Stämmen im Nordwesten der USA und Kanadas als fester Bestandteil ihrer Kultur halten, trotz eines zwischenzeitlichen Verbots in der ersten Hälfte des 20. Jahrhunderts. Sie werden zu unterschiedlichsten Anlässen abgehalten: um einen Toten zu ehren, einen neuen Stammeshäuptling ins Amt einzuführen oder als Teil von Hochzeitsfeierlichkeiten. Ein zentrales Element bildet oft das Beschenken der Gäste, daher auch der Name, der sich aus einem Wort aus der Sprache der Chinook herleitet, das »weggeben, beschenken« bedeutet.

Finanzieren sollten den auf vier Millionen Dollar kalkulierten Bau Gelder aus dem *Yukon Land Claims Agreement*, einer Vereinbarung zwischen den hier lebenden Stämmen und der kanadischen Regierung: Nach zähen Verhandlungen wurden in den 1990er-Jahren bestehende Reservate auf-

gelöst und die Landansprüche der Ureinwohner neu geord-
net. Gleichzeitig flossen Ausgleichszahlungen, die den Verlust ihrer ursprünglichen Territorien kompensieren sollten.
Ähnliche Vereinbarungen wurden auch mit anderen Stämmen in Kanada getroffen. Aber so reibungslos, wie es sich
anhört, lief es vielfach nicht. »Wir haben lange verhandelt,
und die Regierung denkt, damit ist alles geklärt. Aber es
fehlt immer noch an der Umsetzung der Zusagen«, verriet
mir Mark Wedge, den ich am Ende meiner Reise im Verwaltungsgebäude von Carcross zu einem Interview traf. Der
quirlige Mann mit den langen grauen Haaren war der *Khà
Shâde Héni,* der von Vertretern der sechs Clans bestimmte
Häuptling der *Carcross Tagish First Nation.* »Es ist wie früher,
Verträge werden gemacht, aber nicht eingehalten.« Als Beispiel nannte er die Anerkennung eines Gesetzes, das der
Stamm einführen wolle. Zwar sei den Tagish das Recht auf
Selbstverwaltung zugesprochen worden, neuen Gesetzen
aber müsse die kanadische Regierung trotzdem erst zustimmen, damit auch die Gelder zur Umsetzung der neuen Ver-
ordnung freigegeben würden. Das vordergründige Bürokra-
tengeschachere stand stellvertretend für das Kernproblem
vieler Stämme. »Wir alle, auch ihr Europäer, lebten irgendwann mal als Menschen, die mit dem Land verbunden
waren. Fortschritt und die technische Entwicklung aber
haben uns davon weggebracht. Und jetzt sind wir gezwungen, unsere traditionelle Lebensform mit modernen, euro-
päisch geprägten Begriffsapparaten und Strukturen zu ver-
knüpfen.« Ein Eiertanz für die Ureinwohner, der immer
wieder Probleme und Missverständnisse nach sich zog.
Allein der Gedanke, ein bestimmtes Gebiet zu besitzen und
Grenzen festzulegen, passte nicht zu ihrem Verständnis von
der Schöpfung. Trotzdem war es im 21. Jahrhundert notwen-
dig, sich mit diesen Themen auseinanderzusetzen, wollte
man Ansprüche geltend machen und zum Beispiel im Kampf

um Ressourcen gegen das milliardenschwere Interesse der mächtigen Energiekonzerne bestehen.»Ein Sprichwort sagt, der Schöpfer wird dir niemals Probleme schicken, die du nicht lösen kannst. Wir tragen die Fähigkeit, all unsere Probleme zu lösen, in uns selbst, in uns als Volk. Aber wir müssen diese Fähigkeit erst entwickeln und dann nutzen.« Aus Marks Worten sprach Zuversicht, aber auch Besorgnis.

Ich wollte wissen, wie sehr der Verlust von Sprache eine Rolle spielte. »Sprache ist so wichtig, weil sie vermittelt, wie ein Volk denkt und handelt. In der Sprache der Tlingit existieren zum Beispiel zwei Wörter für ›Bruder‹. Eines für ›älterer Bruder‹, eines für ›jüngerer‹. Gleiches gilt für das Wort ›Schwester‹. Darin drückt sich unser Sozialgefüge aus: Du sollst deinen älteren Bruder respektieren, der für den jüngeren Bruder verantwortlich ist.« In der Tat fiel mir auf Anhieb keine europäische Sprache ein, die so deutlich eine gesellschaftliche Ordnung artikulierte. Leider war auch die Sprache der Tlingit und Tagish systematisch ausgerottet worden. In den Schulen unterrichtete man sie zwar inzwischen wieder. Aber in ein paar Stunden pro Woche, wenn überhaupt, lernte man nicht genug, um sie wieder fließend sprechen zu können. Deswegen sei auch das Wiederentdecken der Zeremonien und traditionellen Bräuche so wichtig, als ein Schritt, um die Kinder und Jugendlichen mit ihrer Kultur vertraut zu machen, meinte Mark.

Vor diesem Hintergrund wirkte das Hinweisschild auf die Entstehung des neuen *potlatch*-Hauses wie eine stolze Verheißung. Der Platz schien perfekt gewählt. Direkt an einer seichten Bucht des Nares Lake gelegen, wurde es im Hintergrund von gleich drei eindrucksvollen Bergmassiven umrahmt. Und die Landepiste des kleinen Flugplatzes daneben störte sicher auch nicht, während der letzten 24 Stunden hatte ich weder einen Start noch eine Landung wahrgenommen. So schlenderte ich entspannt über die un-

gesicherte Rollbahn zurück zum *campground*. Doris' Zeltplatz war tatsächlich nicht zu verfehlen. Ein großer Wohnwagenanhänger besetzte die vorgegebene Stellfläche. Unter
dem ausladenden Dach eines faltbaren Kunststoffpavillons
stapelten sich Getränkecontainer, Servietten und Plastikge-
schirr. Hier stand auch der Grill, auf dem reichlich fettes
Fleisch warm gehalten wurde. Der fest installierte Holztisch
quoll über vor Salatschüsseln, Soßenflaschen und noch
mehr Fleisch.

»Greif zu, wir haben reichlich.« Doris thronte regelrecht
in einer lebhaften Campingstuhlrunde zwischen ihren
Töchtern, Nichten und Enkeln. »Setz dich nur. Bei uns gilt:
Sei immer gut zu deinen Gästen, behandle sie freundlich
und respektvoll. So sind wir erzogen worden.« Auch ohne
ihre Worte fühlte ich mich auf Anhieb willkommen und
sollte gleich von meiner Reise erzählen. Zwischen leckerem
Kartoffelsalat, Steaks und geröstetem Brot versuchte ich die
Ereignisse der ersten Woche halbwegs zusammenhängend
zu schildern und erklärte, was ich noch vorhatte und warum, dass es mir vor allem um die Begegnung mit den Menschen unterwegs ging. »Sehr gut, dann bist du hier genau
richtig! Und morgen wirst du noch mehr Leute treffen, sogar aus Tibet.« Bevor ich nachfragen konnte, ergänzte Doris
schon: »Ja, das wird was ganz Besonderes morgen, nicht nur
weil es die erste Feier dieser Art in Carcross ist. Wir bekommen tatsächlich Besuch von buddhistischen Mönchen und
ihrem Lehrer, einem *Rinpoche*. Er soll so was wie der Stellvertreter des Dalai-Lama sein. Und sie wollen dann auf unseren heiligen Berg steigen, Montana Mountain, der auch
für sie ein heiliger Berg ist.«

Das klang skurril, aber spannend, auch wenn ich noch nie
von einem Stellvertreter des Dalai-Lama gehört hatte. Nun
aber wollte ich mehr über Doris und ihre Rolle innerhalb des
Stammes wissen.

»Ich bin die Anführerin des *Daklaweidi Clan*, des Clans der Killerwale. Mein Tagish-Name ist *Guna*, das bedeutet: ›Das frische Wasser, das über die Berge kommt‹. Meine Enkelin trägt den gleichen Namen.«

»Und wie wird man Clanführerin?«, hakte ich nach.

»Wir werden dazu bestimmt, aber das ist eine lange Geschichte, vielleicht für eine andere Gelegenheit. Jetzt möchte ich dir lieber die Geschichte von Skookum Jim erzählen. Und ihr könnt ruhig auch zuhören, damit ihr sie weitertragt«, wandte sie sich an ihre Töchter und Enkel. Ja, auf Skookum Jim schienen sie hier alle besonders stolz zu sein. Ein wahrer Superheld der Tagish, nicht nur wegen des Goldfundes und seiner bärenstarken Konstitution mit schier übermenschlichen Kräften, die ihm schon als Träger über den Chilkoot Pass einen fast legendären Ruf beschert hatten. Und sein Spitzname, *Skookum*, bedeutete übersetzt groß, stark, zuverlässig. Jim Mason war aber auch ein äußerst großzügiger und vorausschauender Mensch, der seinen Wohlstand gerne teilte und sein Vermögen noch zu Lebzeiten anlegte, um damit später sein Volk zu unterstützen.

»Skookum Jim war auch ein Daklaweidi, lebte hier in Carcross, aber er arbeitete als Träger am Chilkoot Pass. Und eines Abends hörte er draußen vor seiner Hütte dort ein merkwürdiges Geräusch«, begann Doris ihre Geschichte. Es wurde schlagartig still in der Runde, alle lauschten gespannt, obwohl sie sie sicher schon unzählige Male gehört hatten. »Es klang so, als ob Steine verrutschen würden. Skookum Jim ging der Sache nach und fand einen kleinen Frosch, der vergeblich versuchte, aus einem Graben herauszukriechen. Also befreite er ihn und setzte den Frosch nah am Wasser aus. Jahre später dann, als er wieder in Dyea am Chilkoot Trail weilte, kam es zu einer Auseinandersetzung mit ein paar jungen Tagish-Indianern, die sich betranken und herumgrölten. Skookum Jim wollte sie zurechtweisen und sagte: »Ihr seid hier in einem fremden Land und solltet euch benehmen und Respekt zeigen.« Bei der darauffolgenden Rauferei wurde Skookum Jim schwer verletzt. Man brachte ihn in ein Zelt. Meine Großmutter arbeitete damals mit ihrem Mann auch in Dyea. Und an einem sehr heißen Frühlingstag hörte sie Skookum Jim aus dem Zelt nach ihr rufen. Sofort lief sie zu ihm, um nachzusehen. Er hatte da irgendetwas gespürt. Als Skookum Jim die Decke zur Seite nahm, fand meine Großmutter einen kleinen Frosch, der an seinen Wunden leckte. Sie nahm ihn in die Hand und gab ihm Perlen, Stoff aus Baumwolle und Daunen.«

Daunen waren bei den Tagish ein Symbol für den Frieden. Zusammen mit diesen Geschenken bedankte sich Doris' Großmutter bei dem kleinen Frosch wie bei einem Heiler. Und tatsächlich wurde Skookum Jim anschließend schnell wieder gesund.

»Lange danach machte er sich auf den Weg von Carcross nach Teslin, um nach seiner Mutter zu sehen, die dort lebte. Es war schon Herbst geworden, Zeit, sich für den Winter mit Brennholz und Vorräten einzudecken. Als Skookum Jim aber nach Teslin kam, war seine Mutter bereits bestens versorgt, und er marschierte wieder zurück. Unterwegs lief er am Crag Lake vorbei. Es wurde schon dunkel, also schlug er dort sein Lager auf. Mitten in der Nacht wachte er auf und hatte eine Vision. Er sah eine wunderschöne Frau vor sich, die ihn fragte: ›Willst du mich heiraten?‹ Und Skookum Jim antwortete: ›Ich kann dich nicht heiraten, ich bin schon verheiratet.‹ ›Dann will ich dir trotzdem etwas schenken‹, sagte die Frau jetzt wieder und zeigte auf eine goldene Straße, die nach Norden führte. ›Dort liegt etwas für dich, es gehört dir, ich möchte, dass du es dir holst. Du kennst mich, du hast mir aus dem Graben geholfen, und ich habe deine Wunden geheilt.‹«

Obwohl jeder wusste, was als Nächstes kam, blieb es mucksmäuschenstill. Nicht einmal der Wind raschelte durch die umstehenden Bäume.

»Jahre später heiratete Skookum Jims Schwester Kate einen Weißen, George Carmack, der mit ihr nach Norden zog, um nach Gold zu suchen. Einen Sommer wollten sie bleiben und dann zurückkommen. Aber sie kamen nicht. Auch nicht im übernächsten Jahr. Da entschloss sich Skookum Jim, nach dem Rechten zu sehen. Er baute sich ein Boot und reiste mit seinen beiden Neffen Patsy Henderson und Dawson Charlie auf dem Yukon nach Norden. Überall fragten sie nach George und Kate. In Dawson City hatte man sie gesehen und gab ihnen schließlich den entscheidenden Tipp. Kurz darauf fanden sie die beiden und zogen mit ihnen in ein Tal, wo sie campieren und nach Gold suchen wollten. Skookum Jim ging runter zum Bach, um zu trinken. Als er sich nach vorne beugte, sah er plötzlich einen glänzenden Stein im Wasser. Er lief sofort zu George Carmack und fragte: ›Ist es das, wonach du suchst?‹ So fand Skookum Jim das erste Nugget, das den Goldrausch auslöste. Der Rest ist Geschichte.«

Man schrieb den 16. August 1896. Einen Tag später ließen George Carmack und seine Begleiter die ersten Claims um den Fundort am Bonanza Creek, der damals noch Rabbit Creek hieß, registrieren. Und in Windeseile waren auch die anderen Claims dort verteilt, an Goldsucher, die sich zu der Zeit bereits in anderen Minen der Gegend versucht hatten. Wie schon angedeutet, gab es verschiedene Geschichten und Legenden um die Entdeckung des Goldes am Klondike, dem Fluss, in den der Bonanza Creek sich ergoss. Aber spielte es wirklich eine Rolle, wer tatsächlich der oder die Erste war, der den entscheidenden Goldklumpen in der Hand gehalten hatte? Reich wurden sie fast alle, George Carmack, Skookum Jim, seine Neffen und die anderen Pioniere des Spätsommers 1896. Wie enttäuschend musste es wohl für die Zehntausenden Greenhorns gewesen sein, die sich zwar sofort nach Bekanntwerden der Funde im Sommer 1897 auf den Weg zum Yukon gemacht hatten, dort aber erst im Frühjahr 1898 ankamen, als die vielversprechendsten Claims längst vergeben waren?

Erst jetzt bemerkte ich die rauchenden Moskitospulen, die strategisch um unseren Sitzplatz positioniert waren und die Mücken tatsächlich fernhielten. Ich hatte mich schon gewundert, warum kein fieses Surren Doris' Erzählung störte. Bei mir am Zelt formierten sich die Biester sicher schon, um sich bei meiner Rückkehr, vor Gier sabbernd, sofort auf mich zu stürzen. Während Doris neue Gäste begrüßte, verabschiedete ich mich und fand eine Mitfahrgelegenheit in einem Truck, mit dem wir meine gesamte Ausrüstung schon mal runter zum großen Holzpavillon am See fuhren. Dort sollten morgen früh um kurz nach vier die Feierlichkeiten beginnen. Und dort schlug ich mein Zelt gleich neben der Bühne auf, als die Sonne sich schon weit hinter die Berge zurückgezogen hatte. Aber morgen würde sie wieder am Himmel stehen, länger als an jedem anderen Tag des Jahres.

»Guten Morgen.«
Obwohl ich bereits vor ein paar Minuten aufgewacht war und dem Treiben um mich herum gelauscht hatte, erschrak ich bei der Begrüßung. »Es wäre gut, wenn du jetzt zusammenpacken könntest und den Platz hier räumst.« Die Ansage vor meinem Zelt klang nicht unfreundlich, aber sehr bestimmt.
Pünktlich wie die Maurer, dachte ich beim Blick auf meine Uhr, deren Zeiger tatsächlich auf fünf nach vier standen. Ich öffnete den Reißverschluss am Zelt und stieg in den kühlen Morgen. Wie in einem Gemälde in sanften Pastelltönen

spiegelten sich die Berge auf dem Wasser des ruhigen Sees. Ein kleines Feuer züngelte schon in einer Mulde auf der Wiese neben dem Pavillon. Es sollte den ganzen Tag über brennen und erst mit Sonnenuntergang wieder erlöschen. Ich beeilte mich, die Ausrüstung zu verpacken, und trug sie zusammen mit dem Boot Richtung Seeufer. In der Zwischenzeit hatte sich der Parkplatz gefüllt, und mehr und mehr Besucher reihten sich in eine Menschenschlange, die aufs *smudging* wartete. Ein unter den Ureinwohnern weitverbreiteter Ritus, bei dem meist der aromatisch schwelende Rauch getrockneter Kräuter oder Blätter über den Körper verteilt wird, um sich zum Beispiel vor einer Zeremonie zu reinigen. Um 4.28 Uhr, mit dem Aufgang der Sonne, verstummte die Handtrommel, deren monotoner Schlag uns begleitet hatte, bis wir in einem großen Kreis rund um das Feuer auf der Wiese standen. Doris eröffnete die Feierlichkeiten mit einem Gebet. Wegen der jetzt noch frostigen Temperaturen trug sie eine dicke Winterjacke, die sie später gegen einen leuchtend blauen Umhang mit feuerroter Bordüre tauschen würde. Zur Verzierung waren auf der Rückseite ein Adler und zwei Wolfsköpfe aus Glasperlen, Stiften und Pailletten aufgestickt.

»Lasst uns nun die Vorfahren rufen!«

Viele kamen ihrer Aufforderung nach, die so gar nichts mit esoterischem Tischerücken gemein hatte. Manche rangen um Fassung, als die Namen verstorbener Angehöriger in die Runde gerufen wurden. Später notierte ich in meinem Tagebuch ein knappes »Tolle Stimmung«, aus Mangel an passenden Worten, die der Atmosphäre gerecht wurden. Vielleicht war es auch besonders die bunte Zusammensetzung der Runde, die mich beeindruckte. Neben den Tagish und Tlingit standen Besucher aus den umliegenden Gemeinden, Nachfahren der weißen Siedler und Goldsucher, Einwanderer aus Europa, Südamerika, Japan. Gemeinsam feierten wir friedlich die Sonnenwende und den *Aboriginal Day*. Toleranz, Respekt und Liebe solle man mitbringen, forderten die selbst gebastelten Plakate, und unglückliche Gesichter seien ausdrücklich unerwünscht.

Diese Anmutung setzte sich im anschließenden *Talking Circle* unter dem Dach des schattigen Holzpavillons fort. Über drei Stunden lang erzählte jeder in der Runde seine Geschichte, teilte Eindrücke und Gedanken mit, so mancher unter Tränen. Aber das wirkte gar nicht bedrückend oder verstörend. Vielmehr schien hier an diesem Morgen Raum zu sein für Emotionen, die lange verdrängt gewesen waren und jetzt endlich zum Ausdruck kommen konnten. Als ich an der Reihe war, griff ich den Gedanken eines Vorredners auf, der sich als Alkoholiker outete, aber nun für sich den roten Weg wiederentdeckte, den Weg seiner Vorfahren. Ich hatte diese Formulierung bei meinen Reisen durch das Land der Lakota Sioux schon oft gehört. Auch sie kämpften gegen den Verlust ihrer Identität, Sprache und Traditionen. Und auch bei ihnen meinte ich einen Ruck zu spüren, der immer mehr und gerade jüngere Stammesmitglieder erfasste und sie zu den Wurzeln ihrer Kultur führte. Bei meiner Reise auf dem Yukon war ich nun gespannt, wie die Ureinwohner hier mit dieser Herausforderung umgingen. Ich schloss meine Ausführungen mit einem Dank für die herzliche Gastfreundschaft und Hilfe, die mir in den letzten beiden Tagen widerfahren waren, und versprach, im nächsten Jahr spätestens zur Sonnenwende wiederzukehren und hoffentlich vom guten Ausgang meiner Reise zu berichten.

Muffins, Kekse, Bagels, frisches Obst und leckere *wraps* auf dem reichlich gedeckten Frühstücksbüfett entschädigten uns für das stundenlange Ausharren im kalten Pavillon. Wir suchten endlich die wärmenden Strahlen der Sonne, die uns allmählich auftaute. James vom kanadischen Rundfunk bat mich um ein Interview zu meiner Reise. Er berichtete den ganzen Tag aus Carcross und schlug vor, doch nach der Reise ins Studio in Whitehorse zu kommen, damit die Hörer wüssten, was aus mir geworden wäre.

Gegen halb zehn entstand ringsum aufgeregte Betriebsamkeit: Der *Rinpoche* war eingetroffen und schritt würdevoll mit seinem Gefolge durch das Besucherspalier. Dabei grüßte er freundlich nach beiden Seiten, indem er sich leicht verbeugte und die Handflächen vor seiner braunen Daunenweste in Brusthöhe zusammenführte. Offensichtlich waren ihm die Temperaturen vertraut, er wusste sich stilvoll gegen die Kälte zu wappnen. Am Ende des Spaliers wartete Mark, der *Khà Shâde Héni,* auf die Gäste aus Tibet. Zu seinem türkisblauen Umhang trug er eine Mütze aus Biberpelz und verbeugte sich ebenfalls leicht, als der Rinpoche ihm zur Begrüßung einen Seidenschal um den Hals legte. Gemeinsam traten sie auf die Bühne und tauschten Geschenke aus. Nach ein paar eröffnenden Worten des Häuptlings und einer Ansprache des Rinpoche zogen die Dakhká Khwáan Dancers unter lauten Gesängen in den Pavillon ein. Die zwölf Tänzer trugen prächtige, meist rot-schwarze Gewänder, die mit ihren Clantieren bestickt waren, und Kopfschmuck aus geschnitztem Holz und Filz oder trichterförmig geflochtene Hüte. Während die Mädchen und Frauen im Hintergrund trommelten und meist monoton auf der Stelle tanzten, wirbelten die vier Jungs der Truppe über den Holzboden des Pavillons und sangen und schrien sich die Seele aus dem Leib. Ich kannte die beeindruckende Kraft dieser archaischen Gesänge von meinen Reisen zu den Lakotas, deren *powwows* mich ähnlich faszinierten. Aber diesmal spürte ich den Rhythmus noch intensiver und verfolgte jede Bewegung, jeden Trommelschlag gebannt, als ob er auch mir gelte und ich die Klänge mit auf meine Reise nehmen sollte, um mich bei jedem Paddelschlag daran zu erinnern. Tatsächlich würden mir die Tänzer später noch den *Paddle Song* der Tlingit singen. Eine ergreifende Geste, die mich so berührte, dass es mir fast die Tränen in die Augen trieb. Vielleicht ahnte ich ja auch, was mich schon in ein paar Stunden erwartete und wie sehr dieser Moment und dieses Lied mir Kraft geben sollten.

Jetzt aber waren erst mal die ledigen Männer zum *Grouse Dance* gefordert, dem traditionellen Gockeltanz, mit dem sie früher die potenziellen Bräute beeindrucken wollten. Je tiefer man dabei in die Knie ging, desto mehr Erfolg versprach das Gebalze. Wer dann noch taktgenau die Hände im Wechsel am Kopf wie ein Kamm und am Gesäß wie ein Bürzel platzierte, hatte als Hahn im Korb die *chicks* praktisch schon abgeräumt. Auch ich hüpfte mit, allerdings wohl mehr wie ein gerupftes Huhn und nur so lange, bis meine Oberschenkel glühten wie die der Abfahrtsläufer auf der Kitzbühler Streif beim Zieleinlauf. Nein, ich bin da noch nicht mitgefahren, aber vielleicht erinnern Sie sich an die Tele-Skigymnastik mit Manfred Vorderwülbecke. Am Ende musste man doch immer in der Abfahrtshocke bleiben, bis ein eingespielter Film, der die Abfahrt einer Weltcup-Piste aus der Sicht des Rennläufers zeigte, im Ziel endete. Und genau daran musste ich denken, als ich versuchte, meine verkrampften Muskeln wieder zu lockern.

Es fiel mir schwer, mich vom bunten Treiben und den Menschen zu lösen. Schließlich lief ich doch zum Boot rüber und prüfte skeptisch das Harz auf den Nähten. Die stundenlange direkte Sonneneinstrahlung hatte Blasen verursacht, die ich vor meiner Abfahrt rasch noch reparieren musste. Während ich das tat und mein Kanu dann zum Beladen ans Wasser trug, ergriff Doris das Mikrofon. Sie erzählte auch den Neuankömmlingen von meiner Reise und forderte die Runde auf, ihr zum See zu folgen, um mich zu verabschieden. Ein Helfer des Rinpoche verteilte dort noch leckeren *trail mix* mit Nüssen und Trockenfrüchten aus einer großen Metallschüssel. Ich umarmte Doris, dankte ihr für die besonderen Momente, an denen sie mich hatte teilhaben lassen, und stieß das Boot vom Ufer ab. Die Sonne stand inzwischen im Zenit und wärmte wohltuend, als ich mich ins Kanu setzte und umdrehte. Die lachenden Gesichter der winkenden Menschen, die mir noch minutenlang hinterherblickten und mir die Daumen drückten, sollten mich lange begleiten. Und mir ein Ansporn sein bei dem, was noch bevorstand.

Raus! Ich musste hier sofort raus. Das Kanu füllte sich bei jeder Welle, die über die *gunwales* schwappte, literweise mit Wasser und lag inzwischen schon bedrohlich tief im See. Es schien nur eine Frage der Zeit, bis ich kentern würde. Fieberhaft suchte ich das Ufer nach einer Anlegemöglichkeit ab, fand aber nichts als zentnerschwere Felsbrocken und kantige Steine, die die Birkenrindenhaut des Kanus zerfetzen würden. Ich hatte mir vorgenommen, nicht noch mal den gleichen Fehler zu begehen wie auf Lake Bennett, wollte auch nur beim geringsten Anzeichen von schwerem Seegang am Ufer ausharren. Der gestern noch so spiegelglatte Windy Arm wogte zwar, als ich den Nares Lake gut eine Stunde nach dem Ablegen in Carcross hinter mir ließ. Aber zunächst wirkten die Wellen keineswegs gefährlich. Erst als ich den Windschatten von Bove Island, einer großen Insel in Ufernähe, verließ, wuchsen sie zu mannshohen Brechern, deren weiße Gischt mir der Sturm ins Gesicht peitschte. Was für eine beschissene Zwickmühle. Landete ich an, verlor ich mein Kanu endgültig, Reparatur aussichtslos. Blieb ich auf dem Wasser, würde es bald vollgelaufen sein und absaufen.

Natürlich musste ich sofort an die Geschichte denken, die Keith mir vor zwei Tagen erzählt hatte. Über den jungen Kajakfahrer, der vor zwei Jahren ertrunken war. Er kam während der Sommerferien, um seinen Schwager zu besuchen, der als Polizist in Carcross arbeitete. An einem herrlichen Septembertag paddelte er auf dem ruhigen See zu einem *fish camp* am Ufer, kehrte dann um und fuhr zum Lake Bennett. Als er den See erreichte, frischte es plötzlich auf, und innerhalb von fünfzehn Minuten hatte das Wasser sich in ein tosendes Meer verwandelt. Er kenterte in den Wellen, und jemand verständigte die Polizei, die sofort ihr Boot starten wollte. Allerdings musste wegen des Hochwassers erst das Verdeck abgeschraubt werden, weil sie sonst nicht unter der Eisenbahnbrücke hindurchgekommen wären. Das dauerte eine Dreiviertelstunde, zu lang für den jungen Studenten, der inzwischen, von der Unterkühlung geschwächt, ertrunken war. Nur fünfzig Meter vom Strand, an den die Brandung sein Kajak inzwischen gespült hatte. »Hier oben im Norden wissen wir: Die Flüsse und Seen kennen keine Gnade. Machst du einen Fehler, war's das!«, dröhnten Keiths Worte in meinem Gedächtnis.

Nein, das durfte es noch nicht sein, nicht mein entscheidender Fehler und auch nicht das Ende meiner Reise. Ich sprang aus dem Kanu in den kalten See. Vielleicht könnte ich das Boot diesmal erfolgreich vom Ufer weghalten, dem wir schon wieder verdammt nah gekommen waren. Das Wasser reichte mir bis zur Brust, aber noch meinte ich, meine Schritte halbwegs kontrollieren zu können, und stolperte über die glitschigen Steine und Felsbrocken am Grund. Kam eine besonders hohe Welle, hielt ich inne und konzentrierte mich ganz darauf, das Boot stabil im Wasser zu halten, damit es nicht kenterte. Zwischendurch versuchte ich voranzukommen, schob und zog das Kanu parallel zum Ufer, in der Hoffnung, doch noch eine passable Stelle zum Anlanden zu finden. Keine Chance, das Ufer blieb schroff und abweisend, während ich mich durch die rauschenden Fluten kämpfte. Der *Paddle Song* schallte in meinem Kopf, ich sah die Gesichter der Menschen, die mich so hoffnungsvoll verabschiedet hatten, vor nicht einmal zwei Stunden. Aber ich spürte auch die nasse Kälte, die mich bis zur Brust umschloss und das Vorankommen zusätzlich erschwerte. Wie lange würde mein Körper wohl durchhalten, bis die Hypothermie die Überhand gewönne? Über eine halbe Stunde watete ich nun schon am Ufer entlang, ohne eine Ausstiegsmöglichkeit zu entdecken. Allmählich war ich bereit, mein Boot aufzugeben, wenn ich nur dieser Kälte entfliehen konnte. Unkontrolliert zitterte ich jetzt am ganzen Körper, meine Zähne klapperten wie das Totenkopfgebiss einer Geisterbahn. Wieder dachte ich an die vielen Menschen, die mit mir reisten, mich in Gedanken unterstützten. Nein, ich durfte nicht aufgeben! Als die Wellen für einen kurzen Moment nachzulassen schienen, drehte ich das Kanu gegen den Wind, zog mich mit einem Schwung über die *gunwales* und rutschte zurück auf die Packsäcke, die inzwischen vom eingelaufenen Wasser weitgehend überflutet waren. Ich musste schnell für Wärme sorgen, ergriff das Paddel und stach es im Stakkatorhythmus ins Wasser. Weil das Boot nun noch tiefer lag, wollte ich versuchen, die Wellen frontal zu schneiden, um nicht zu kentern. Das bedeutete aber auch, erst mal weg vom Ufer, raus auf den See und rein ins tiefe, brodelnde Wasser und den Sturm, der jetzt von vorne blies und zusätzlich bremste. Meine Ängste und Zweifel bekämpfte ich mit noch schnelleren Paddelschlägen. Bei jedem Zug schrie ich mir Kraft und Mut zu, wurde aber durch mächtige Brecher, die selbst von vorne ins Boot hereinströmten, immer wieder auf den Boden der Tatsachen zurückgeworfen. Immerhin blieb die Sonne mir treu und suggerierte einen herrlichen Frühsommertag, an dem der See aus der Luft sicher besonders türkis anmutete. Ich drehte bei, wollte Rückenwind und Seegang ausnutzen, um so vielleicht doch das Ende des Windy Arm zu erreichen und dort nach einem Lagerplatz zu suchen. Aber die Wellen kannten nur ein Ziel, das unmittelbare Ufer. Ich steuerte schräg bei und versuchte, mein Anlanden so lange wie möglich hinauszuzögern.

Fast eine Stunde hielt ich mich nun schon über Wasser, segelte mehr, als ich paddelte, und fühlte erneut, wie die Kälte begann, mich zu lähmen. Mir blieb vor lauter Beisteuern und Balancieren kaum Gelegenheit, Wasser aus dem vollgelaufenen Boot zu schöpfen. Ein Wunder, dass es überhaupt noch schwamm. Am Horizont zeichnete sich eine Bucht ab, die sich nach rechts zu einem Durchlass zum Taku Arm des Tagish Lake verengte. Das Ufer schien dort flacher, Felsen und Steine wichen zurück. Meine Chance. An manchen Stellen umspülten die Wellen vorgelagerte Sandbänke. Ich versuchte zu erkennen, wie der Boden unter mir beschaffen war. Auch dort meinte ich, sandige Abschnitte auszumachen, dazwischen aber auch immer wieder für mein Boot gefährliche Steine. So, wie es aussah, flachte der See hier schon viele Meter vor dem eigentlichen Ufer ab. Um keinen Schaden am Kanu zu riskieren, sprang ich über Bord ins knietiefe Wasser und begann sofort mit dem Ausladen. Ich warf die Ausrüstung einfach vor mir ins Wasser, die Brandung würde sie ohnehin ans Ufer spülen, und mein Boot war jetzt wichtiger. Das schob ich mit den Wellen weiter Richtung Ufer, musste aber noch irgendwie das Wasser ausleeren, bevor ich es an Land tragen konnte. Ein lautes Knirschen signalisierte, dass die Rinde auf dem rauen Boden aufsaß. Schnell drehte ich mein Boot auf die Seite. Sogleich erfasste es der unablässig stürmende Wind und riss es mir aus den Händen. Beim zweiten Versuch klappte es besser, bis auf eine Restmenge lief das meiste Wasser hinaus. Den Plan, es zu schultern, verwarf ich wegen des Windes sofort. Außerdem hatte sich das weitgehend unbehandelte Zedernholz mit Wasser vollgesogen, sodass es jetzt erheblich schwerer war. Ich packte ein *gunwale* mit beiden Händen, hob das Boot an und wankte Richtung Ufer, wo ich es in den Sand sacken ließ. Danach spurtete ich zurück ins Wasser und sammelte meine Ausrüstung ein. Wenigstens wurde mir so wieder ein bisschen wärmer. Aber ich bibberte noch immer erbärmlich, musste dringend raus aus den nassen Klamotten, am besten gleich in den Schlafsack.

Das schräge Ufer bot keinerlei Fläche fürs Zelt. Ich stieg hoch in den dichten Wald, der sich anschloss, und fand einen klitzekleinen, halbwegs ebenen Platz, gerade groß genug für mein Zelt. Hier boten die Bäume auch Schutz gegen den Sturm. Auf das Schlimmste gefasst, öffnete ich die Packsäcke und stellte fest, dass der Inhalt zwar ein wenig feucht geworden war, aber mich sicher noch wärmen würde. Ich zog die nasse Kleidung aus und wechselte in kuschliges Fleece, über das ich mein Regenoutfit als zusätzliche Schicht streifte. Noch immer fror ich. Erst als die ganze Ausrüstung neben dem Zelt versammelt war und ich die nassen Sachen zum Trocknen in die Büsche verteilt hatte, stiegen Körpertemperatur und Stimmung. Das Kanu hatte nur wenig Schaden genommen, ich ließ es am Ufer zurück und würde es morgen reparieren.

»Hey, weißte, wie die Bucht hier heißt? *Sucker's Bay.*« Jimmy amüsierte sich über die treffende Bezeichnung angesichts meiner Lage. Die ›Trottelbucht‹. So ganz konnte ich seinen Humor nicht nachvollziehen, aber allein seine Gegenwart entspannte die Situation. Ich hatte das Quad gehört, mit dem er an meinem Kanu stoppte, und war aus dem Zelt kurz rübergelaufen. Jimmy wohnte in einer Hütte im Wald, die man vom Ufer aus nicht sehen konnte. Jeden Morgen nahm er das kleine Allradfahrzeug und brauste über den Strand und einen holprigen Waldweg hoch zu seinem Auto, mit dem er nach Whitehorse zur Arbeit pendelte. Abends dann retour, immer begleitet von seinem kleinen Hund, der neugierig um meine Beine schwänzelte.

»Ich würde dich ja zu mir einladen, bin aber gerade nicht auf Gäste vorbereitet. Vielleicht morgen, wenn du dann noch hier sein solltest.« Das hatte ich nicht vor, aber wenn das Wetter so bliebe, wäre ein Weiterkommen schier unmöglich.

Als ich am nächsten Morgen aufwachte, umgab mich Stille. Der Wind, der die ganze Nacht am Zelt gerüttelt hatte, war verschwunden. Ich öffnete das Zelt, lief zum Ufer, und tatsächlich: Wo mich gestern noch die Monsterwellen in Angst und Schrecken versetzt hatten, erstreckte sich jetzt der glatte See, so als ob nichts gewesen wäre und er sich seit Jahrtausenden nie anders präsentiert hätte. Aber wie lange würde es so bleiben? Meist frischte es gegen Nachmittag deutlich auf, so wie gestern. Ich beeilte mich mit der Reparatur der lecken Harzstellen, verpackte die Ausrüstung und belud das Kanu. Miese Ratte, dieser See, gestern aufführen und heute so tun, als ob er keiner Fliege was zuleide tun könnte. Mir war's recht, auch wenn ich bald feststellen musste, dass meine Reparatur wohl ein wenig zu zügig verlaufen war und sich erneut eine Wasserlache unter meinem Hosenboden sammelte. Aber Anlanden und Nachbessern wollte ich lieber auf später verschieben. Die Ruhe auf dem See schien trügerisch. Nach einer guten Stunde erreichte ich den Taku Arm des Tagish Lake, wo sich eine Wiederholung der gestrigen Ereignisse anbahnte. Ich konnte nur allzu gut verstehen, warum die meisten Yukon-Paddler ihre Komplettbefahrung bis zum Beringmeer erst in Whitehorse auf dem Fluss begannen und das zähe Ringen mit den Quellseen vermieden. Trotzdem wollte ich mich heute nicht entmutigen lassen. So brenzlig die gestrige Etappe auch gewesen sein mochte, sie gab mir Vertrauen in die Stabilität meines Bootes und die schon erwähnte Schutzengelschar, die ich auch später auf dem Fluss noch ganz schön auf Trab halten würde. Stoisch hielt ich das Kanu in Wind und Wellen, die mich beharrlich nach Norden trieben. Immer wieder schwappte ein Brecher ins Boot, aber meinen feuchten Hosenboden wollte ich erst am Ende des Sees beachten, wenn überhaupt. Dort verband der Six Mile River den Tagish Lake mit dem Marsh Lake und würde mich hoffentlich kurz verschnaufen lassen. Ich entdeckte Holzhäuser, die sich um die Mündung gruppierten. Nur sehr langsam kam ich näher, aber nach vielen angespannten Stunden schipperte ich schließlich in ruhigeres Gewässer. Die kurze Flusspassage sollte mir einen Vorgeschmack auf den Yukon geben, dessen Erreichen ich wahrlich herbeisehnte. Immer mehr *cabins* und Häuser säumten das Ufer, die Vorboten von Tagish, der Siedlung am Südufer des Marsh Lake.

»Wohin willst du?«, rief jemand.

»Beringsee!«

»*Good luck!*«

Ich musste gestehen, dass die freundlichen Grüße, aber auch die ansehnlichen Hütten eine gewisse Geborgenheit vermittelten, die nach den brisanten Momenten der letzten beiden Tage durchaus verlockend war. Kurz vor der Highwaybrücke passierte ich den *campground*, der sich für eine Übernachtung anbot. Aber weil der Marsh Lake vor mir flach und relativ ruhig anmutete, entschloss ich mich zur Weiterfahrt. Er würde den Abschluss der Kette von Quellseen bilden und am Ende in einen Wasserlauf münden, der zum ersten Mal offiziell den Namen Yukon trug. Ich schaffte es an diesem Tag etwa bis zur Hälfte des Sees, schlug mein Lager an einem sandigen Strand am Westufer auf. In der Nacht zogen dichte Regenwolken heran, die auch den nächsten Tag weitgehend bestimmten. Dafür herrschte nahezu Windstille. Zuversichtlich stieg ich nach einem weiteren Versuch, das Leck zu schließen, das mir den feuchten Hosenboden beschert hatte, ins Boot und paddelte dem Ende des Marsh Lake und der Erlösung vom ständigen Bangen und Hadern mit dem Seegang entgegen. Am Nachmittag kehrte der Wind noch einmal zurück, allerdings aus Südost, was eher selten und meinem Vorankommen zuträglich war. Außerdem riss er die Wolken auseinander. Ich hielt mich weiter am linken Ufer, bemerkte, wie die rechte Seite sich immer deutlicher näherte. Und gegen 16 Uhr, zehn Tage nach meinem Start auf dem Chilkoot Trail, nach über 150 zurückgelegten Kilometern, erreichte ich im Sonnenschein die sanfte Strömung des Yukon, der nun für viele Wochen mein Zuhause sein würde.

Whitehorse – Dawson City

Von gespenstischen Schaufelraddampfern,
dem härtesten Kanurennen der Welt
und fünf tosenden Fingern

Das Ehrfurcht gebietende Tosen war schon von Weitem zu hören. Mir rutschte das Herz in die Hose. Um nicht vom Wasser, das deutlich an Fahrt aufnahm, unkontrolliert mitgerissen zu werden, steuerte ich aus der Flussmitte in Richtung Ufer und parkte zwischen ein paar verkeilten Treibholzstämmen. Erst mal durchschnaufen und sich einen Überblick verschaffen. Von hier aus konnte ich kein Hindernis, keine unmittelbare Gefahr erkennen. Trotzdem verstärkte sich das Angst einflößende Rauschen aus dem Canyon und ließ meinen Pulsschlag bis in den Hals hämmern. Was für ein Schisser! Abenteurer spielen wollen und sich dann von ein bisschen Krach einschüchtern lassen wie das Kaninchen von der lauernden Schlange. Wahrscheinlich lag's an den historischen Schwarz-Weiß-Fotos, die ich mir nur zu gut eingeprägt hatte. Sie zeigten die Goldgräber bei ihren verzweifelten Versuchen, durch die Monsterfluten zu manövrieren. Einige ertranken, nachdem ihr Boot gekentert war. Viele konnten zwar ihr Leben retten, verloren aber nicht selten all ihr Hab und Gut. Der Miles Canyon galt neben den Five Finger Rapids und den Stromschnellen von Whitehorse als der gefährlichste Abschnitt auf dem Weg zum Klondike. Damals. Heute war der Fluss hier gezähmt, vom Staudamm in Whitehorse, der den Wasserpegel so weit hatte ansteigen lassen, dass nur der von den Canyonwänden reflektierte Lärm der Turbulenzen und Strudel noch an die einstigen Gefahren erinnerte.

Also fasste ich mir mein Herz, nachdem ich es aus der Hose wieder rausgeholt hatte, und hielt schön auf die Mitte des Canyons zu. Das Kanu schaukelte ein wenig, als es von der raschen Strömung zwischen den engen Basaltwänden erfasst wurde. Und bevor ich den Tempowechsel richtig genießen konnte, war ich schon wieder aus dem Canyon raus und paddelte auf Lake Schwatka zu. Auch der ist ein Produkt der Staumauer, deren Warnlichter vom Ende des Sees herüberblinkten. Benannt übrigens nach Frederick Schwatka, einem amerikanischen Leutnant, der 1883 den Fluss befuhr, um die militärische Schlagkraft der Eingeborenen zu erkunden. Nebenbei gab er noch jedem markanten Hügel, Gewässer oder Orientierungspunkt einen Namen, gerne von Leuten und Persönlichkeiten aus seinem militärischen Umfeld. Alter Schleimer. Mein Unglückssee Lake Bennett gehörte dazu oder auch der Miles Canyon, durch den ich gerade durchgeschossen war und der eben nicht so hieß, weil er eine Meile lang war. Lake Schwatka bildete früher das Trinkwasserreservoir für Whitehorse. Mittlerweile diente er mehr Erholungszwecken und einer kleinen Armada von Wasserflugzeugen als Heimathafen. Der gleichnamige Ausflugsdampfer schipperte nun schon zum zweiten Mal an mir vorbei. Bereits auf dem Flussabschnitt vor dem Canyon war er mir begegnet und verdeutlichte unmissverständlich, dass die Wildnis erst weit hinter Whitehorse begann. Trotzdem hatte ich zuvor die ersten Kilometer auf dem smaragdgrünen Fluss genossen. Wo das Ufer nicht die hier für den Yukon so typischen Lehmabbrüche zeigte, drängten sich Fichten und Kiefern nah ans Wasser und verströmten ihren intensiven Duft. Schwalben tanzten artistisch durch die Luft, majestätische Weißkopfseeadler schwangen sich auf Baumwipfel, und aus den Wäldern drang der Gesang der Vögel herüber. Ich lehnte mich in der Sonne zurück und ließ das Kanu einfach treiben. Wie sehr ich diesen Moment herbeigesehnt hatte. Fallen lassen, entspannen, genießen. Endlich.

Kurz vor Erreichen der Staumauer hielt ich aufs rechte Ufer zu. Leider gab es hier keine Bootsschleuse wie noch am Ende vom Marsh Lake. Stattdessen wäre eine Portage nötig, die vermeintlich einzige der gesamten Tour. Ich deponierte die Ausrüstung am Ufer, schulterte die ProviANTtonne und machte mich noch mit Kleinkram in den Händen auf den Weg entlang der Straße. Rund 700 Meter waren es laut Kanuführer, bis man die Staumauer und die mickrigen Überbleibsel der Whitehorse Rapids umtragen hatte und im Yukon wieder einsetzen konnte. Mir graute schon beim ersten Gang vor der Plackerei. Bestimmt noch drei- oder viermal, bis Boot und Gepäck wieder beisammen waren. Da würde es mindestens zwei Stunden dauern, ehe mein Zelt auf dem Campingplatz stand, dessen Grenzen sich schon am gegenüberliegenden Ufer abzeichneten. Auf dem Rückweg klopfte ich dreist an die Scheibe eines blauen Pick-ups, der in der Nähe der Staumauer parkte. Auch wenn die Blondine hinterm Steuer nicht gerade euphorisch reagierte, fuhr sie mich mit Kanu und Ausrüstung auf der Ladefläche in die Nähe der Stelle, von der aus ich es ans andere Ufer versuchen wollte.

So mickrig wirkten die Reste der Stromschnellen von hier aus gar nicht mehr. Das Wasser bebte deutlich, und fiese Querströmungen würden sicher noch mal meine volle Konzentration verlangen, wollte ich es rechtzeitig in den seichten Seitenkanal schaffen, der direkt am Zeltplatz vorbeiführte. Nur nicht leichtsinnig werden, so kurz vorm Ziel, zu dem ich fast hätte rüberspucken können. Ich stieß das Boot vom Ufer ab und schwankte mit kräftigen Paddelschlägen quer über den Fluss. Der Wasserstand schien extrem niedrig, viele Kiesinseln ragten weiter vorne aus den Wellen. Aber darüber müsste ich mir erst in zwei Tagen Gedanken machen, wenn ich meine Reise fortsetzte.

Klar war ich froh und erleichtert, Whitehorse erreicht zu haben. Noch vor einer Woche, gleich nach dem Unfall auf Lake Bennett, schien das utopisch. Und nun hatte ich es doch geschafft. Die folgenden 48 Stunden aber sollten zu den stressigsten der gesamten Tour werden. Ich hatte mir viel vorgenommen. Zu viel. Proviant aufstocken, Wäsche waschen, Ausrüstung neu sortieren und vor allem ausmisten, E-Mails checken, Bilder und Berichte nach Hause schicken. Mir dröhnte der Kopf, und ich fühlte mich am Ende so ausgelaugt, dass ich den Moment der Weiterreise herbeisehnte. So nett die Möglichkeiten der modernen elektronischen Kommunikation auch waren, bei so einer Reise rissen sie einen jedes Mal wieder aus einer fernen Welt, mit der man gerne ganz verschmolzen wäre, um sich intensiv auf Erlebnisse und Begegnungen unterwegs einzulassen und Grenzen zu erfahren. In den folgenden Wochen wurden besonders die zugesagten Einträge meines Yukon-Blogs zur logistischen Herausforderung und stressten mich manches Mal mehr, als sie mir rückblickend Genugtuung bereiteten. Stella und Charlie unterstützten mich redlich bei meinem Marathonprogramm. Sie kamen extra mit meinem Truck aus Skagway, chauffierten mich vom Supermarkt zum Waschsalon und wieder zurück zum *campground*. Und doch ließ die Anspannung erst nach, als ich mein Boot schließlich wieder zu Wasser ließ. Ich hatte mich entschlossen, nicht direkt vom Zeltplatz zu starten. Der Yukon verzweigte sich hier und war teilweise so flach, dass ich nicht mal die berühmte Handbreit unterm Kiel gehabt hätte. Mit Sicherheit wäre das Kanu schwer beschädigt worden. Also wollte ich die gängige Stelle neben einem Outfitter in der Stadt nutzen.

»Das muss ja wohl *the sexiest boat around* sein!«, kommentierte ein junger Brite meine Ankunft dort. Tom bereitete sich mit seinem Partner Ollie gerade auf den *Yukon River Quest* vor, das angeblich härteste Kanurennen der Welt. In drei Tagen sollte es beginnen und über achtzig Boote von Whitehorse nach Dawson City locken. Die Schnellsten würden dabei gerade mal zwei Tage für die über 700 Kilometer brauchen. Für mich unvorstellbar, aber unterwegs hätte ich sicher noch Gelegenheit, den vorbeipreschenden Teams ungläubig hinterherzustaunen, wenn sie mit einem Affenzahn auf die Überholspur wechselten und alsbald hinterm Horizont verschwänden.

Die seichte Bucht war an diesem Sonntagnachmittag auch für andere Kanuten der Start in ihr Abenteuer. Jonathan aus Colorado testete ein paar Boote für seinen Trip über den Porcupine River in den Yukon und dann weiter zur Beringsee. Vielleicht würden wir uns unterwegs sogar treffen. Nun aber wollte ich los und die jetzt zumindest etwas reduzierte Ausrüstung verteilen. Die wieder prall gefüllte Provianttonne und der ebenfalls randvolle Wasserkanister sollten als schwerste Teile direkt hinter mir stehen. Klar hätte ich auch jedes Mal mein Trinkwasser aus dem Fluss nehmen und abkochen oder chemisch behandeln können, aber es schien mir praktischer, den Zwanzig-Liter-Container zwischendrin an Zapfstellen oder privaten Hähnen aufzufüllen. Für den Notfall hatte ich selbstverständlich mit Entkeimungsmittel vorgesorgt. Aber auf der Reise würde sich dieser Kanister bewähren, auch als Anker beim Anlegen, und zudem verkeilte er die aufrecht stehende Provianttonne so günstig, dass ich sie immer wieder als Rückenlehne nutzen konnte. In den restlichen Freiraum des Hecks steckte ich noch den Container mit dem Benzinvorrat für den Kocher, das Reparaturset fürs Boot und meine Gummistiefel. Als Gegengewicht im Bug kam nur die große Tasche infrage, in der die wasserdichten Packsäcke mit Kleidung und Literatur, Waschset und Werkzeug verstaut waren. Dahinter lag der Rucksack, gefüllt mit weiterem Proviant, Koch- und Erste-Hilfe-Set. Zelt, Schlafsack und Isomatte steckten ebenfalls in robusten, wasserdichten Packsäcken. Einer lag quer vor mir als Polster für die Knie, einer hinter mir als Rückenkissen. Meinen Fotokoffer missbrauchte ich als superbequemen Sitz. Blöd für einen Schnappschuss im Boot, aber vielleicht wäre die zusätzliche Kompaktkamera in ihrer wasserdichten Box an meiner Seite dafür ohnehin besser geeignet. Der kleine bärensichere Container mit noch mehr Proviant fand ganz vorne in der Spitze des Kanus Platz. Für Snacks nahm ich noch eine weitere Minitonne mit, in der ich auch Fernglas und Sonnenschutz griffbereit vor mir deponierte. Fehlten nur noch Kartentasche und Kompass sowie ein dekadenter Campingstuhl, der sich bei der Vortour im letzten Jahr schon als Entspannungssessel am Lagerfeuer qualifiziert hatte. Ihn schob ich seitlich hinter mich, auf der anderen Seite lagerten Ersatzpaddel und eine kurze Angelroute. Anfangs musste ich eine Weile probieren, bis alles seinen optimalen Platz hatte, aber bald war jeder Zentimeter des Bootes perfekt ausgenutzt.

Ich verabschiedete mich von Stella und Charlie, die ich erst im Herbst wiedersehen würde, wenn alles nach Plan liefe, stieß vom Ufer ab und ließ mich ein letztes Mal winkend von der kräftigen Strömung forttragen. Jetzt war ich endgültig auf dem Weg – allein *into the wild*. Na gut, vielleicht nicht ganz so wie Christopher McCandless, der als junger Rebell nach Alaska zog und vier Monate später tot in der Wildnis gefunden wurde. Doch seine Geschichte, die Jon Krakauer in seinem bewegenden Buch und Sean Penn in seinem großartigen Film erzählt, begleitete mich vor, während und auch nach dieser Reise. Allein würde ich allerdings erst mal nicht sein. Die Strecke von Whitehorse bis

Dawson zählte zu den beliebtesten Paddelrevieren im Norden. Im Sommer versuchten sich vor allem zwischen Ende Juni und Anfang August bis zu 2000 Paddler hier, viele mit organisierten Gruppen, aber auch reichlich Pärchen oder Einzelgänger. Eine Zeit lang hatte ich überlegt, diese Reise ebenfalls zu zweit zu unternehmen. Sollte mir da draußen im Busch etwas zustoßen, ich mir ein Bein brechen oder kentern und die gesamte Ausrüstung verlieren, hätte das schnell in einer Katastrophe münden können. Nach der kurzen Vortour im letzten Jahr aber fühlte ich mich in meinem Wunsch, wieder allein unterwegs zu sein, bestärkt. Bei der Umrundung Amerikas mit dem Rad war ich mir sicher gewesen, den Menschen so näherzukommen und die Momente bewusster, vielleicht auch intensiver zu erleben. Zu zweit oder gar in einer Gruppe bestand immer die Gefahr, dass man sich zu sehr mit sich selbst beschäftigte, nicht nur im Falle von Streitereien. Und als Einzelperson fand man viel schneller Kontakt. So zerstreute ich meine anfänglichen Bedenken mit Berichten von anderen, erfolgreichen Solobefahrungen und der Erkenntnis, dass der Yukon vor allem in Alaska als Hauptverkehrsweg zwischen den indianischen Siedlungen genutzt wurde. Die Chance auf rechtzeitige Hilfe im Notfall wäre also durchaus realistisch.

Für den Rest des Tages sah ich keinen Menschen. Ich wollte den ganzen Stress der letzten Tage, die brenzligen Momente auf den Quellseen schnell hinter mir lassen und paddelte zügig mit der Strömung nach Norden. Von links mündete bald der trübe Takhini River in den Yukon und markierte die offizielle Stadtgrenze von Whitehorse. Aber richtige Wildnis würde ich sicher erst nach Lake Laberge erreichen. Dieser rund fünfzig Kilometer lange See zählt zu den schönsten im Norden. An seinen Ufern finden sich traumhafte Plätze zum Campieren und seichte Buchten für ein kühles Bad.

Aber Lake Laberge kann auch zur lebensgefährlichen Bedrohung werden, wenn der Wind wieder mal zwischen den Bergfronten zu beiden Seiten durchfegt und die Wellen meterhoch auftürmt. Einziger Trost bleibt dann die Richtung, denn normalerweise stürmt es hier aus Süden, was wagemutige Kanuten zu einem rasanten Segeltörn animiert. Dafür werden dann einfach Tarps umfunktioniert, an einen provisorischen Mast, zum Beispiel das Ersatzpaddel, geknotet, und los geht's. Buchstäblich in Windeseile kann man auf diese Weise den kompletten See der Länge nach durchqueren und erreicht mit den Ruinen von Lower Laberge sein Ende und den Beginn des vielleicht schönsten Abschnitts der gesamten Tour, Thirty Mile River.

Davon war ich noch weit entfernt. Vor mir erhoben sich die Reste der alten Holzpfähle, mit denen früher für die Raddampfer das Wasser an den Untiefen vorbei kanalisiert wurde. Inzwischen hatten Schlamm und Sedimente aber das Mündungsdelta des Yukon in den See weitflächig zurückerobert. Selbst mit einem kleinen Kanu bestand die Gefahr aufzulaufen. Ich hielt mich weit rechts und fuhr dann auch auf Lake Laberge am Ostufer entlang. Die Strecke war hier ein wenig kürzer, zumal der Abfluss am Nordende ebenfalls nach rechts verlief. Eine leichte Brise fegte übers Wasser, aber Wellen konnte ich kaum ausmachen und wollte versuchen, so lange wie möglich in die Nacht zu paddeln. Fast zwanzig Stunden Tageslicht sorgten jetzt normalerweise selbst zu später Stunde noch für ausreichende Sicht. Und vielleicht würde der See schon morgen wieder sein ungezähmtes Gesicht zeigen und mich zum Ausharren ans Ufer verbannen.

Schwere, dunkle Wolken zogen in der Ferne auf und begannen, den Himmel immer weiter zu verfinstern. Ich berauschte mich am Farbenspiel und der surrealen Stimmung, musste aber bald feststellen, dass die Umrisse am Ufer zu-

nehmend in der Dunkelheit verschwammen und Lagerplätze nur noch schwer auszumachen waren. Gleichzeitig
frischte der Wind auf, und mit ihm nahm auch der Seegang deutlich zu. Ich spürte die wachsende Anspannung
in mir, fast wie ein Reflex, der sich auf den Quellseen mit
den gischtspeienden Monsterwellen ausgebildet hatte. So
schlimm waren die Wogen hier allerdings bei Weitem nicht.
Noch nicht. Ich drehte ein wenig bei, um näher am Ufer zu
bleiben und vielleicht doch einen Platz für die Nacht ausmachen zu können. Aber so angestrengt ich auch durchs
Fernglas spähte, nichts bot sich an. Außer vielleicht ein Steg,
der zu einem privaten Anwesen gehörte. So groß war die
Verzweiflung allerdings keineswegs. Trotzdem reichte es
eigentlich für heute. Fast 1 Uhr, meine von der letzten Pause
noch immer nassen Schuhe kühlten die Füße aus, ich fror.
In diesem Moment fand ich tief in meiner Erinnerung etwas
Vertrautes, mit dem ich Geborgenheit, Wohlbefinden verband und das mir bis zum Ende der Reise ein wichtiger Ver-
bündeter, besonders in brenzligen Situationen, blieb: Ich
erinnerte mich an Melodien, an Lieder, die mich auch in der
Vergangenheit schon begleitet hatten, und begann zu singen. Erst leise, nur für mich. Aber je lauter es draußen vor
mir toste und brandete, desto kräftiger wurde auch meine
Stimme und suggerierte mir Stärke und Selbstvertrauen.
Damit Sie jetzt nicht noch weiter an meinem Verstand zweifeln, sollte ich vielleicht erwähnen, welch große Rolle die
Musik in meinem Leben spielt. Seit meinen frühesten Kin-
dertagen faszinierte sie mich. Ich hörte sie nicht nur, ich sog
sie auf, interessierte mich für die Hintergründe, die Entstehung. Meine Eltern reagierten vermutlich ähnlich irritiert
wie Sie beim Lesen dieser Zeilen, als ihr achtjähriger Knirps
einmal die Woche autistisch am Radio klebte und seine Lieb-
lingssendung verfolgte. Immer dann, wenn Georg Kostya in
Bayern 3 *Platten, die es in sich hatten* aus seiner *Rocktasche*

auflegte, war ich für eine Stunde nicht ansprechbar. Ich schnitt die Sendungen regelmäßig mit, notierte die Interpreten und Songtitel, vergab Noten und archivierte alles sorgfältig auf Dutzenden Audiokassetten. Selbst heute noch lagern diese Zeitdokumente in einer großen Umzugskiste im Keller meines Vaters. Statt Disco stand ich auf den Rock 'n' Roll der 50er, Carl Perkins, Chuck Berry, Gene Vincent und natürlich Elvis, den Größten von allen! Als der 1977 starb, brach meine neunjährige Welt komplett zusammen. Irgendwann erholte ich mich von diesem Schock und entdeckte die Country Music. Die Wehmut der Songs, der melancholische Sound, aber auch der Facettenreichtum, der mittlerweile die Musik von Johnny Cash genauso zuließ wie die von Kid Rock, berührten meine Seele in einer Art und Weise, die mich süchtig machte. Ich las Bücher, kaufte Platten und verfolgte akribisch die Entwicklungen der Szene und Charts beim wöchentlichen *Country Countdown* mit Bob Kingsley auf *AFN*. Allein dafür möchte ich heute noch jedem amerikanischen Steuerzahler dankbar die Hand schütteln, mit dessen Geldern der Betrieb des Armeesenders in Europa finanziert wurde. Als ich später selbst beim Radio arbeitete, nervte ich meine Chefs so lange, bis sie mir schließlich gestatteten, unsere Hörer mit der großartigsten Musik der Welt vertraut zu machen. Mit einer gewissen Genugtuung stellte ich dabei fest, dass viele meine Begeisterung nachvollziehen konnten und sehr bald schon teilten. Die besten Geschichten schrieb bekanntlich das Leben, und Country Music war der Soundtrack dazu. Kein anderes Genre erzählte diese Geschichten intensiver und glaubwürdiger.

Eigentlich also nicht verwunderlich, dass, obwohl oder vielleicht auch gerade weil ich kein Radio und keinen MP3-Player mit auf meine Reise nahm, die Musik selbst sich den Weg aus meiner Erinnerung an die Oberfläche bahnte und jetzt geradezu aus mir heraussprudelte. Leider konnte ich mich zwar an viele Melodien erinnern, bei der Textsicherheit zeigten sich aber deutlich Lücken. Und nur den ganzen Tag vor sich hinsummen schien mir zu einfältig. Dann lieber mit den Texten arbeiten, an die ich mich erinnerte, und sie notfalls freizügig um fehlende Worte ergänzen. Solange es nur halbwegs Sinn ergab, würde sich schon niemand beschweren. Außer manche Vögeln vielleicht, die gelegentlich laut dazwischenkreischten, wenn mein Gejodel sie offenbar zu sehr nervte. Wahrscheinlich lag's am begrenzten Repertoire von anfangs nicht mehr als einer Handvoll Songs, die ich dann beharrlich einfach wiederholte, wenn meine Playlist am Ende war. Im Laufe der Zeit steigerte ich ihren Umfang auf locker das Dreifache, was immer noch kein abendfüllendes Konzert ergeben hätte. Aber es reichte zumindest für fast eine Stunde, auf die ich den ganzen Tag regelrecht hinfieberte.

Fröhlich trällernd, fand ich schließlich eine kleine, windgeschützte Bucht am Seeufer und verbrachte eine erholsame Nacht, die von einem grandiosen Tag abgelöst wurde. Strahlende Sonne, sommerliche Wärme und ein spiegelglatter See, ich konnte mein Glück kaum fassen. Um keine Minute zu vergeuden, beeilte ich mich mit dem Frühstück, belud das Kanu und legte ab. So hätte ich mir das selbst in meinen kühnsten Träumen nicht zu erhoffen gewagt. Elegant schnitt das Kanu durch den in kräftigem Türkis schimmernden See, während ich mich an den kleinen Tropfen erfreute, die nach jedem Paddelschlag vom Blatt perlten, kurz auf der Wasseroberfläche tanzten und dann mit ihr verschmolzen. Bauschige, schneeweiße Wolken spiegelten sich, weit in der Ferne hörte ich die Motoren von kleinen Sportfliegern oder Booten. Fehlten nur noch ein paar Strandkörbe oder Sonnenliegen ohne Reservierungshandtücher zum perfekten Traumurlaub! Zu gerne hätte ich in der Mittagshitze eine der zahlreichen Buchten angesteuert und ein kühles Bad genossen. Aber mein Gedächtnis traute der Idylle nicht und trieb mich weiter an. Gelegentlich ließ ich mich treiben, tauschte Paddel gegen *trail-mix*-Tüte und lehnte mich entspannt mampfend zurück. Herrlich. All die bedrohlichen Situationen, Ängste und Anspannung der ersten Tage schienen für einen Moment vergessen oder wurden zumindest belohnt. Ja, das hatte ich mir redlich verdient, schallte es noch durch mein Unterbewusstsein, als ein feiner, vertrauter Duft übers Wasser waberte. Hmmmmmmmm, wirklich betörend, und wie intensiv die Fichten selbst hier draußen, mitten auf dem See, noch dufteten. Moment. Am Ufer standen überhaupt keine Fichten, und selbst wenn, das wäre viel zu weit weg für ein solch markantes Aroma. Jetzt verstärkte sich der Geruch sogar noch, und mir dämmerte allmählich, woher er kam. Das Harz! Die Sonne brannte schon seit Stunden ungefiltert vom Himmel, wurde vom weiterhin glatten See reflektiert und multiplizierte damit sicher noch die Kraft, mit der sie das Fichtenharz auf meinem Kanu erweichte. Vor allem die weit aus dem Wasser reichenden Nasen schienen betroffen. Es wäre wahrscheinlich nur eine Frage der Zeit, bis es schmolz und dann von den Nähten tropfte. Ich sah mich mitten auf dem See absaufen und las schon die Schlagzeile der nächsten Polizeimeldung: ›Nach glimpflichem Unfall auf Lake Bennett, deutscher Kanut ertrinkt nun doch, wegen Harzlosigkeit!‹ Sosehr ich mich auch anstrengte und nach vorne beugte, ich konnte nicht ausmachen, wie brenzlig die Situation tatsächlich war. Zur Sicherheit wollte ich mich aber doch ein wenig näher am Ufer halten. Im schlimmsten Fall würde ich dann wenigstens noch zu meinem herbeigesehnten Bad kommen. Mittlerweile hatte es locker über 25 Grad, in der prallen Sonne fühlte ich mich in meinem schwarzen T-Shirt und der ebenfalls schwarzen Schwimmweste wie in einer Sauna, in der ein Fichtennadel-Daueraufguss kredenzt wurde. Wie lange würde das noch gut gehen?

Am rechten Ufer folgte eine Landzunge der nächsten, ohne dass das Ende von Lake Laberge sich abzeichnete. Ich paddelte mittlerweile in den Abend hinein, passierte einige Zelte und rauchende Lagerfeuer anderer Kanuten, wollte aber in jedem Fall den See hinter mir lassen und mein Camp erst in Lower Laberge aufschlagen. Die verlassene Siedlung, in der zur Zeit des Goldrausches Polizeiposten, Telegrafenstation und Rasthaus errichtet wurden, kannte ich noch von einem kurzen Stopp im letzten Jahr. Die meisten Gebäude waren zwar verfallen, aber eine Blockhütte zeigte sich mit Regalen, rostigem Herd und Bettgestell noch in einem verblüffend guten Zustand. Gegenüber parkte das völlig verbeulte Wrack eines Chevy-Trucks, der seine beste Zeit vermutlich vor Ende des Zweiten Weltkriegs erlebt hatte. Damals konnte sich Lower Laberge als Tankstelle für die Raddampfer halten, die hier bis Anfang der 1950er-Jahre mit Holz versorgt wurden. Heute gruppierten sich zwischen den hohen Fichten am Seeufer einige Lagerplätze mit Holztisch und Feuerstelle, angelegt im Rahmen des *Canadian Heritage River System*, einem Programm zur Bewahrung des geschichtlichen und landschaftlichen Erbes von ausgewählten Flüssen in ganz Kanada. Und dass die folgenden fünfzig Kilometer des Yukon von beidem reichlich zu bieten hatten, stand außer Frage. Als besonderes Schmankerl war an einem der Lagerplätze das abgemagerte Skelett des Dampfers *Casca* am Strand verblieben. Eigentlich ließen nur noch der verblichene Steven und ein paar aus dem Wasser ragende Metallstifte die einstige Bootsform erahnen. Der gruftige Hauch der Geschichte hielt sich trotzdem über der Stelle und verhieß stilvolles Ambiente für mein Nachtlager.

Gut zehn Stunden paddelte ich nun auf dem See und rechnete immer wieder nach. Bei einer durchschnittlichen

Geschwindigkeit von drei bis vier Kilometer pro Stunde wäre ich zwar nicht schneller als zu Fuß, müsste aber das Ende allmählich schon mal erkennen. Gegen halb zehn nachts bog ich im gleißenden Licht der tief stehenden Sonne schließlich um die letzte Landzunge in eine weit geschwungene Bucht, die sich am Horizont in den Thirty Mile River ergoss.

In zähen Tränen klebte das zerlaufene Harz auf der Birkenrinde. Ich hatte das Boot auf den Holztisch am Camp gelegt und untersuchte die Schäden. Fast die komplette vordere Hälfte der linken, sonnenzugewandten Seite war betroffen. Die gröbsten Klumpen brach ich gleich ab und erhitzte mit dem Bunsenbrenner die übrigen Harzreste am Kanu, um sie gleich wieder auf die Nähte zu pressen, sobald sie weich waren. Der Brenneraufsatz steckte auf einer simplen Propankartusche und entwickelte sich, wie schon angedeutet, zum wichtigsten Werkzeug meiner Reise. Im Schnitt musste ich jeden zweiten Tag irgendwo korrigieren, Löcher und Risse füllen oder einfach nur Harzkosmetik betreiben, um Schäden gar nicht erst entstehen zu lassen. Manchmal war die Feinjustierung der Flamme eine echte Herausforderung, und ich musste peinlich genau darauf achten, den richtigen Zeitpunkt zu erwischen, um sie vom Harz zu nehmen. Geschah das zu früh, war das Harz noch zu zäh. Wartete ich zu lange oder kam zu nah an die Rinde, verkokelte die oberste Schicht und würde womöglich noch anfälliger. Einige schwarze Brandblasen sammelten sich im Laufe der Zeit so auf der Bootshaut und verliehen meinem Kanu eine zusätzliche, verwegene Patina, redete ich mir meine grobmotorischen Patzer schön.

Ich freute mich sehr auf den jetzt vor mir liegenden Abschnitt, auch weil die Strömung rasant zunahm. In abenteuerlichen Kehren wand sich der Yukon hier durch die atemberaubend schöne Landschaft. Nie wieder würde sein Wasser so klar erscheinen wie auf den nächsten fünfzig Kilometern. Er sprudelte über seichte Kiesbänke, bahnte sich seinen schmalen Weg durch dichten Wald und überraschte immer wieder mit Relikten des Goldrausches. An manchen Stellen wiesen Schilder am Ufer auf die zerfallenen Sehenswürdigkeiten hin, aber wenn man nicht ohnehin darauf gefasst war, weil es der Flussführer schon angekündigt hatte, schoss man mit der Strömung daran vorbei, ohne eine weitere Chance zum Anlegen und Erkunden.

Im Vorjahr war mir das beim *17 Mile Wood Camp* so ergangen, einem von einst über einhundert Holzfällercamps am Yukon, wo der Treibstoff für die Dampfer aus den Wäldern geschlagen wurde. Ich war zunächst vorbeigerast und hatte mich im Kehrwasser mühsam stromaufwärts zurückgekämpft, gegen den Fluss, der hier mit über zehn Stundenkilometern mächtig in die andere Richtung drückte. Die alte Blechkanne und ein paar zusammengestürzte Balken und Regale, die über das Areal verteilt waren, sorgten dann gemeinsam mit den nervigen Moskitoschwärmen aber nur für mäßige Begeisterung. Da fand ich *Hootalinqua* am Zusammenfluss von Teslin und Yukon River schon wesentlich spannender. Hier waren die Gebäude nicht nur besser erhalten, einige Tafeln erklärten auch die Geschichte dieses Ortes als strategischer Außenposten und Versorgungscamp. Ergänzende Schwarz-Weiß-Fotos aus den Pioniertagen verdeutlichten den geschäftigen Alltag während dieser Zeit. Und gegenüber auf Shipyard Island thronte mit der *SS Evelyn* die vielleicht spektakulärste Attraktion bis Dawson City in ihrem Trockendock. Auch wenn die letzten hundert Jahre nicht spurlos am alten Dampfer vorbeigegangen waren und große Teile der Aufbauten und Decks eingestürzt vor sich hinmoderten: Seine ganze Erscheinung und der wie eine trutzige Faust in den Himmel ragende Schornstein wirkten noch immer monumental. Und dabei zählte die *Evelyn* zu den kleinen Schiffen, die es mit ihrem geringen Tiefgang selbst bei Niedrigwasser unversehrt durch den tückischen Thirty Mile River schaffen konnten. Unzählige andere hatten weniger Glück und wurden zu Namensgebern für fiese Kurven und Kiesbänke, auf denen mancherorts noch heute das ausgeschlachtete Wrack von den Tragödien auf dem Fluss zeugt.

Das Schicksal der *Evelyn*, die von einem neuen Eigner in *Norcom* umbenannt worden war, besiegelte möglicherweise auch ein Schaden am Rumpf, dessen Reparatur offenbar nicht mehr rentabel schien. Das wollte ich bei meinem Kanu unbedingt vermeiden und sprang hektisch aus dem Boot, als ich später beim Versuch anzulanden über eine gefährlich flache Kiesbank in Ufernähe raste. Blöderweise entschied ich mich beim Aussteigen für die falsche, flussabwärtsgerichtete Seite und wurde von der Strömung und meinem Kanu sofort umgerissen. Ich stürzte ins kalte Wasser und schlug dabei mit dem rechten Knie auf einen der glitschigen Steine. Reflexartig griff ich nach dem Boot, das von der Strömung mitgerissen zu werden drohte. Ich suchte nach Halt, spürte einen stechenden Schmerz im Knie und konnte mich in einen kleinen Pool retten, den das Kehrwasser am Ufer geformt hatte. Mein Knie schwoll auf der Stelle an und ließ sich kaum noch bewegen. Ausgerechnet das rechte, operierte, das nach den Strapazen vom Chilkoot Trail erst allmählich wieder abschwoll. Immerhin hatte ich mein Boot vor Schaden bewahrt, das war im Notfall wichtiger. Ich schleppte mich und die Ausrüstung im fiesen Dauerregen, der am Nachmittag von orkanartigen Windböen eingeläutet worden war, auf eine geschützte Anhöhe unter die weit ausladenden Zweige einer Fichte. Der weiche Waldboden bot einen idealen Untergrund für das Zelt, und bevor ich in den Schlafsack kroch, wandte ich mich noch an die bewährte

Schutzengeltruppe, die sich bestimmt an mich erinnern würde. Das tat sie. Am nächsten Morgen blieb das Knie zwar dick und schmerzhaft geschwollen, aber mithilfe meines orthopädischen Restwissens aus jahrelanger Praxiserfahrung diagnostizierte ich mir nur eine starke Prellung, keine unangenehme Bänderverletzung, die sicher Therapie erfordert hätte. Der Regen des gestrigen Tages setzte sich, wie auch der Wind, zunächst fort. Von manchen Böen wurde mein Boot unkontrolliert herumgewirbelt und tanzte regelrecht Walzer auf dem Wasser. Aber die Regenkleidung hielt dicht, und am Nachmittag kehrte auch die Sonne wieder wärmend zurück. Leuchtend violettes *fireweed* dominierte über viele Kilometer das linke Ufer, dessen Bäume vor Jahren einem großflächigen Waldbrand zum Opfer gefallen waren. Die schwarz verkohlten Baumleichen verliehen den weiten Hügeln ein gespenstisch apokalyptisches Aussehen. Die botanisch korrekte Bezeichnung für *fireweed* lautet übrigens ›schmalblättriges Weidenröschen‹, was ich hier nicht anführe, um Blumenfans zu verzücken, sondern um den auffallenden Pragmatimus der Angloamerikaner bei der Namensgebung zu verdeutlichen. ›Hm, wie könnten wir diese Pflanze wohl nennen, die nach einem großen Feuer als Erstes wieder sprießt und blüht? Ach, bevor wir jetzt lange rummachen und überlegen, welche Pflanzenfamilie und Nachtkerzengewächs hin oder her, was haltet ihr von Feuerkraut? Passt!‹ Ja, und zwar so treffend, dass das omnipräsente Fireweed es sogar ins Wappen auf der Flagge des Yukon-Territoriums geschafft hatte.

Ich passierte den schlammigen Zufluss des Big Salmon River, an dessen Mündung das verlassene Big Salmon Village zerfiel. Für Flussreisende gab es hier wie an vielen anderen Stellen zwischen Lower Laberge und Dawson City wieder Tische, Feuerringe und *outhouses*, rustikale Plumpsklos. Eine Gruppe deutscher Kanuten, die ich am Vortag schon bei einem Zwischenstopp in *Hootalinqua* getroffen hatte, hatte die Kanus ans schlickige Ufer gezogen und ihr Camp für die Nacht hier errichtet. Überhaupt schien die Amtssprache auf dem Fluss Deutsch zu sein. Egal, wen ich ansprach, spätestens beim zweiten Satz konnte ich zur Muttersprache wechseln. Gefühlte neunzig Prozent der Kanuten auf dem Fluss kamen aus Deutschland. Laut einer Studie der Regierung des Yukon Ende der 90er-Jahre stammten tatsächlich mehr als die Hälfte der Flussreisenden aus Europa, die Deutschen machten mit über vierzig Prozent aller Kanuten mit Abstand den größten Teil aus. Im Vergleich dazu paddelten die Kanadier mit 23 und die Amerikaner mit 11 Prozent weit hinterher. Über die Gründe hatte ich ja in Whitehorse schon philosophiert, trotzdem überraschte mich diese deutliche Übermacht meiner Landsleute.

Einige Kilometer stromabwärts hielt ich an der *Cyr's Dredge*, kochte ein kurzes Abendessen und bestaunte die sich ans Ufer klammernden Reste der alten Baggermaschine, die noch immer ein abenteuerliches Zeugnis von improvisierter Ingenieurskunst ablegten. Laurent Cyr und sein Kumpel Boyd Gordon schraubten sich 1940 in Whitehorse aus einem alten Trakor, einem Automotor und viel Schrott einen portablen Goldbagger zusammen, ließen sich stromabwärts treiben und nutzten ihn dann an dieser Stelle für knapp drei Wochen. 72 Unzen Goldstaub sollen sie in dieser Zeit damit aus dem Yukon-Schlick gefördert haben, also etwa zwei Kilogramm. Zu wenig für den ganzen Aufwand, beschlossen sie und ließen den Low-Tech-Bagger hier zurück. Mit der untergehenden Sonne stieß ich nach dem Essen wieder in die Strömung. Ursprünglich plante ich diesen Rhythmus – frühes Abendessen unterwegs und anschließend noch ein paar Stunden weiterpaddeln – vor allem, um Bären durch den Essensgeruch nicht ins Camp zu locken. Aber auch ohne diese Vorsichtsmaßnahme als Motivation genoss ich die letzten Stunden eines Tages besonders. Nachts gehörte der Fluss mir und wirkte im Zwielicht besonders friedvoll und majestätisch. Ich musste an die Rennpaddler denken, die heute beim *Yukon River Quest* in Whitehorse gestartet waren. Wie lange es wohl noch dauern würde, bis die Ersten mich einholten? Weit nach Mitternacht schlug ich mein Camp auf einer kleinen Wiese in einem saftig grünen Taleinschnitt auf und legte die Kamera neben mich ins Zelt. Für einen Schnappschuss der Spitzenreiter, falls ich aufwachte.

»Willkommen, du hast es geschafft! Glückwunsch!« Minutenlanger Applaus begleitete meine letzten Meter bis zur Anlegeplattform. Viele Zuschauer winkten mir aufmunternd von Klappstühlen und Bänken am steilen Ufer zu. »Aber ich bin doch gar keiner von den Racern...«, entschuldigte ich mich, um Richtigstellung bemüht. Das schien dem Beifall keinen Abbruch zu tun, vielleicht galt er ja meinem Boot, das zwischen all den Hightechkanus und Voyageur-Monstern wie ein Exot aus einer längst vergessenen Welt wirken musste. Ich steuerte ins Kehrwasser hinter der schwimmenden Holzinsel, die als Ausstieg fungierte und wurde von helfenden Händen gleich beigezogen. Fühlte sich schon gut an, so herzlich empfangen zu werden, auch wenn ich eigentlich gar nicht dazugehörte. Die meisten Rennteilnehmer waren inzwischen hier in Carmacks zur vorgeschriebenen Zwangspause eingetroffen. Auf einige Boote aber warteten die Organisatoren noch. Der kleine Zeltplatz quoll über von Dutzenden Booten, die nebeneinander auf dem Waldboden parkten. Überall wuselte es, manche Teams machten sich schon wieder zur Weiterfahrt bereit, während andere noch völlig fertig und orientierungslos umherirrten und ihre Support-Crew suchten. Ich fühlte mich sehr willkommen und wohl in diesem bunten Durcheinander. Einige Gesichter meinte ich vom Fluss wiederzuerkennen.

Gegen drei Uhr nachts zogen die ersten Boote unüberhörbar an meinem Zelt vorbei, aber ich war zu fertig, um zur Kamera zu greifen. Das holte ich gleich am Morgen nach, als eines der großen Voyageur-Kanus mit aufgemaltem Birkenrindendesign meinen Lagerplatz passierte. Im Heck baumelte eine große kanadische Flagge. Das Team bestand aus neun Frauen, war nach der ersten durchpaddelten Nacht noch guter Dinge und winkte fröhlich herüber. Den ganzen Tag sah ich auch auf dem Fluss immer wieder Teilnehmer, das Feld hatte sich weit auseinandergezogen. Aber für die meisten ging es ohnehin nicht darum, den *Yukon River Quest* zu gewinnen. »Viel wichtiger ist die Leistung, das Gefühl, es geschafft zu haben.« Renndirektor Scott Puskas musste es wissen. Zum vierten Mal in Folge hielt er die Stränge des ›härtesten Kanurennens der Welt‹ in seinen Händen und war unumstritten der gefragteste Mann auf dem *campground* in Carmacks. Über achtzig Teams hatten sich in diesem Jahr angemeldet, Einerkajaks, Zweiercanadier und die schon mehrfach erwähnten Voyager-Teams. Alles in allem knapp 200 Teilnehmer aus acht Ländern, interessanterweise keiner aus Deutschland. Auch ich würde die Vaterlandsehre bis auf Weiteres nicht retten, obwohl ich zugeben musste, dass vor allem die Atmosphäre schon sehr verlockend war.

»Die Gemeinschaft hier macht viele zu Wiederholungstätern«, bestätigte mir Scott, als ich ihn abseits der Rennhektik nach Ende meiner Reise am Ufer des Yukon in Whitehorse traf. »Jeder kommt irgendwann da draußen an den Punkt, dass er halluziniert oder sich fragt: Was zum Teufel mache ich hier eigentlich? Die persönlichen Dramen, die Tiefpunkte, aber auch der Erfolg, es am Ende geschafft zu haben, das verbindet einfach auf eine leidenschaftliche Art, die nur schwer zu beschreiben ist.«

Zum ›Rennen in die Mitternachtssonne‹ traten dabei nicht nur Hochleistungssportler und Superathleten an, obgleich Wetter und Dauer den Teilnehmern alles und manchmal zu viel abverlangten. Gerade in der Voyageur-Kategorie starteten auch Teams, die nicht das ganze Jahr darauf hintrainierten. Fast schon zu einer regionalen Legende war dabei das *Paddlers-Abreast*-Boot geworden, das nun bereits zum zehnten Mal startete. Die acht Teilnehmerinnen hatten allesamt den Brustkrebs besiegt und bestätigten sich ihre Stärke und ihren Willen zum Durchhalten jedes Jahr aufs Neue beim *Yukon River Quest*. Ihre beeindruckende Geschichte berührte und faszinierte. In diesem Jahr kam deswegen ein Frauenteam aus Australien, das ihr Schicksal teilte und vom bewegenden Dokumentarfilm *River of Life* über die Kanadierinnen und ihr Rennen inspiriert worden war.

Die Idee zum *Yukon River Quest* entstand eigentlich nach den Feierlichkeiten zum hundertsten Jubiläum des Goldrausches. 1997 und 98 sollte zunächst ein Rennen von Dyea nach Dawson den Weg der Goldsucher nachvollziehen. Die Teilnehmer mussten erst über den Chilkoot Pass marschieren, am Lake Bennett in Boote wechseln und dann von den Quellseen bis nach Dawson paddeln. Vierzehn Tage dauerte das Spektakel und erforderte noch mehr Logistik und Helfer als sein Nachfolger, der 1999 in Anlehnung an den *Yukon Quest*, das berühmte Hundeschlittenrennen von Whitehorse nach Fairbanks, ins Leben gerufen wurde.

»2008 hat ein Sechserkanadier den Streckenrekord gesetzt, unter vierzig Stunden!« Da musste selbst Scott anerkennend die Augenbrauen heben. Sonst war er als *Race Marshal* selbstverständlich unparteiisch und vor allem für die Sicherheit und korrekte Durchführung des Rennens verantwortlich. »Die Boote müssen bestimmte Abmessungen einhalten, Länge und Breite spielen gerade bei den Kajaks eine entscheidende Rolle in puncto Sicherheit.« Ein schmales Boot war zwar schneller, aber würde es auch einem Sturm oder den Stromschnellen der Five Finger Rapids standhalten? Außerdem mussten die Teilnehmer in der Lage sein, sich im Notfall zu versorgen. »Zelt und Schlafsack im Gepäck sind Pflicht, genauso wie Wechselkleidung, Wasser und Essen.« Die größte Gefahr für die Ultrapaddler stellte die Hypothermie, die Unterkühlung, dar, vor allem bei schlechtem Wetter und erst recht im Falle einer Kenterung. Von den über achtzig gestarteten Booten würden dieses Jahr nur 54 ins Ziel kommen. Die anderen mussten wegen Erschöpfung oder Verletzung vorzeitig aufgeben. »Am häufigsten betroffen ist die Rotatorenmanschette, meistens einfach durch die Überlastung.« Das konnte ich sehr gut nachvollziehen, selbst bei mir zwickte hin und wieder ebenjener Muskel- und Sehnenapparat, der sich um die Schulter gruppiert und bei jedem Paddelschlag beansprucht wurde. Auch wenn der *Yukon River Quest* gerne als das härteste Kanurennen der Welt bezeichnet wird, es geht noch härter und länger. Das *Yukon 1000* von Whitehorse bis zur Dalton Highway Bridge in Alaska ist mit 1600 Kilometern tatsächlich das längste Kanurennen der Welt. Der Norden geizt wahrlich nicht mit Ultraevents. Egal, ob Kanu, Hundeschlitten, Mountainbike, Ski oder zu Fuß, irgendwie scheint die Natur dort oben die Menschen immer wieder zum Duell herauszufordern, je länger und im Winter dann zusätzlich auch kälter, desto besser. Ich habe noch keine zufriedenstellende Erklärung für dieses Phänomen finden können. Aber vielleicht liegt's ja einfach nur daran, dass der Norden ein Land der Extreme ist und der Mensch in diesem Umfeld besonders gerne seine Grenzen austestet. Wo sonst auf der Welt kann man heute noch ähnlich dramatisch seine Kräfte messen, ohne gleich wieder in den Schoß der Zivilisation zu fallen? Wer es hier schafft, schafft es überall, mag das Motto so manches Langstreckenjägers gewesen sein.

Ich schlenderte durch die Reihen unterschiedlicher Bootstypen, in deren Bäuchen sich Energydrinks stapelten und mit ausgeklügelten Schlauchsystemen die Paddler unterwegs versorgen würden. Unmengen von Powerbars, Bananen und immer wieder *trail-mix*-Tüten lagerten dort nebeneinander und versetzten mich in einen kalorischen Vollrausch, dem ich sogleich an der Imbisstheke des Campgrounds fröhnen musste. Nach den Tütennudeln der letzten Tage lechzte der Körper nach Fleisch und freute sich über das Barbecue-Sandwich wie ich mich über die fettigen Pommes und die kalte Cola.

»*Good evening, how are you?*« Ein breiter britischer Akzent riss mich aus meiner Orgie. Tom! Der junge Brite, der mein Kanu als *the sexiest boat around* bezeichnet hatte, während ich die letzten Vorbereitungen zur Weiterreise aus Whitehorse traf. Er und sein Partner Ollie hatten es also bis nach Carmacks geschafft. Und genauso sah er auch aus. Noch völlig schlaftrunken torkelte er zu mir herüber.

»Warum tust du dir das an?«, fragte ich mit Blick auf seinen desolaten Zustand.

»Alles für einen guten Zweck. Wir sammeln Spenden für ein Hilfsprojekt zur Unterstützung verwundeter britischer Soldaten.« Tom und Ollie hatten in diesem Jahr schon zwei andere Langstreckenrennen vor diesem Hintergrund bestritten, und der *Yukon River Quest* sollte nun den krönenden Abschluss bilden. »Der See war mit Abstand das Härteste, neben der körperlichen Erschöpfung und dem Schlafentzug«, bestätigte Tom die Berichte von katastrophalem Wetter mit Sturm, Regen und gigantischen Wellen auf Lake Laberge. Der See hatte also wieder seine brutal-hinterlistige Fratze gezeigt, für die er berüchtigt war. Manche Kanuten kamen nicht mal zum Essen und Trinken, so sehr hielt sie das Manövrieren in Atem. Als ihre völlig vernachlässigten und ausgelaugten Körper den Dienst versagten, wurden sie aus dem Rennen genommen. Einige sollen in den Wellenbergen sogar seekrank geworden sein, ein für mich zu diesem Zeitpunkt abstruser Gedanke. Später aber würde es mir auf dem Fluss noch ähnlich ergehen.

Tom und Ollie beluden nun mit zwei Helferinnen, die mit ihnen aus England angereist waren, den großen Canadier. Alles musste gut zugänglich und jederzeit greifbar bleiben, vor allem der Proviant. Drei, vier Stunden hatten die beiden geschlafen, hoffentlich genug für die nächste Herausforderung, die legendären Five Finger Rapids.

»Nervöse Begeisterung«, schilderte Tom seine Verfassung. »Wird bestimmt lustig, um ein Uhr nachts wie am helllichten Tag durch die Stromschnellen zu paddeln.« Er wirkte zuversichtlich, und der momentan niedrige Wasserstand gab ihm auch allen Grund dazu. »Wir haben nicht viel Wildwassererfahrung und werden uns wohl an die Anweisungen halten, rechter Kanal, mitten ins V der Strömung eintauchen und immer schön die Paddel im Wasser lassen.«

Während weitere Helfer ihr Boot zum Steg trugen, beobachtete ich, wie ein Sanitäter die zerschundenen Hände einer anderen Kanutin mit reichlich Klebeband versorgte. Ihr Gesicht und die Arme glänzten weißlich vom fettigen Sonnenschutz, der vorsichtshalber dick aufgetragen war. Ausdruckslos und lethargisch starrte sie ins Leere. Ich konnte den süchtig machenden Rausch der Grenzerfahrung schon nachvollziehen, aber bei ihrem Anblick fing ich doch an zu zweifeln, ob manchmal nicht besser die Vernunft siegen sollte. Tom und Ollie saßen mittlerweile fest unter einer Spritzdecke verzurrt im Boot und schienen für den zweiten Teil ihres Abenteuers gerüstet.

»Viel Glück!«, rief ich ihnen hinterher, als sie ablegten. Mit kräftigen Paddelschlägen waren sie bald hinter der nächsten Flussbiegung verschwunden.

Der Bug tauchte tief in die stehende Wand aus grauen Fluten, die im nächsten Moment unter mächtigem Getöse über das Kanu hereinbrachen. Einem Kajaker wurden die tückischen Querturbulenzen zum Verhängnis. Kieloben trieb sein Boot zwischen den Wellenkämmen, während er sich krampfhaft ans Heck klammerte. Ich schauderte, allein beim Anschauen der Videos im Internet vor meiner Reise bekam ich Muffensausen. Ob es mir genauso ergehen würde? Auch wenn man immer wieder lesen konnte, wie entschärft und harmlos die Five Finger Rapids heutzutage waren, ihr Ruf als einzige gefährliche Schlüsselstelle auf dem Yukon ließ sich nicht einfach abstreifen. Unzählige Goldsucher kenterten hier, Dampfer havarierten zwischen den Basalttürmen, die den Fluss in fünf Finger verzweigten. Und gelegentlich soll ein Kanut, der die Warnungen gar zu achtlos in den Wind geschlagen haben mochte, ertrunken sein. Trotzdem, nüchtern betrachtet, hatten die legendären Stromschnellen viel von ihrer Gefährlichkeit verloren und stellten spätestens seit den Sprengungen, die den rechten Kanal verbreitert hatten, keine wirkliche Bedrohung mehr dar.

Vor allem bei niedrigem Wasserstand. Vier bis fünf Fuß, also etwa anderthalb Meter unter Norm, sollte der im Moment liegen, bestätigten mir die Einheimischen, bevor ich am Morgen Carmacks verließ. Im Ort selbst stoppte ich diesmal nicht, mein Proviant reichte locker bis Dawson, und ich wollte die Rapids hinter mich bringen. Das dauerte aber noch eine Weile. Erst nach gut drei Stunden Paddeln hörte ich das wilde Fauchen des Wassers und erblickte kurz darauf auch die markanten Türme. Schlimmer als die Stürme auf den Quellseen konnte es auch nicht werden, sprach ich mir Mut zu. Trotzdem schoss das Adrenalin schon wieder spürbar durch den ganzen Körper und ließ mein Herz wild pochen. Ich kontrollierte, ob die Ausrüstung gut im Kanu gesichert war, rückte die Schwimmweste zurecht und streifte die Neoprenhandschuhe über. Für den Fall einer Kenterung suggerierten sie mir Schutz der Hände und mehr Griffsicherheit. Mit der Strömung trieb ich jetzt in einem großen Bogen auf den rechten Kanal zu. Das Röhren des Wassers verstärkte sich zunehmend, und noch immer konnte ich den weiteren Verlauf hinter den Rapids nicht ausmachen. Der Fluss schien hier regelrecht abzubrechen und ließ mich im Ungewissen, was mich da hinten zwischen den Felssäulen tatsächlich erwartete. Ich sah, wie einige Touristen, die den Pfad vom Highway heruntergekommen waren, am Rand der rechten Felsklippe die Kameras zückten. Von dort oben hatte ich im letzten Jahr selbst einen Blick auf den Fluss geworfen und war anschließend beruhigt und zuversichtlich zum Wagen zurückgelaufen. Lächerlich, was für ein Zinnober um die Five Fingers gemacht wurde, da war ja nicht mal ein weißes Gischtkrönchen zu erkennen. Jede Wasserrutsche im Thermalbad schien spektakulärer. Aber jetzt, von hier unten im Boot aus, imponierten sie ganz anders. Nur nicht quer stellen, dann wäre die Gefahr einer Kenterung am größten. Vielleicht hätte ich doch für eine Abdeckung sorgen sollen, damit die stehenden Wellen, in die ich höchstwahrscheinlich eintauchen würde, einfach abfließen konnten, anstatt das Boot zu überschwemmen und durch ihre Wucht vielleicht noch aus der Balance zu reißen. Demonstrativ umschloss ich das Paddel mit beiden Händen noch fester und steuerte auf die Mitte des rechten Kanals zu, wo die Strömung das Wasser zu einem deutlichen V formte. Plötzlich gewann das Kanu rasch an Geschwindigkeit, hopste über ein paar Querwellen und schwankte dann in ruhigeres Gewässer. Das war's schon? Ungläubig blickte ich mich um, konnte aber keine weitere knifflige Stelle ausmachen. Respekt war sicher immer angebracht, aber Panik völlig fehl am Platz. Nicht mal ein Spritzer Wasser hatte sich ins Boot verirrt. Da hätte ich ja sogar noch fotografieren können, wurde ich schon wieder übermütig.

Durchatmen wollte ich aber erst nach den Rink Rapids, die ein paar Kilometer weiter unten folgten. Aus der Ferne sah es zunächst so aus, als ob sie sich über die gesamte Flussbreite erstreckten. Aber je näher man kam, desto deutlicher zeichnete sich eine entspannte Umgehung der Passage am rechten Ufer ab. Als auch die noch hinter mir lag, belohnte ich mich zum wiederholten Male mit einer kompletten Tüte Erdnussbutterdragees. 1500 Kalorien in fünfzehn Minuten. Ob ein solch maßloser Umgang mit Nahrungsmitteln schon als therapiebedürftige Essstörung gewertet werden musste? Als Kompensation verordnete ich mir ein paar Überstunden, in denen ich die Tagesetappe erstmals auf über einhundert Kilometer ausdehnte.

Der Yukon wurde jetzt breiter, verzweigte sich und floss zwischen bewaldeten Inseln hindurch. Am Ufer entdeckte ich den ersten Lastkahn, *Jacob's Barge*, nicht zu übersehen und weithin bekannt, was sicher auch an der auffällig improvisierten Konstruktion lag, mit der sein Kapitän Frachten über den Fluss schipperte. Als Kommandobrücke diente eine kleine Sperrholzkanzel, die von einem schwindligen Metallgerüst in fünf Meter Höhe gehalten wurde. Gleich daneben parkte auf dem Deck ein alter Wohnwagen als Kajüte, flankiert von zwei aus dem Heck ragenden Ofenrohren für die Abgase der Dieselmotoren.

Kurz darauf stoppte ich bei Minto, um den angekündigten Zeltplatz am Ufer zu inspizieren, und beging einen folgenschweren Fehler. Die holprige Wiese an der Straße wirkte nicht sehr einladend. Ich lief die betonierte Bootsrampe wieder runter zum Fluss, stieg ins Kanu und wollte ablegen. Das Heck senkte sich aber durch mein Gewicht und saß nun im Wasser auf dem Beton fest. Statt auszusteigen und es vorsichtig zu befreien, rutschte ich unter alarmierendem

Kratzen zurück in die Strömung. Nur Minuten später hatte sich bereits eine kleine Pfütze im Kanu gesammelt. Ich Idiot! Natürlich war bei der Hauruck-Aktion das Harz verletzt worden und ließ nun reichlich Flusswasser einströmen. Ich musste schnellstmöglich anlanden. Nur wo? Die Sonne blendete so stark von vorne, dass ich nicht einmal mehr wusste, wohin ich paddelte, geschweige denn eine günstige Stelle am Ufer entdecken konnte. Laut Flussführer sollte rechts bald ein guter Platz zum Campieren auftauchen. Aber würde das Kanu so lange halten? Und würde sich wohl im richtigen Moment eine Wolke vor die tief stehende Sonne schieben, damit ich besser sah? Ich paddelte schneller, verfolgte, wie der Wasserpegel im Boot immer weiter stieg und mir allmählich bis zum Gesäß reichte, in das ich mir vor Ärger über meine Achtlosigkeit nur zu gerne selbst getreten hätte. Der Yukon floss jetzt vorübergehend wieder nur durch ein Bett. Das deckte sich mit der Karte vor mir. Ich hielt aufs rechte Ufer zu, das hier als steile Böschung über zwei Meter abbrach. Zwischen den grünen Gräsern zeichnete sich ein schmaler Pfad nach oben ab. Ich hatte durch Zufall exakt den anvisierten Übernachtungsplatz gefunden. Aber vielleicht waren ja auch wieder die viel strapazierten Schutzengel im Spiel.

Mir fielen die Worte des Pfarrers aus Skagway ein, der um Schutz für mich gebeten hatte und darum, dass ich Gottes Majestät in der Schöpfung erkennen möge. Ich hatte in den letzten Tagen viele Zwiegespräche mit Gott gehalten. Das tat ich zu Hause auch, aber längst nicht in der Intensität. Als an diesem Tag finstere Regenwolken von zwei Seiten auf das Yukon-Tal zugezogen waren, schien es nur eine Frage der Zeit, bis sie sich auch über mich ergossen. Ich streifte die Regenkleidung über, und kurz darauf prasselten die Tropfen in langen Fäden auf die Hänge zu beiden Seiten des Flusses. Er selbst und damit auch ich aber wurden verschont, fast so, als ob jemand die Wolkenfronten im Zaum hielt und eine trockene Gasse freiließ. Dieses Phänomen wiederholte sich mehrfach und versetzte mich jedes Mal in ungläubiges Staunen, das von einem breiten Grinsen begleitet wurde. Noch einmal: Ich lasse mir keine Karten legen, halte mich von okkulten Praktiken fern, lese nicht mal Horoskope. Aber ich bin Christ, und mich verblüffte die Präzision, mit der auf dieser Reise immer wieder eine Wende eingeleitet wurde oder Hilfe auftauchte, die ich dankbar annahm.

Fast fünf Stunden hatte ich nun schon pausiert, und immer noch saß ich verzückt auf der Bank und blickte wie gebannt über den Fluss und weiter in die Berge. Am Horizont zeichneten sich die unverkennbaren Kegel uralter Vulkane ab. Tatsächlich kann man heute noch eine deutliche Schicht weißer Vulkanasche in den Abbruchkanten am Yukon-Ufer ausmachen, die von einem epochalen Ausbruch vor rund 1500 Jahren stammt. In den Klippen auf der gegenüberliegenden Seite erkannte ich die riesigen Löcher, die vermutlich durch Dampf aus der heißen Lava, die hier gegen den Eispanzer stieß, entstanden sind und dann Anfang des 20. Jahrhunderts von Mitgliedern einer Schutztruppe der kanadischen Miliz als Zielscheibe benutzt worden sein sollen. So erzählten es mir Nancy und Nicole, die mich bei meiner Ankunft in Fort Selkirk willkommen hießen. Die beiden gehörten zur *Selkirk First Nation* und führten im Sommer die Flussreisenden durch das Museumsdorf. Nicole war erst seit Kurzem dabei, ging eigentlich noch zur Schule, aber während der großen Ferien jobbte sie hier. Zehn Tagen Dienst in Selkirk folgten vier freie Tage. Die waren vermutlich auch bitter nötig. Selkirk erreichte man nur mit einem Boot, und Nicole hatte, solange sie hier war, fast keinen Kontakt zur Außenwelt, kein Internet, keinen Handyempfang. Weil an diesem Nachmittag nicht viel los war, bekam ich eine Privattour von ihr. Fast zwei Stunden streiften wir auf dem Friedhof mit den bunt lackierten Gräberzäunen und zwischen den alten Häusern herum, die vor sechzig Jahren noch bewohnt wurden. Mit der Fertigstellung des Klondike Highway nach Dawson in den 1950ern aber verlor Selkirk seine Bedeutung als Zwischenstopp für den Flussverkehr und verwaiste. Von einigen Gebäuden waren nur die Fundamente geblieben, aber rund vierzig Häuser existierten noch und waren im Laufe der letzten Jahre restauriert worden. Auf zwei zusammengerückten, blauen Holztischen im *Stone House* lagen Werkzeuge, Waffen und Modelle, mit denen mir Nancy erklärte, wie ihre Vorfahren jagten oder fischten. Im Obergeschoss eines anderen Gebäudes klebten noch vergilbte Zeitungen aus dem Jahr 1904, die ein Vorbesitzer an eine Wand tapeziert hatte. In wieder einem anderen Haus hielt sich ein schiefer Korbsessel ohne Sitzfläche mühsam auf den antiken Beinen, und überall waren verstaubte Flaschen, verrostetes Werkzeug oder längst abgelaufene Konserven von den einstigen Bewohnern zurückgelassen worden. Ich fotografierte wie im Rausch, inhalierte alle Informationen, die ich von Nicole über das Land bekam oder auf Schautafeln las, und konnte einfach nicht genug kriegen.

Das passierte mir immer wieder in Nordamerika, dass historische Statten mich magisch anzogen und geradezu hypnotisierten. Keine Ahnung, warum das in Europa selten geschah, obwohl die Geschichtsstätten dort ja größtenteils nicht nur um ein Vielfaches älter, sondern auch wesentlich spektakulärer waren. Wahrscheinlich lag's an der Präsentation, und die haben sie in Nordamerika einfach besser drauf. Schon bei meiner großen Radtour hatte ich festgestellt, dass selbst eine hundsgewöhnliche Eiche irgendwo in der Prärie, an der ein Postreiter mal zum Austreten angehalten hatte, so spannend inszeniert werden konnte, dass man selbst einen stundenlangen Umweg von der eigentlichen Reiseroute in Kauf nahm, nur um ein schnelles Beweisfoto zu knipsen und dann noch im Souvenirshop eine mundgeblasene Miniatureiche als Weihnachtsschmuck mitzunehmen.

Wobei Fort Selkirk schon ein anderes Kaliber hatte. Geschichte schien hier so präsent und greifbar, und der freie Blick über das sonnenüberflutete Gelände, der kilometerweit ins Hinterland schweifen konnte, ließ mich länger verweilen als geplant. Ich überlegte sogar, auf dem extra angelegten Campingplatz zu übernachten, entschied mich dann aber doch fürs Weiterfahren. Nicht nur wegen der Gruppe deutscher Kanuten, die lauthals eingefallen waren. Vielmehr wollte ich mich ein weiteres Mal vom Lichtspiel der nordischen Mittsommernacht auf dem Fluss verzaubern lassen. Vorher bat ich meine Gastgeber noch um Erlaubnis und pflückte aromatischen Salbei, der in dichten Büscheln am Hochufer wuchs. Ich wollte ihn fürs *smudging* trocknen und als Abschluss meiner Reise bei einer kleinen Räucherzeremonie verbrennen. Wenn ich es bis zur Beringsee schaffte.

Das Reiben unterm Kiel hatte sich gestern schon nach dem Zufluss des Pelly kurz vor Selkirk verstärkt. Jetzt aber, mit Unterstützung der schlammigen Wassermassen des White River, der unentwegt tonnenweise Vulkanasche in den Yukon entlud, knirschte es noch lauter. Ich fragte mich, ob die Schwebeteilchen und Sandpartikel im Laufe der Zeit wie feines Schmirgelpapier wirkten, das die Birkenrinde meines Kanus durchscheuern würde. Dabei empfand ich die Geräusche keineswegs als nerviges Kratzen, eher wie das sanfte Prickeln von Champagner, der in einem eleganten Glaskelch perlt. Halt, das muss ich revidieren, als überzeugter Antialkoholiker habe ich natürlich keine Ahnung, wie Champagner klingt, vermutlich so ähnlich wie eine halbe

Maß Apfelschorle. Aber Sie erahnen, worauf es hinausläuft. Eklig schaumige Schlieren trieben auf der dreckig braunen Brühe, zu dem das einst so klare Yukon-Wasser mutiert war. Auch der in mancher Literatur bemühte Vergleich mit einem Schuss Milch, der sich mit braunem Kaffee oder Kakao vermischte, ließen den Fluss für mich nicht appetitlicher erscheinen. Bei der morgendlichen Wäsche musste ich mich überwinden, mir die brackige Soße übers Haupt zu gießen. Und nach jedem Zähneputzen knirschte es noch eine ganze Weile im Mund, bis auch die letzten Sandkörner zermalmt waren.

Trotzdem genoss ich die letzten Etappen bis Dawson. Jeden Morgen griff ich zur mitgebrachten Handmühle, schwang die Kurbel und löffelte das frische Kaffeepulver von der kleinen Holzschublade in den Siebträger des Espressokännchens. Das stellte ich auf den Kocher, und während das Wasser darin zu brodeln begann, mischte ich Milchpulver und Zucker in meinem Metallbecher, füllte mit heißem Wasser auf und goss den inzwischen dampfenden Inhalt des Espressokännchens schwungvoll in die weiße Suppe. Danach ließ ich mich in den dekadenten Klappstuhl sinken, genoss die ersten Schlucke des starken *Yukon Blend* und fühlte mich fast so männlich wie die Seebären auf dem Fischkutter, dessen Kapitän den amerikanischen Kaffeeröster inspiriert hatte. Das Koffein trieb mich an und half vor allem bei Gegenwind, der im weiten Flusstal leichtes Spiel hatte. Immer wieder glaubte ich, Stimmen und Musik aus weiter Ferne zu hören. Ich konnte aber keine anderen Menschen ausmachen, durch die sich die vermeintlichen Geräusche hätten erklären lassen, und versuchte die aufkommenden Zweifel an meinem Verstand trotzdem rasch beiseitezuschieben. Als es am steil abfallenden rechten Hang polterte, verstärkten sich die Sorgen um meine psychische Verfassung kurzzeitig. Erleichtert entdeckte ich dann aber einen jungen Schwarzbären, der hoch oben über einen steinigen Pfad trottete.

Auch andere Tiere zeigten sich nun häufiger. Meist gegen Abend sah ich Elchkühe mit ihren Kälbern am Ufer durchs Wasser staksen. Und gelegentlich zog ein Biber seine ruhigen Bahnen, bis er mich entdeckte und dann unter lautem Klatschen seines Schwanzes aufs Wasser abtauchte. Die Wälder verströmten noch immer ihren betörenden Duft, mal lieblich süß, mal erfrischend zitronig. Als Biene wäre ich vermutlich durchgedreht und hätte gar nicht gewusst, wo ich zuerst Pollen sammeln sollte. Besonders faszinierten mich die kleinen schwarzen Spinnen, die scheinbar mühelos auf dem Wasser trieben, direkt auf ihren kurzen Beinchen. Eine surfte regelrecht an mir vorbei, als ich mein Geschirr im Fluss spülte.

Erste Hütten tauchten auf, vereinzelt kamen mir Motorboote entgegen. Dawson lag in greifbarer Nähe. Eine letzte Nacht aber wollte ich noch draußen verbringen, bevor mich die Stadt für zwei Pausentage schluckte. Zum ersten Mal seit langer Zeit weckte mich am nächsten Morgen die Sonne und wärmte bis kurz vor Dawson. Erst als ich den auffälligen Moosehide Slide am Hügel hinter der Stadt erkannte, verfinsterte sich der Himmel. Dieser Erdrutsch, dessen Form mit viel Phantasie an eine ausgebreitete Elchhaut erinnert, existierte schon zur Zeit des Goldrausches und wurde damals zu einem Wahrzeichen der aufstrebenden Yukon-Metropole. Die Strömung legte noch einen Zahn zu, und ich versuchte gerade, den Zufluss des legendären Klondike am anderen Ufer auszumachen, als ich jäh aufschreckte. Unter wildem Gekreische stürzte eine Möwe auf mich zu, drehte erst kurz vor dem Boot ab, wendete und griff erneut an. Und noch mal und noch mal. Perfekte Besetzung für eine Neuverfilmung von Hitchcocks *Die Vögel*, dachte ich und wollte mein Paddel zur Verteidigung hochreißen. Da hatte mich die Strömung aber schon aus dem Revier des Vogels getrieben, und ich konnte mich aufs Anlanden am linken Ufer konzentrieren. Über 800 Kilometer lagen jetzt hinter mir, mehr als ein Viertel der Gesamtstrecke bis zum Meer. Für die meisten Flussreisenden endete hier ihr Abenteuer in der Wildnis. Ich war froh, dass meines erst begann.

Dawson City – Circle

Von einem Schrumpelzeh
im Cocktailglas, dem nie versiegenden
Goldrausch und Rekordregen in Alaska

Louie und Otto schlugen sich wie viele durch. Die beiden Brüder wuschen Gold, stellten Fallen, fischten oder jagten. Und gelegentlich schmuggelten sie Rum über die Grenze nach Alaska. Das war zwar wegen der Prohibition verboten, aber solange die Polizei sie nicht erwischte, ließ sich damit ein bisschen was zusätzlich verdienen. Meist warteten Louie und Otto auf einen Blizzard, der die Spuren ihrer Hundeschlitten schnell verwischen würde. Einer dieser Trips aber sollte für Louie fast zum Verhängnis und zugleich zum Ursprung einer Legende werden, die selbst fast ein Jahrhundert später noch Tausende aus der ganzen Welt nach Dawson lockte. Normalerweise waren die zugefrorenen Seen und Flüsse im arktischen Winter hier oben problemlos passierbar. Trotzdem konnte sich auf dem Eis jederzeit Wasser in einer Pfütze sammeln und versteckt unter einer dicken Schneeschicht zur heimtückischen Falle werden. Die Brüder versuchten an jenem Tag, über einen der Pässe unbemerkt über die Grenze zu gelangen, als Louies Schlitten durch einen dieser *overflows* raste und er mit einem Fuß Halt suchte. Der Fuß versank tief im Wasser, aber Louie blieb keine Zeit, sich um den nassen Schuh zu kümmern, die Polizei war ihnen vermutlich schon dicht auf den Fersen. Als sie später im Schutz ihrer kleinen Blockhütte den Fuß untersuchten, musste Louie feststellen, dass ihm sein großer Zeh inzwischen erfroren war. Was tun? Der nächste Arzt saß in Dawson, hundert Kilometer entfernt. Diese Quacksalber taugten ja eh nichts und wollten ihnen nur das Geld aus der Tasche ziehen. Ohne Behandlung aber würde der Zeh bald verwesen und Louie womöglich noch den ganzen Fuß oder gar das Bein kosten. Otto nahm zuerst die Axt und dann die Sache selbst in die Hand. Er flößte seinem Bruder reichlich Rum ein, den hatten sie ja zur Genüge. Und mit einem kräftigen Hieb war das Problem beseitigt und schwamm jetzt in einem randvollen Einmachglas Alkohol.

Fünfzig Jahre später, im Sommer 1973, fand Dick Stevenson, der die Hütte der Brüder gekauft hatte, das Glas mit dem mittlerweile mumifizierten Zeh beim Aufräumen. Dick nahm es an sich und erzählte ein paar Reportern von seinem makabren Fund. Am Ende des feuchtfröhlichen Abends war die Idee für den schrägsten Drink des Nordens geboren – den *Sourtoe Cocktail*! Ein Bierglas voll mit Champagner und dem ollen Zeh als Beigabe, und dann Prost! Wer es fertigbrachte, dass der Zeh dabei auch seine Lippen berührte, wurde in den *Sourtoe Club* aufgenommen. Anfangs rümpften noch viele die Nase, aber im Laufe der Zeit verbreitete sich die Kunde vom sauren Zeh im Glas um die ganze Welt, und sein Zeremonienmeister Captain Dick Stevenson wurde zur Kultfigur. Rund 40 000 haben sich das handunterzeichnete Bestätigungszertifikat mittlerweile ertrunken. Zwischenzeitlich wurden die Regeln geändert, damit auch eine Limo zum Cocktail werden durfte, und der Zeh verschluckt, geraubt und mehrmals durch freiwillige Spenden ersetzt. Die meisten waren Opfer von Erfrierungen, Diabetes oder der fatalen Kombination von offener Sandale und hinterlistigem Rasenmäher. Anfang der 90er zog sich der Captain zurück, übergab aber sein Amt einem Nachfolger. Und so lebt die Legende jetzt im *Downtown Hotel* weiter und passt perfekt zum verruchten Goldgräberambiente, das Dawson City bis in die Gegenwart retten konnte.

Ich war ganz verzückt. Vom *Palace Grand Theatre* bis zum *General Store* wirkte einfach alles hier authentisch oder stilvoll repliziert, von ein paar Hotelfronten mal abgesehen. Jeden Moment hätte Burning Daylight, der Superheld aus Jack Londons *Lockruf des Goldes,* um die Ecke biegen können, im Gefolge eine Schar grüner *cheechakos,* Neuankömmlinge, die die Lichtgestalt des Goldrauschs verehrten wie präpubertäre Teenager heute Justin Bieber. Wäre die Front Street am Ufer des Yukon nicht 2010 endlich asphaltiert worden, hätte man meinen können, die Zeit sei stehen geblieben. Mit den vielen Besuchern im Sommer herrschte an manchen Tagen fast so ein reger Betrieb wie während des Goldrauschs. Damals sollen bis zu 40 000 Menschen in Dawson gelebt haben. Nach Ende des Booms stürzte die Zahl auf unter 1000, heute hält sie sich stabil bei rund 1800 Einwohnern. Und für drei Monate im Jahr müssen die ihre Stadt eben mit Zehntausenden Touristen teilen. Die Wohnmobile stauen sich dann in langen Schlangen vor der ununterbrochen pendelnden Yukon-Fähre, der einzigen Verbindung zum Top of the World Highway, der vom anderen Ufer aus steil ansteigt und über die Berge nach Alaska führt.

Bevor ich meine Mitgliedschaft im exklusiven Club der Zehenschlürfer anstrebte, wollte ich mich um Proviant und die dreckige Wäsche kümmern. Außerdem hatte sich vor ein paar Tagen ein Backenzahn mit einem dumpfen Schmerz gemeldet. Vielleicht wäre es sinnvoll, das hier abklären zu lassen und nicht erst im Busch von Alaska ähnlich brachial anzugehen wie Otto seinerzeit den Zeh seines Bruders. Ich erinnerte mich an einen deutschen Zahnarzt, der vor vielen Jahren schon nach Dawson ausgewandert war. Seine Nichte, mit der ich eine Zeit lang beim selben Radiosender gearbeitet hatte, erzählte mir schon in den 90ern begeistert von ihm. Im *Visitor Center* in der Front Street wusste man sofort Bescheid und wählte seine Nummer. Eigentlich arbeitete er gar nicht mehr als Zahnarzt, aber vielleicht könnte ich ihn ja überreden. Das war gar nicht nötig.

»Alles okay!«, schloss Helmut seine kurze Untersuchung, für die er an diesem Abend extra die alten Praxisräume aufgesperrt hatte.

Anschließend bekam ich einen eindrucksvollen Beweis für die *northern hospitality*, die Gastfreundschaft, auf die man hier oben mit Recht stolz war. Seine Frau Marielle servierte unter dem dichten Blätterdach im Garten Pasta mit leckeren Morcheln, Helmut überließ mir seinen Laptop zum Bloggen und bot das Gästebett zur Übernachtung an. Am nächsten Tag erzählte er mir von seiner eigentlichen Leidenschaft, dem im Norden nahezu uneingeschränkt möglichen Fliegen. Ständig tüftelte er in einer kleinen Werkstatt gleich gegenüber vom Wohnhaus an Flugzeugmotoren oder Teilen für Bausätze. Auf einen selbst montierten Nachbau des legendären Storch-Propellerflugzeugs war er ganz besonders stolz. Leicht, sparsam und Platz für zwei Personen. Wenig später hoben wir darin vom Flugplatz in Dawson ab und glitten über das grüne Tal des Klondike. Ein wenig verunsichert hatte ich noch vor dem Start auf den halb abgerissenen Auspuff gestarrt, den Helmut mit einem Draht am Runterfallen hindern wollte. Aber sein Freund, den wir gleich besuchen würden, könnte das sicher schweißen. Er wohnte nur zwanzig Minuten von hier, Flugminuten. Ich genoss jede, sah den klaren Klondike, wie er unter uns Richtung Yukon mäanderte, die schier endlosen, grünen Berge, aber auch die scheußlichen *tailings*, die die Goldbagger hinterließen, nachdem sie das ganze Tal durchpflügt hatten. Aus der Luft wirkten sie wie fette Raupen aus Kies und Felsbrocken, die die Landschaft nachhaltig verschandeln.

Nachdem der große Goldrausch eigentlich nur zwei Jahre gedauert hatte und schon 1899 wieder abklang, waren es vor allem Großinvestoren und Konzerne, die fortan das Gold industriell aus den Tälern förderten. Dazu benutzten sie bis in die 1960er-Jahre sogenannte *dredges*, Monsterbagger, die sich immer weiter durch die Landschaft fraßen und wesentlich profitabler arbeiteten. Das Fremdenverkehrsamt von Dawson hat sich mal die Mühe gemacht, die Golderträge der letzten 125 Jahre zu addieren, und kam auf bombastische Zahlen. Insgesamt wurden seit 1885 über dreizehn Millionen Feinunzen Gold aus dem Yukon-Territorium geholt, das sind gut 4000 Tonnen, was einem Wert von mehr als 1,4 Milliarden kanadischen Dollar entsprach, Inflation nicht mitgerechnet. Selbst heute stellt das Minengeschäft den größten Industriezweig im Yukon, wobei neben Gold auch Silber, Kupfer und Kohle abgebaut werden. Immer noch kann man für zehn Dollar Registrierungsgebühr einen Claim für sich abstecken und sein Glück versuchen. (Ein Claim entspricht einer Fläche von 500 mal 1000 Fuß, also etwa 150 mal 300 Metern.) Im Minenbüro von Dawson zeigten sie mir eine aktuelle Übersichtskarte, die eindeutig erkennen ließ, dass sich gerade ein neuer Boom anbahnt und innerhalb von nur wenigen Wochen die Zahl der registrierten Claims in einem umschriebenen Gebiet unweit von Dawson astronomische Ausmaße angenommen hat. Wieder einmal machte das Gerücht von der *motherlode*, der immer noch unentdeckten Mutterader, die Runde. Bei den explodierten Goldpreisen saß das Geld der Investoren lockerer. Die meisten Einzelkämpfer, die nach althergebrachter Methode schürften, hatten dabei das Nachsehen. Trotzdem konnten sich einige selbst um Dawson noch halten.

»Wenn die Bürokraten aus Vancouver oder aus dem Osten hierherkommen, dann sind wir im Arsch!« Ich traf Jerry in der Front Street in Dawson. Der 71-Jährige trug Cowboystiefel, einen breitkrempigen Hut, um seinen Hals baumelte ein großer Goldnugget – Crocodile Dundees amerikanischer Bruder! »Seit dreißig Jahren mache ich den Job jetzt, und die Auflagen werden immer schlimmer. Hundert Seiten Gesetze und Bestimmungen, nur damit ich ein bisschen Gold schürfen darf.« Aus seinen Worten sprach Verärgerung, aber auch eine stolze Souveränität, mit der er kokettierte. »Wir passen nicht in die normale Gesellschaft, und das wollen wir auch gar nicht. Deshalb sind wir schließlich hier draußen!«

David Millar schimpfte ebenfalls über die Paragraphenreiter, als ich ihn in seiner Mine am Goldbottom Creek außerhalb der Stadt kennenlernte. »Das ist eine sterbende Industrie, lange machen wir nicht mehr. Ich geb dir ein Beispiel. Wir hatten Richtlinien für die Wasserqualität, die zu 97 Prozent von uns erfüllt wurden. Das ist eine ziemlich gute Quote. Und was machen sie? Sie verschärfen die Auflagen, weil sie denken, dass wir die alten zu leicht einhalten konnten.« Davids Vater begann 1974 mit sechs Claims, heute sind daraus 69 geworden, ein Teil liegt am Hunker Creek ein paar Kilometer weiter in den Hügeln. »Als wir da anfingen, war das ein Wildbach ohne Fische. Durch die Minenarbeit sind Tümpel entstanden, in denen jetzt Fische leben können. Und nun wollen sie die Minen schließen, weil sie der Meinung sind, dass wir die Fische gefährden und sie sterben. Tatsächlich aber sind die ja überhaupt erst wegen uns dort. Das ist doch verrückt!« Auch David wirkte nicht verbittert, zynisch vielleicht ein wenig. Nach fast jedem Satz kicherte er mit spitzbübischen Lachfalten in seinem wettergegerbten Gesicht. Humor half wohl am besten, mit den Enttäuschungen fertig zu werden. Das meiste Gold habe er gefördert, als der Preis zwischen 250 und 400 Dollar lag, nicht mal ein Viertel des heutigen Wertes. Aber um Geld ging es ihm dabei ohnehin nicht primär. »Wenn das der Grund wäre, würde meine Frau mir das nicht erlauben. Nein, ich liebe es einfach, die Unabhängigkeit, die Freiheit. Außerdem sind wir alle ziemliche Dickschädel, wir ziehen durch, was wir für richtig halten.« Schlechte Voraussetzungen für ein entspanntes Beschäftigungsverhältnis bei einem Arbeitgeber, gab David zu.

Der Abbruch, den er mit seinem schweren *caterpillar*-Bagger gerade freigeschaufelt hatte, verhieß große Beute. »Den ganzen Sommer habe ich nicht viel gefunden. Aber hier gab's schon ein paar richtig gute *pans*.« Die Waschpfannen setzte er in alter Manier ein, um eine neue Stelle zu testen, und jetzt griff er nach einer, die im Führerhaus des Baggers lag. Im nächsten Moment stand er mit seinen Gummistiefeln fast knietief im Wasser, füllte die Pfanne mit einer Schaufel Kieserde und legte los. Gekonnt ließ er sie kreisen, bis die größeren Steine mit dem Wasser über den Rand rutschten. Dann nahm er neues Wasser auf und wiederholte diesen Vorgang vier- oder fünfmal, bis sich das schwere Gold hatte absetzen können. Stolz präsentierte er mir ein paar glänzende Flocken, die gut sichtbar am schwarzen Pfannenboden zurückgeblieben waren. »Das ist alles, was wir tun. Wir verdienen unser Geld, in dem wir Dreck waschen.« Wieder lachte er schelmisch. »Zu schade, dass du weitermusst. Ich hab eine Menge Arbeit hier und könnte Hilfe gut gebrauchen.«

Zwei kleine Fähnchen hingen an einem T-förmigen Pfosten am linken Ufer und flatterten müde im Wind. Schnell trug mich die Strömung des Flusses vorbei, ich versuchte noch ein paar Schnappschüsse, und schon war ich eingereist. Kanada verschwand mit der nächsten Flussbiegung am Horizont. Tausend Kilometer hatte ich seit meinem Aufbruch am Chilkoot Trail vor fast vier Wochen zurückgelegt. Die restlichen 2000 würden mich einmal quer durch Alaska führen. *The Last Frontier* lautete der Spitzname des größten amerikanischen Staates, der erst 1959 offiziell in den Verbund aufgenommen wurde. Aber Alaska war mehr als die ›letzte Grenze‹ zwischen Zivilisation und Wildnis. Alaska war die Verkörperung eines Mythos von Freiheit und Gesetzlosigkeit, wo man sich das Abendessen noch selber mit der Flinte schoss und dann in seine mit eigenen Händen erbaute Blockhütte schleifte. Selbst für viele Amerikaner der *Lower 48*, der südlich gelegenen Staaten, blieb Alaska das Land ihrer Träume und Phantasien. Nicht um hier zu leben, dazu wäre es im Winter ja viel zu kalt und dunkel, nein, aber einmal im Leben alaskischen Boden betreten hieß, das Gelobte Land zu sehen. Und dann vielleicht sogar noch einem echten Alaskaner die Hand zu schütteln, einem dieser raubeinigen Haudegen, die Grizzlys niederrangen, ihre Beute mit der Keule erlegten und nach jeder erfolgreichen Elchjagd zuerst in die blutige Leber bissen. Ja, hier oben kamen nur die härtesten Kerle durch! Diesen Eindruck vermittelten mir die Gespräche mit völlig verklärten amerikanischen Touristen auf dem Weg zum Polarkreis, die ich später an der Dalton Highway Bridge treffen sollte.

Das zierliche Vergissmeinnicht als offizielle Staatsblume wirkte da zunächst etwas unpassend. Aber auch die Staatsflagge, die bei einem Malwettbewerb für Schüler ausgewählt wurde, belegt, dass selbst in Alaska Platz für sentimentale Romantiker bleibt. Die Fahne des dreizehnjährigen Gewinners Benny Benson zeigte das Sternbild des Großen Bären und den Nordstern auf dunkelblauem Grund. Bennys Geschichte schrie förmlich nach einer Disney-Verfilmung. Der Vater Schwede, die Mutter zur Hälfte Aleutin, wurde er 1913 in einem kleinen Dorf auf den Aleuten geboren. Nach dem Tod der Mutter wuchs Benny in einem Waisenhaus auf. 1926 beteiligte er sich dann an dem Wettbewerb, gewann und erhielt tausend Dollar Preisgeld und eine gravierte Uhr. Während die meisten der rund 700 eingereichten Entwürfe

Eisbären, Goldpfannen, Nordlichter oder die Mitternachtssonne kombinierten, ließ sich Benny von dem inspirieren, was er jeden Abend sah, wenn er nach oben blickte. »Das Blau steht für den Himmel über Alaska und die Farbe des Vergissmeinnichts, das hier wächst. Der Nordstern steht für den zukünftigen Staat Alaska, den nördlichsten der Union, und der Große Bär symbolisiert seine Stärke!« Und wenn wir schon dabei sind: Der Name Alaska leitet sich aus einem ähnlich klingenden Wort der Aleuten ab und bedeutet in etwa »Objekt, in dessen Richtung das Meer strömt«.

Irgendwie war ich froh, in Alaska zu sein. Die Menschen hier wirkten offener und freundlicher. Nicht, dass die Kanadier mich schlecht behandelt hatten, ganz im Gegenteil. Aber ich meinte, einen deutlichen Unterschied im Auftreten zu spüren. Kurz vor Eagle, der ersten alaskischen Siedlung hinter der Grenze, raste ein Motorboot auf mich zu und verlangsamte die Fahrt dann.

»Hey, wie geht's? Wohin willst du?«

»Danke, großartig. Beringsee.«

»Wow, das klingt nach einem tollen Trip. Alles Gute und viel Spaß!«

Auch im Ort später lächelte mich jeder an und grüßte freundlich. Natürlich waren das sehr subjektive Beobachtungen, aber nach meiner Reise unterhielt ich mich mit anderen Deutschen, die meinen Eindruck bestätigten. Und sogar Helmuts Frau Marielle in Dawson, selbst Frankokanadierin, stimmte mir zu, dass die Amerikaner und besonders die Alaskaner vielleicht offener und umgänglicher seien. In der Tat fühlte ich mich während meiner Zeit in Kanada oft an die europäische Heimat erinnert. Die Menschen waren durchaus nett und hilfsbereit, aber auch ein wenig reserviert. Wenn ich mit der mir aus den USA vertrauten Offenheit einen Laden betrat und mich zunächst nach dem Wohlbefinden erkundigte, blickte ich nicht selten in verstörte

Augen und wurde skeptisch gemustert. »Wieder so ein großkotziger Ami, der mit seiner scheißfreundlichen, oberflächlichen Art nur den arroganten Imperialismus zu kaschieren versucht ...«, meinte ich so manches Mal zwischen den Zeilen gehört zu haben. Mag schon sein, dass nicht jeder Amerikaner es tiefgründig ernst meinte, wenn er mit dem gängigen »*How are you?*« einen kurzen Plausch einleitete. Aber ich suchte ja auch nicht ständig nach dicken Freunden fürs Leben. Der herzerfrischende Umgangston vertrieb manch düstere Laune und tat auch ohne Verbindlichkeit einfach gut.

Meine letzte Nacht in Kanada hatte ich auf einer Kiesinsel verbracht, etwas unterhalb von Fourty Mile, vor dem Goldrausch am Klondike so was wie der Nabel der Welt im nördlichen Yukon. George Carmack, Skookum Jim und Dawson Charlie registrierten hier ihre Claims, einen Tag nach dem wegweisenden Fund am Bonanza Creek. Die kleine Stadt mit einst tausend Einwohnern lag ziemlich genau vierzig Meilen vom damals ebenfalls bedeutenden Militär- und Handelsposten Fort Reliance flussabwärts am Yukon, daher der Name. Heute teilt sie das Schicksal vieler Ortschaften im Norden, die nach einem Goldfund rasant aufblühten und genauso schnell wieder verwelkten, wenn sich woanders der nächste Boom abzeichnete. Verlassene Häuser, Scheunen und andere Gebäude blieben als stumme Zeugen zurück und erinnern daran, dass am Yukon einst deutlich mehr Menschen lebten als heute. Der Fluss behielt seine rasche Strömung bei und produziert vor allem in den Schluchten reichlich *boiling eddies*, sprudelnde Wasserpilze, die sich zunächst am Grund durch Felsbrocken aufbauen und dann an der Oberfläche zerplatzen. Das laute Glucksen und die unberechenbaren Querströmungen jagten mir so manches Mal einen gehörigen Schrecken ein.

Kurz vor Eagle säumten jede Menge Baumleichen die Ufer. Sie waren bei der Flutkatastrophe im letzten Jahr von den dicken Treibeisschollen einfach umgeknickt worden und bildeten noch immer eine Gasse der Verwüstung. Der Eisaufbruch im Mai 2009 hatte sich für die Menschen am Fluss zu einem vernichtenden Schicksalsschlag entwickelt. Vorausgegangen waren Jahrhundertschneefälle und extreme Kälte, die die Eisdecke auf den zugefrorenen Flüssen im Norden auf Rekordniveau anschwellen ließ. Bei Eagle soll die Schicht 1,40 Meter dick gewesen sein, über ein Drittel mehr als sonst. Dem harten Winter folgte ein rasanter Temperaturanstieg auf bis zu 25 Grad. Der viele Schnee schmolz, die Wasserpegel stiegen, das Eis zerbarst, trieb stromabwärts, verkeilte sich dabei aber immer wieder zu gigantischen Eisdämmen. Weil das Hochwasser im Fluss dann nicht mehr abfließen konnte, überflutete es das Land großflächig, und Eisschollen mähten alles nieder, was ihnen im Weg stand. Dabei wurde das indianische Dorf bei Eagle komplett zerstört, auch viele Gebäude im Ort selbst fielen trotz der massiven Ufermauer aus Stahl den Eis- und Wassermassen zum Opfer. Bilder der katastrophalen Verwüstung schockierten ganz Amerika, aber wie durch ein Wunder kam kein Mensch in Eagle ums Leben. Alaskas Gouverneurin Sarah Palin sprach bei einem Besuch eine Woche später begeistert von der Hoffnung und dem Durchhaltevermögen der Menschen hier, die sie und hoffentlich auch alle anderen Alaskaner inspirieren würden. Statt die Hand aufzuhalten und vom Staat Hilfe zu erwarten, nehme man hier sein Schicksal mutig selbst in die Hand.

Ein Jahr später war der Schutt zu einem großen Teil weggeschafft worden, viele Schäden hingegen noch immer nicht repariert. Überall wurde gehämmert und gesägt, als ich mit dem Kanu auf die Stahlmauer zuhielt. Das Eis hatte selbst dort stattliche Beulen hinterlassen und die Zugangsleiter ordentlich verbogen. »Wir halten alle zusammen, jeder hilft dem anderen«, beschrieb Chuck die ungeheure Gemeinschaftsleistung, mit der Eagle nun wiederaufgebaut wurde. Chuck war der zuständige Grenzbeamte, bekannt und beliebt wegen der unkonventionellen Einreiseformalitäten, die er gerne auf dem kurzen Dienstweg erledigt. Wenn Paddler aus der Ferne auszumachen sind, setzt er sich schon mal auf sein Quad und braust runter zur Bootsrampe, um sie dort zu empfangen und abzufertigen. Für mich war er extra zum kleinen Gemischtwarenladen gekommen, warf einen kurzen Blick in meinen Pass und drückte mir den Stempel mit besten Wünschen für die Weiterreise auf eine der freien Seiten. Meiner Bitte um ein Foto kam er selbstverständlich gerne nach und verabschiedete sich dann höflich, es war Zeit fürs Abendessen, seine Frau wartete schon.

Ich marschierte danach quer durch den Ort zur Nationalparkbehörde, um mir Infos zum jetzt folgenden Abschnitt des Yukon zu holen, der von ihr als Yukon Charley Rivers – National Preserve verwaltet wurde. Solch ein Reservat wurde vom amerikanischen Kongress ausgewiesen, um die Natur zu schützen. Im Unterschied zu einem Nationalpark bleiben aber zum Beispiel Jagen, Fallenstellen oder auch die Suche und der Abbau von Bodenschätzen gestattet. Ranger Carl war gerade dabei, Feierabend zu machen, als ich den flachen Holzkomplex betrat. Geduldig beantwortete er meine Fragen, versorgte mich mit Kartenmaterial und Tipps und erzählte mir, dass er während seiner Zeit als Soldat in Deutschland sogar mehrfach meine Heimatstadt Hanau besucht hatte. Ich erwartete jeden Moment, dass er die Maske abnahm und sich als Jim Carrey zu erkennen gab, an den er mich erinnerte. Seine wuchtige Frisur, die viel zu unförmige Hornbrille und die großen Zähne konnten nicht echt sein. Waren sie doch.

Bevor sich Carl über meinen starren Blick wundern konnte, wurde die Tür geöffnet, und Chuck trat ein. Er hatte sich das mit dem Foto noch mal überlegt, und das T-Shirt vorhin wäre vielleicht nicht so passend. Ob ich nicht jetzt noch mal eins machen und die anderen löschen könnte, damit er keinen Ärger bekam. Ja, der markige Trinkspruch im Ballermann-Stil wirkte natürlich schon etwas leger, aber ob die ausgewaschene, fleckige Variante in Dienstblaugrau wirklich besser käme? Immerhin prangte das knallgelbe Dienstabzeichen, dass ihn als *Immigration Officer* auswies, noch tadellos auf der linken Brust. Ich drückte Carl die Kamera und Chuck meinen Pass fürs Foto in die Hand. Dann positionierten wir uns nebeneinander auf der Veranda, Chuck setzte sein grimmiges Zöllnergesicht auf, und klick. Beim anschließenden Betrachten auf dem kleinen Kameramonitor mussten wir alle drei lachen. Also noch mal, diesmal bitte recht freundlich, und schon grinsten wir wie die Breitmaulfrösche quer übers gesamte Bild. Es sollte das letzte Foto von Chuck sein. Am nächsten Tag verunglückte er mit seinem Dienstwagen, kam im Regen von der Piste ab und stürzte hundert Meter in einen reißenden Bach. Als man seinen Wagen fand, fehlte von ihm jede Spur. Erst nach einem Monat wurde seine Leiche entdeckt. Der Bach hatte sie offenbar in den Yukon getragen und kurz unterhalb von Eagle angespült. Carl schrieb mir später, so schrecklich sein Tod auch sei, es war, als wäre Chuck auf wundersame Weise nach Eagle zurückgekehrt, und dafür seien sie dankbar. Dieser Sommer würde einer der regenreichsten in der Geschichte werden, und die Menschen in Eagle würde es ein weiteres Mal treffen. Die Zufahrtsstraße musste nach Erdrutschen für Monate gesperrt bleiben, der kleine Ort war von der Außenwelt abgeschnitten.

Von den tragischen Geschehnissen in Eagle ahnte ich nichts, als das Wetter auch mich auf dem Fluss einholte. Schwere Regenstürme und Gewitter sorgten für schlammige Camps und zermürbende Etappen. Manchmal harrte ich in der Hoffnung auf Besserung bis zum Nachmittag im Zelt aus, fraß mich durch den Proviant und las. Eine Gruppe von Pfadfindern trieb vorbei. Ihnen und ihrer hörbar guten Laune schien der Regen nichts auszumachen. Erst nach 17 Uhr folgte ich ihrem Beispiel und sah nach einer Weile weit vor mir im feuchten Dunst schemenhaft ein Boot. Die Form und auch der ungewöhnliche Einsatz der Paddel wirkten so fremd. Als ich näher kam, erkannte ich ein voll beladenes Schlauchboot und zwei Mädels, die sich beim Rudern abwechselten. Sie arbeiteten als Ranger, waren auf dem Weg zum *Slaven's Roadhouse* im Preserve und hatten von Carl schon alles über meine Reise erfahren. Wir trieben eine Weile nebeneinanderher, ehe ich mich verabschiedete.

Zum Dauerregen gesellten sich jetzt noch Gewitterfronten, die bedrohlich näher kamen. Ich zählte die Sekunden zwischen Blitz und Donner, aber auch ohne Nachrechnen war mir klar, dass ich bei diesem Wetter hier draußen auf dem Wasser nichts verloren hatte. Nur aussteigen und im Matsch abwarten wollte ich auch nicht. Also entschied ich mich für die Schutzengelvariante und blieb nah am Ufer, so fühlte ich mich zumindest etwas aus der potenziellen Blitzlinie. Ziemlich naiver Gedanke, ich weiß. Auf der Karte versuchte ich die Distanz bis zur nächsten Schutzhütte abzuschätzen. Die Nationalparkbehörde hat entlang des Flusses eine ganze Reihe alter Trapperhütten für Kanuten hergerichtet, und Carl in Eagle hatte sie mir in schwärmerischem Ton empfohlen. Mit Holzofen und Bettgestell verhießen sie eine trockene, warme Nacht, auch bei Wolkenbrüchen. Diese Aussicht trieb mich an. Selbst als der Regen für einen Moment nachließ, hielt ich an meinem Plan fest, es für heute bis zur *Glenn Creek Cabin* zu schaffen. Ich müsste nur rechtzeitig das Kehrwasser erwischen und beisteuern. Die Hütte lag in einer Rechtskurve, und die dort extrem starke Strömung würde mich sonst vorbeitragen. Beim Anlanden wollte ich ganz besonders aufpassen, das schlammige Wasser verbarg so manchen tückischen Stein, der mein Boot beschädigen könnte.

Trotz aller Vorsicht passierte es. Glenn Creek hatte ich noch entspannt erreicht, die Ausrüstung schon zur *cabin* geschafft. Zum Schluss hob ich das Kanu aus dem Wasser und trug es den steilen Hang in Richtung Hütte, als ich auf dem glitschigen Rasen ausrutschte und den Halt verlor. Das Boot glitt mir im selben Moment aus den Händen und schepperte über das Steilufer ins Wasser. Blitzschnell sprang ich hinterher, bevor die Strömung es erfasste. Gerade noch mal gut gegangen, freute ich mich schon, dann bemerkte ich die Steine, auf die es gestürzt war. Mein wütender Schrei der Frustration hallte noch lange übers Flusstal und ließ wahrscheinlich sogar die beiden Rangerinnen weit hinter mir aufschrecken. Die alte Wunde am Heck sah übel aus, aber auch eine lange Nahtstelle an der Flanke war betroffen. Ich hoffte nur, dass der Aufprall außer den Schäden am Harz nicht noch Risse in der Rinde selbst verursacht hatte. Aber das wollte ich erst morgen checken, im Moment hatte ich keinen Nerv dazu.

Der niedrige Raum in der kleinen Blockhütte maß vielleicht vier mal vier Meter, wenn überhaupt. Die beiden schmalen Fensterritzen verschlossen meterlange Holzbretter von außen. Wegen der Mücken beließ ich es dabei und verteilte im Schein meiner Stirnlampe die feuchte Ausrüstung zum Trocknen an Nägeln, die in den alten Balken steckten, und auf einem der metallenen Bettgestelle. Auf dem anderen rollte ich Isomatte und Schlafsack aus. Das klitschnasse Außenzelt stülpte ich noch über einen Querbalken unterm Vordach, und schon erinnerte die Hütte ein wenig an einen farbenfrohen orientalischen Basar, auf dem fahrende Händler ihre Waren möglichst plakativ zur Schau stellten. Allerdings roch es bei Weitem nicht so verlockend. Die restliche Einrichtung der Hütte bestand aus einem alten Holztisch, auf dem zwei Öllampen standen, darunter zwei Wasserkanister und zwei große Schüsseln. Eine kleine Holzkiste neben dem Bett enthielt Zunder für den Ofen, der die Ecke neben der Tür komplett einnahm.

Am nächsten Morgen brutzelte ich darauf Pfannkuchen zum Frühstück. Brennholz hatten die Ranger in einem kleinen Schuppen in der Nähe des Klohäuschens vorbereitet. Man musste es nur noch mit der ebenfalls vorhandenen Axt klein hacken. Ich blätterte im Logbuch, in das sich die Flussreisenden eintrugen. Die Kommentare priesen einheitlich und dankbar den bescheidenen Luxus der Hütte und schimpften auf die Moskitos. Auch ein deutsches Quartett hatte sich vor zehn Tagen verewigt und die gleiche Strecke mit der Beringsee als Ziel angegeben. Zusammen mit den mir bereits bekannten waren das jetzt mindestens vier deutsche Einzelreisende oder Gruppen, die vor mir herpaddelten. Treffen würde ich sie nicht und sah auch sonst keinen weiteren Kanuten mehr auf meinem Weg zum Meer, bis kurz vor dem Ziel.

Wieder einmal lag das Boot kieloben vor mir. Ich strich mit der Hand über die mittlerweile schon ordentlich zerkratzte Birkenrinde, konnte aber keine zusätzlichen Schäden erkennen. Mit dem kleinen Blechcontainer in einer Hand pinselte ich mit der anderen das flüssige Harz auf die gestern beschädigten Stellen und stellte fest, dass entgegen meiner Erwartung die Konsistenz sich durch das mehrfache Erhitzen offenbar verbessert hatte. Wie eine bernsteinfarbene Gummikappe umschloss das getrocknete Harz den Flicken am Heck und sollte länger halten als bei allen zurückliegenden Reparaturen. Ein wenig schämte ich mich nun für meinen Gefühlsausbruch am gestrigen Abend und nahm mir vor, solche Missgeschicke künftig eine Spur gelassener zu nehmen.

Sonne und Wolken wechselten sich jetzt ab, meist blieb es trocken. Der Dauerregen der letzten Tage schien überstanden. Von den Hängen ergossen sich schlammige Rinnsale in das ohnehin schon braune Yukon-Wasser. Ich tauschte mein selbst geschnitztes Zedernholzpaddel wieder gegen das gekaufte. Aus irgendeinem Grund sorgte es für Schmerzen in der linken Schulter, die beim Ersatzpaddel nicht auftraten. Vielleicht lag's ja an der leichten Krümmung, die ich beim Schnitzen übersehen hatte. Das schrille Kreischen der Wanderfalken hallte von den steilen Klippen wider. Einst galten sie als bedroht, weil durch den großflächigen Einsatz von Pestiziden offenbar das Erbgut geschädigt wurde und ihre Zahl dadurch dramatisch sank. Mittlerweile hatte sich die Population erholt und brütet hier im Reservat häufiger als irgendwo sonst in Nordamerika. Aber sosehr ich mich auch bemühte, nur selten konnte ich einen der zierlichen Jäger entdecken. Wahrscheinlich wegen der Geschwindigkeit. Nicht meiner, die der Falken. Es heißt, sie seien bei der Jagd im Sturzflug oft schneller als 300 Stundenkilometer. Und ich empfand meine vom Regenhochwasser unterstützten knapp zehn Stundenkilometer schon als rasant.

Mit viel Anstrengung hätte ich heute Circle erreichen können. Aber ich wollte lieber noch eine letzte Nacht im Reservat verbringen und beendete die Tagesetappe am *Slaven's Roadhouse*. Frank Slaven hatte ursprünglich Gold in den umliegenden Minen am Coal Creek geschürft. Anfang der 1930er-Jahre baute er dann das zweistöckige Rasthaus und versorgte mehr als zwei Jahrzehnte lang Reisende und Minenarbeiter. Mit der Schließung der Minen verlor es seine Bedeutung, aber 1993 wurde es von der Nationalparkverwaltung wiedereröffnet und dient jetzt Kanuten als Besucherzentrum und kostenlose Übernachtungsmöglichkeit.

Der Platz wirkte verwaist, als ich am morastigen Uferstreifen anlegte. In der Abendsonne erstrahlten die weißen Stämme der Birken, die die frisch gemähte Wiese vor dem Haus umrahmten. Ich richtete mich im Obergeschoss ein und staunte über die vorhandene Ausstattung. Zwischen zwei Stockbetten stand ein großer Holztisch mit Bänken. Unter einem der Fenster luden zwei gemütliche Sessel zum Lesen ein. Und die großzügige Küchenzeile bot einen Gasherd, zwei voluminöse Regenwassertanks mit Filter und sogar einen Kühlschrank. Das Gewächshaus war zwar inzwischen verwildert, dafür konnte man in einem kleinen Pavillon daneben verweilen und seinen Blick über den Yukon und die weite Landschaft schweifen lassen. Ja, hier ließe es sich eine Weile aushalten. Wenn die verfluchten Moskitos nicht gewesen wären. Schon beim Ausladen stürzten sie sich in einer Anzahl und Vehemenz auf mich, die ich bis dahin auf der Reise noch nicht erlebt hatte. Trotzdem wollte ich einen kleinen Ausflug ins weitgehend intakte Minencamp wagen und dabei den tadellos erhaltenen Goldbagger fotografieren, den Bilder im Besucherzentrum anpriesen. Wegen der schwülen Hitze entschied ich mich für kurze Kleidung, hüllte mich großzügig in Mückenspray und machte mich auf den Weg. Weit kam ich nicht. Zum einen war der Pfad ins Camp vom Hochwasser überspült. Mehr noch aber ließen mich die Moskitos schnell den Rückzug antreten. Anfangs wirkte das Spray, allerdings hielt es die Biester nicht auf Distanz. Die spürten seine unangenehme Gegenwart erst beim Landeversuch, hoben wieder ab und versuchten es gleich wieder an einer anderen Stelle. Ständig kitzelten sie dabei auf meiner Haut, die ich zwar gewissenhaft, aber eben doch nicht gänzlich eingerieben hatte, wie ich bald feststellen musste. Natürlich bemerkten sie meine Nachlässigkeit und verständigten sich rasch über die für sie frei zugänglichen Areale. Andere stocherten so lange auf dem T-Shirt-Stoff herum, bis sie endlich Glück hatten und ihn mit ihrem Rüssel penetrieren konnten. Ich rettete mich vor ihren hundertfachen Angriffen zurück ins Haus. Später saß ich bis nach Sonnenuntergang im moskitosicheren Pavillon, wo ich zum ersten Mal die Harmonika, die Tom mir geschenkt hatte, ausprobierte und nach einer Stunde ein ziemlich schräges *When the Saints Go marching in* blies.

Verschlafen blickte ich am nächsten Morgen aus dem Fenster. Der Sonnenschein des gestrigen Abends war wieder unheilvollen Wolken gewichen. Ich stutzte. Irgendwie sah der Fluss heute Morgen anders aus, viel breiter. Ich raste die Treppe runter und sprintete zum Ufer. Die Regenfälle der letzten Tage hatten den Wasserpegel des Yukon über Nacht dramatisch ansteigen lassen. Vom matschigen Uferstreifen war nichts mehr zu sehen, komplett überspült. Und warum sah ich mein Kanu nicht? Ich hatte es gestern weit aufs Trockene gezogen, allerdings nicht gestürzt, sondern kielunten ins Gras gelegt, damit die Sonne das Harz nicht wieder aufweichte. Meine Schritte wurden immer länger, ich rechnete mit dem Schlimmsten, zumal ich es diesmal nicht befestigt hatte. Aber es lag noch immer an seinem Platz. Das war knapp. Das Flusswasser schwappte schon bis auf eine Bootslänge heran.

»Wir erwarten noch vier bis fünf Fuß mehr!« Über einen Meter. Ranger Randy werkelte gerade an seinem Boot, das weiter unten am Ufer ankerte. Er hatte die Nacht im Minencamp verbracht, das auch weitgehend unter Wasser stand. Trotzdem wollte er gleich mit dem Quad noch mal hoch. Auch Randy wusste von meiner Reise, Carls Buschfunk aus Eagle funktionierte ausgezeichnet.

Eine Stunde später paddelte ich durch neue Schauer und Gewitter auf dem heute noch schnelleren Fluss Richtung Circle. Die Berge und Hügel, die mich seit meinem Start auf Lake Bennett begleitet hatten, wichen immer weiter zurück. Mit der letzten Steilklippe am rechten Ufer erreichte ich einen neuen Abschnitt des Flusses, um den sich viele Mythen rangten: die Yukon Flats. Ein Labyrinth aus Zehntausenden Seen, Tümpeln, Inseln und weitverzweigten Flussarmen, 300 Kilometer lang und dreißig Kilometer breit. Vorankommen zäh, Orientierung aussichtslos. *Welcome to Bush Alaska!*

Die Yukon Flats

Von Country Music nördlich des
Polarkreises, einer toten Ente als Wegzehrung
und einem störrischen Fischrad

Seit zwei Tagen hatte ich keine Ahnung, wo ich mich befand. Selbst Karte und Kompass gaben nicht den geringsten Hinweis. Was nicht nur daran lag, dass die Daten für die Vermessung des Landes teilweise schon vor über fünfzig Jahren erhoben worden waren. Der Fluss veränderte sich und die Landschaft hier ständig, und so konnte selbst eine aktuelle Karte bereits im nächsten Jahr hinfällig sein.

»Mach dir keine Sorgen, selbst wenn du in einen *slough* kommst, die fließen alle wieder zurück in den Hauptkanal!«, hatte mich Louie aus Fort Yukon in Circle noch beruhigt. Sie kam gerade vom Großeinkauf in Fairbanks, und ich half ihr beim Abladen der zentnerschweren Benzinfässer, Lebensmittel und Hundefuttersäcke. Das Leben im Busch war teuer, da lohnte sich für manche der weite Weg in die Großstadt. Zuerst mit dem Boot in einem halben Tag nach Circle, von dort mit dem Auto drei Stunden nach Fairbanks und dann wieder retour.

Das Hundertseelendorf ist die letzte Siedlung am Fluss, zu der überhaupt eine Straße führt. So diente Circle nach seiner Gründung 1893 den ersten großen Goldcamps in Alaska schon als Knotenpunkt zur Versorgung. Die Goldgräber wählten auch den Namen, weil sie sich fälschlicherweise annahmen, dass sie sich bereits am Polarkreis befänden. Tatsächlich verläuft der aber erst fast hundert Kilometer weiter nördlich. Dass es überhaupt noch existiert, verdankt Circle vermutlich seiner Lage. Im Laufe der Jahre hatte die *trading post* geschlossen, mit ihr das einzige Restaurant. Und ob der schäbige, weiß-braune Trailer mit dem handgemalten Schild »Yukon Riverview Motel« tatsächlich noch Gäste beherbergte, schien mir zumindest fraglich. Das größte Gebäude, das man vom Fluss schon in weiter Ferne ausmachen konnte, sollte ursprünglich ein stattliches Hotel direkt am Ufer werden, war aber inzwischen zur Bauruine verkommen und immer wieder von Randalierern heimgesucht worden.

Für eine Nacht campierte ich auf einer kleinen Wiese neben der Bootsrampe. Dort standen für die Flussreisenden immerhin drei Picknicktische und eine Mülltonne neben einem Haufen Bauschutt. In einem baufälligen Holzquader auf der anderen Straßenseite befanden sich zwei öffentliche Toiletten. Viel einladender aber wirkte die örtliche *washeteria*, das Waschhaus mit Duschen, Münzwaschmaschinen und Trinkwasserzapfstelle. Ted machte mich darauf aufmerksam. Der junge Athabaske cruiste mit seinem ramponierten Coupé immer wieder durch die Schottergassen der Ortschaft und parkte irgendwann vor meinem Kanu. Weil er eh gerade nichts Besseres vorhatte, chauffierte er mich zur Zapfstelle, an der ich meinen Wasserkanister auffüllte. *Washeterias* wurden auf meiner weiteren Reise immer wieder zum fixen Anlaufpunkt. Weil in vielen Dörfern am Yukon ursprünglich kein Kanal- oder Leitungsnetz existierte, schuf man für die Bewohner diese zentralen Waschhäuser, deren Ausstattung auch ich gerne nutzte, selbst wenn der Zustand sehr stark variierte. Von blitzblank über modrig versifft bis außer Betrieb fand ich alles und musste manchmal sogar enttäuscht feststellen, dass man die *washeteria* geschlossen hatte, nachdem sämtliche Häuser mit fließendem Wasser versorgt waren. Ted gab mir noch den Tipp, dass der kleine Laden bei der Tankstelle hier wesentlich günstiger sei als der in Fort Yukon.

Am nächsten Morgen deckte ich mich dort mit *trail mix* ein, frühstückte vergnügt in der Sonne und nahm die Komplimente vorbeilaufender Athabasken für mein Kanu entgegen. Später hielt ein großer Truck mit zwei Weißen aus Wyoming und Arkansas, die mir ein Bier anboten. Nachdem ich dankend abgelehnt und auf ihre Fragen von meiner Reise erzählt hatte, gaben mir die weißhaarigen *rednecks* noch einen wichtigen Rat mit auf den Weg: »Zeig deine Bilder später besser keinem von diesen Liberalen, die würden sich so was eh nie trauen!« Und weil ich offenbar empfänglich für ihre angesäuselten Parolen wirkte, ergänzten sie gleich noch, dass die ganzen verweichlichten Städter immer jemanden bräuchten, der ihnen die Händchen hielt und sie dann aus der Scheiße rausholte, wenn sie Mist gebaut hatten. Ein wenig enttäuscht war ich schon, dass es hinten auf ihrem Truck kein *gunrack* für die Knarre gab, hätte so schön ins Bild gepasst. Aber nur weil sie fragwürdige Klischees sabberten, musste ich ja nicht in die gleiche Kerbe schlagen, rügte ich mich freundlich lächelnd. Danach schaffte ich meine Ausrüstung runter zum Ufer und startete in die Flats.

Anfangs blieb der Hauptkanal noch gut erkennbar, aber je tiefer ich in das Gewirr aus Inseln und Wasserläufen eintauchte, desto unübersichtlicher kam es mir vor. Keine Erhebung, kein Anhaltspunkt zum Orientieren zeichneten sich ab. So weit ich blickte, Wasser, Sandbänke und dicht mit Fichten und Weiden bewachsene Inseln. Zuweilen höhlte das Wasser die Ränder der Inseln tief aus, legte das Wurzelwerk der Bäume frei und ließ die Erde in unförmigen Lappen wie ein Teppich nach unten hängen. »Folge dem Treibgut!«, riet mir vor der Reise eine Lakota, die ich im Mai noch besucht hatte. Sie habe durch einen Traum eine Botschaft für mich erhalten, und die Kernaussage lautete: »*Follow the debris!*« Zuerst wusste ich nichts damit anzufangen, aber je mehr ich darüber nachdachte, desto mehr assoziierte ich die Aussage mit den Flats. Schließlich wollte ich ja ohnehin flussabwärts paddeln, und in jedem anderen Abschnitt des Yukon wäre der Hinweis völlig überflüssig. Tatsächlich hatte sich mit den Regenfällen und dem Hochwasser jede Menge Treibgut gesammelt und wies auf die vermeintlich stärkste Strömung hin, als Indiz für den Hauptkanal. Gelegentlich aber konnten sich die Zweige, Äste und Holzstücke nicht so eindeutig entscheiden und führten mich dann doch in einen *slough*. Diese schlammigen Seitenarme schlängelten sich noch zeitraubender durch die Sümpfe, aber solange Louie recht behielt und sie nicht als Sackgasse endeten, sondern wieder auf den Hauptarm stießen, alles kein Problem. Zudem änderte sich die Szenerie bei diesen Umwegen drastisch, ich trieb plötzlich durch eine wildromatische Urlandschaft. Die Ufer rückten zusammen, Biber zogen ihre Bahnen, und viele Wasservögel stapften durch den Schlick. Eigentlich eine nette Abwechslung, wenn der Verstand nicht immer darauf gedrängt hätte, wieder absolute Kontrolle zu erlangen.

Nach vielen Stunden und weiter gebremst durch fiesen Gegenwind, campierte ich in jener Nacht auf einem klitzekleinen Eiland, aus dessen sandigem Boden nur kniehohes Gestrüpp sprießte. Immer noch hatte ich keinen Schimmer über meine Position, wusste weder, wie weit ich gekommen war, noch, wann ich Fort Yukon erreichen würde. Erst ein Motorboot am nächsten Morgen, das in Sichtweite vorbeiraste, verriet, dass ich mich wieder am Hauptkanal befand. Es nieselte leicht aus den schweren Wolken, die kaum einen Flecken Blau am Himmel ließen. Unmotiviert startete ich gegen Mittag, nicht sicher, ob ich es heute bis Fort Yukon schaffen würde oder überhaupt wollte. Selbst Louie gestern hatte mich gewarnt und mir angeboten, auf ihrem Grundstück zu campieren. Das sei sicherer. Während die meisten umliegenden Siedlungen Alkohol verbannt hatten, war Fort Yukon eine *wet community* geblieben. Der örtliche Schnapsladen florierte und wurde auch von Bewohnern der Nachbardörfer reichlich frequentiert. Immer wieder kam es unter Alkoholeinfluss zu Zwischenfällen und Ausschreitungen, sodass manche Reiseführer gar vorschlugen, einen großen Bogen um Fort Yukon zu machen. Ich aber wollte mir ein eigenes Bild verschaffen und sollte überrascht werden und diesen Besuch in mehr als guter Erinnerung behalten.

Der kalte Wind blies erneut von vorne oder seitlich gegen das Kanu, ganze Bäume trieben entwurzelt im Wasser. Untiefen zwangen mich zu Umwegen, kaum ein Platz zum Ausharren oder Pausieren. Aber am zermürbendsten wirkte die immer noch fehlende Orientierung, auch weil ich dadurch keine Ahnung hatte, ob und wie schnell ich vorankam. Erst als vereinzelte *fish camps* und Trapperhütten die Ufer säumten, schöpfte ich Hoffnung. Bald darauf hörte ich die Motorengeräusche von Flugzeugen und sah sie schließlich in der Ferne hinter den Bäumen verschwinden. Dort musste der Flugplatz von Fort Yukon liegen. Große Öltanks tauchten am Ufer auf und bestätigten meine Vermutung. Jetzt war ich doch überrascht. Vierzehn Stunden Paddelei für die rund 115 Kilometer seit Circle – das war nicht so schlecht wie ursprünglich angenommen. Ich legte unweit der Öltanks an, band das Kanu an einen Busch und schritt den befestigten Uferwall hoch.

Louie hatte gemeint, ihr Haus sei das einzige zweistöckige, gleich hinter den Öltanks. Ich blickte mich um, keine Menschenseele auf den Wegen. Schlichte Holzhütten aus der Kategorie ›Hauptsache, Dach überm Kopf‹ waren planlos zwischen wild wucherndem Gras verteilt. Louies Haus stach in der Tat heraus, aber niemand antwortete auf mein wiederholtes Anklopfen. Vielleicht könnte ich erst meine Einkäufe erledigen und es später noch mal versuchen. Ich nahm die Uferstraße, die bald abknickte und zum Flugplatz führte. Der lag ja normalerweise eher außerhalb des Ortskerns, überlegte ich und drehte wieder um, als ein kleiner roter Truck mich einholte.

»Sollen wir dich zum Laden mitnehmen?«

Ein deutlich wahrnehmbares Alkoholaroma, das die glasigen Augen des Beifahrers ergänzte, ließ mich zunächst zögern. Aber sonst wirkten die drei Männer durchaus sympathisch, und solange der Pegel des Fahrers ihn nicht weiter beeinträchtigte, warum nicht. Zu gerne hätte ich mich mit einem Blick in seine Augen selbst davon überzeugt, leider blieben die hinter einer verspiegelten Sonnenbrille versteckt. Trotzdem kletterte ich auf die Ladefläche und genoss den Fahrtwind auf dem kurzen Weg zum Laden.

Ted in Circle behielt recht, die Preise hier waren gepfeffert, das Sortiment hingegen das umfangreichste für lange Zeit. Also deckte ich mich großzügig ein und belud anschließend den Truck. Meine drei Chauffeure hatten freundlicherweise draußen gewartet. Auf der Rückfahrt erkundigte ich mich bei ihnen nach Richard Carroll, der mir im Vorfeld als möglicher Kontakt in Fort Yukon genannt worden war.

»Richard Carroll? Das ist der Typ hier am Steuer!« Der angesäuselte Beifahrer freute sich wie ein Schneekönig über den Zufall und schlug Richard zur Bestätigung heftig auf die Schulter.

»Ja, das bin ich, warum fragst du?«

Danach überschlugen sich die Ereignisse, sodass auch ich am Ende wie ein Schneekönig grinste. Richard hatte im Laufe der Jahre einen kleinen Fuhrpark aus ausgemusterten Bussen angesammelt, mit denen er Touren durch Fort Yukon anbot. Seine Klientel kam meist aus Fairbanks mit einem Buschflugzeug einer privaten Chartergesellschaft.

Ich zeichnete am Yukon ein kurzes Interview mit ihm zur Geschichte des Landes seiner Vorfahren auf, belud mein Boot und wollte noch ein paar letzte Fotos im Ort machen. Richard war inzwischen zu seinem Haus ganz in der Nähe zurückgekehrt, polierte die Fenster eines alten Tourbusses und rief mich zu sich. Zuerst erkannte ich ihn gar nicht, ohne Sonnenbrille und Baseballkappe, die er während des Interviews tief in sein Gesicht gezogen hatte. So wirkte er jetzt noch freundlicher und ließ deutlich europäische Züge erkennen. Sein Vater war irischstämmiger Alaskaner. Wir unterhielten uns eine Weile, und Richard schlug vor, doch hier zu übernachten, hinter den Hütten seiner Schwester und seines Sohnes sei sicher Platz. Außerdem könnte ich ihn zum Flugplatz begleiten, er würde dort gleich ein paar Besucher zu einer kurzen Tour durch den Ort abholen.

Nachdem die kleine Propellermaschine gelandet war, führte Richard die Passagiere in die winzigen Flughafenbaracken, wo sie vorbestellte Sandwiches als Wegzehrung in Empfang nahmen, ehe sie den rustikalen Tourbus bestiegen. Heute waren nur sechs Gäste an Bord, ein schlechtes Geschäft für Richard, was seinen Enthusiasmus aber nicht schmälerte. Während wir durch die unbefestigten Straßen rollten, riss er eine Zote nach der anderen, schloss die meisten Gags mit »*I kid you not* – kein Scheiß!« und badete im Gelächter der Gäste wie ein Theaterschauspieler im Applaus. Obwohl ich kräftig mitlachte, blieb mir kein einziger Scherz im Gedächtnis. Da bin ich ganz schlecht. Den einzigen Witz, den ich mir jemals merken konnte, erzählte mir Reinhold Messner während eines Interviews. »Treffen sich zwei Yetis. Sagt der eine zum anderen: ›Du, ich hab den Messner getroffen.‹ Daraufhin der andere: ›Ach, gibt's den wirklich?‹«

Wir erfuhren, dass Fort Yukon knapp oberhalb des Polarkreises liegt, ursprünglich als Handelsposten der legendären Hudson's Bay Company in der Mitte des 19. Jahrhunderts gegründet wurde und bis heute ein Zentrum für Fischfang und Pelzjagd geblieben ist, obwohl die Preise für Pelze durch massive Proteste von Tierschützern immer weiter einbrachen. Viele Einwohner hatten Fort Yukon daraufhin verlassen und waren nach Fairbanks gezogen, wo die Lebenshaltungskosten niedriger und die Chancen auf Arbeit deutlich höher lagen. Rund 500 Menschen leben heute noch hier, die meisten Gwich'in Athabasken und ein paar »weiße Hippies«, die man ja in jeder indianischen Siedlung Alaskas finde, wie Richard süffisant anmerkte. Obwohl Fort Yukon im Sommer nur aus der Luft und über den Fluss erreichbar ist, stehen den Trucks und Quads der Einwohner 25 Meilen Wege und Schotterpisten in und um den Ort zur Verfügung. Im Winter verdoppelt sich diese Strecke durch die zugefrorenen und dann befahrbaren Wasserflächen. Die Versorgung erfolgt per Lastenkahn und Flugzeug oder eben durch *subsistence*, ein omnipräsentes Schlagwort im Norden für das Jagen und Fischen zur Nahrungsbeschaffung. Der Lachs, der hier durch das flache Yukon-Wasser zieht, war schon für die Ureinwohner vor über tausend Jahren Anreiz, sich in der Gegend anzusiedeln. Im Winter wechselten sie dann in die Berge und lebten von den Karibus. Dort ist es auch wärmer, weil kalte Luft sich durch das höhere Gewicht ja tendenziell in Senken und Tälern sammelt. Wobei die Temperaturen immer noch extrem bleiben und so weit auseinanderliegen können wie an kaum einem anderen Ort auf der Erde.

»Hier wurden im Winter mal –65 Grad gemessen, was Rekord für den Staat bedeutet, und im Sommer +42 Grad, auch ein Rekord!«, berichtete Richard durchaus stolz und bog zum örtlichen Friedhof ab.

Er deutete auf ein helles Kreuz, das Grab von Hudson Stuck, Erzdiakon vom Yukon und der erste weiße Mann auf dem Denali. Stuck hatte 1913 eine Gruppe von sechs Männern auf den 6200 Meter hohen Gipfel des höchsten Berges Alaskas und ganz Nordamerikas geführt, den damals die meisten noch Mount McKinley nannten, und war nur sieben Jahre später an einer Lungenentzündung verstorben.

Gegen 22 Uhr endete die Tour wieder am Flugplatz. Die Gäste stiegen in den Buschflieger und hoben kurz danach schon wieder ab Richtung Fairbanks. Richard aber war noch in bester Erzähllaune und dehnte die Tour für mich bis nach Mitternacht aus. Wir fuhren zum Uferstreifen, der als Anlegestelle fungierte. Viele Boote schaukelten inmitten eines breiten Saumes Treibholz, den das Hochwasser angeschwemmt hatte. Ein großes Fischrad lag fast fertig auf dem Trockenen und würde in den nächsten Tagen an eine vielversprechende Stelle im Kehrwasser geschoben. Dort zogen die Lachse erfahrungsgemäß besonders häufig durch, um die Hauptströmung zu vermeiden. Zum Abschluss unserer Rundfahrt stoppten wir noch am Gelände der US-Air-Force-Abhörstation, die während des Kalten Krieges errichtet worden war. Wie gut, dass ich nicht gleich weitergepaddelt war, überlegte ich und stieg in dieser Nacht mit einem dankbaren Lächeln in meinen Schlafsack. Aber es sollte noch besser kommen.

»Guten Morgen, hier ist Gwandak Public Radio KZPA, Fort Yukon Alaska. Und wir haben einen Gast, der mit einem Birkenrindenkanu auf dem Weg zur Beringsee ist. Warum?« John Leroy lächelte fast mitleidig, als er die Frage stellte. Er war der Moderator der *morning show* des lokalen Mittelwellensenders, den ich eigentlich nur kurz besuchen wollte, alte Radiogewohnheit. Am Ende blieb ich fünf Stunden, erzählte von meiner Reise, dem Boot, las den Wetterbericht und durfte ein paar der Country-Ohrwürmer ansagen, die ich mir auf dem Fluss immer wieder selbst vorgesungen hatte. In der kurzen Mittagspause trank ich mit Richards Tochter Eda Mae, die gerade als Co-Moderatorin eingearbeitet wurde, einen sensationell guten *tall latte* bei *Paradise Coffee*, einem vor Kurzem erst eröffneten Coffeeshop, der in einer winzigen, selbst gezimmerten Blockhütte mit hellblauen Dachbalken untergebracht war. Dadurch wirkte der Laden noch exotischer und wurde von vielen Einheimischen argwöhnisch beäugt. Warum vier Dollar für einen Kaffee zahlen, wenn es den im *AC Store* gegenüber für einen gab? Aber die Qualität schien sich allmählich herumzusprechen. Offenbar waren die aus Hawaii eingeflogenen Bohnen doch leckerer als die sonst übliche dünne Automatenplörre.

Auch andere Errungenschaften, die in den Städten außerhalb des Hinterlandes längst zum Standard gehören, halten allmählich Einzug in Fort Yukon. Seit Kurzem wird Internet für Privathaushalte angeboten, noch extrem langsam und teuer. Dafür subventioniert der Staat das örtliche Mobilfunknetz, für das extra eine eigene Satellitenanlage installiert worden war. Als ich am Nachmittag vom Radiosender zurück zum Zelt lief, schien mir so manches nicht recht schlüssig. In der Hauptstraße lag die moderne Schule, auf gekühlten Stelzen in den Permafrost gebaut, damit der nicht auftaute. Weiter unten hauste jemand in einer halb zerfallenen Blockhütte. Das Wassernetz war in den letzten Jahren umfassend erweitert worden, fast alle Häuser aber heizten weiterhin mit Holz. Strom lieferten monströse Dieselgeneratoren, die rund um die Uhr röhrten. Und für eine Gallone Benzin, also knapp vier Liter, zahlte man zurzeit sechs Dollar, so viel wie an kaum einem anderen Ort im ganzen Land. Aber das hier war der Busch, und da tickten die Uhren eben anders.

Bevor ich weiterfahren wollte, nutzte ich noch das Duschzelt mit Wassersack, das Richards Sohn hinterm Haus aufgebaut hatte. Mit ein paar Freunden half er mir dann beim Aufladen und fuhr mich mit dem Truck runter zum Ufer. Als wir das Kanu ins Wasser setzten und vorsichtig beluden, entdeckte ich eine kleine Wasserpfütze im Heck, die schnell größer wurde. Verdammt, entweder war eine alte Wunde aufgerissen, oder es hatte sich ein neues Loch gebildet. Das würde ich wahrscheinlich erst genauer feststellen können, wenn die Rinde wieder getrocknet war. Also schafften wir alles erneut auf den Truck und fuhren zurück.

»Hey, halt, stopp!«, schallte es plötzlich vor uns. Ein Radfahrer fuchtelte wild mit den Händen, an denen Plastiktüten baumelten. Wir stoppten. »Ich habe dich im Radio gehört und wollte dich unbedingt treffen«, stammelte Bentley noch ganz außer Atem. »Hier, das sollst du mitnehmen, für unterwegs.« Er reichte mir einen Frischhaltebeutel, in dem ich eine tote Ente erkannte. »Habe ich selbst geschossen, im Frühjahr. Sie saß einfach da, und wumm ...«

Verblüfft nahm ich Bentleys Geschenk an und bedankte mich.

»Ist noch tiefgefroren, aber wenn sie auftaut, kannst du sie rupfen. Du weißt doch, wie, oder?«

»Ja, klar ...«, schummelte ich ein wenig verlegen.

Bentley kramte längst in einer Hosentasche. »Und das hier kannst du auch haben«, lächelte er und drückte mir eine D-Mark-Münze in die Hand. Ich wusste nicht, ob ich mich darüber amüsieren oder dem kleinen Athabasken vor Rührung einfach um den Hals fallen sollte.

Ich bat Richard später, die Ente für mich bis auf Weiteres in seiner Gefriertruhe aufzubewahren, und baute mein Zelt wieder an der alten Stelle hinter den Blockhütten auf. Während das Boot trocknete, schloss ich mich ein zweites Mal seiner Bustour an. Diesmal kamen die Besucher sogar mit zwei Maschinen, wir nahmen den größeren Bus, und Richard baute mein Kanu gleich als neue Attraktion in die

Führung mit ein. Anschließend kümmerte ich mich um das mysteriöse Leck und fand einen etwa fünf Zentimeter langen Riss am Boden. Vermutlich hatte ich den selbst provoziert, als ich das Boot vorhin zum Aufladen umdrehte und dabei einen kleinen, spitzen Baumstumpf übersah, der sich unter den dichten Grasbüscheln versteckte. Die Reparatur wäre schnell erledigt gewesen, wenn die Kinder der umliegenden Häuser nicht von meinem Missgeschick erfahren hätten und sich nun neugierig selbst ein Bild machen wollten. Ich beantwortete ihre Fragen und kämpfte unterdessen mit den penetranten *black flies*. Unablässig umschwirrten sie Kopf und Hände, krabbelten in Nase, Mund und Ohren und verbissen sich manchmal so unangenehm in der Haut, dass das Blut in kleinen Rinnsalen herabtropfte und für Tage dicke Beulen zurückblieben. Ich flüchtete mich in die alte *cabin* zur Gang von Richards Sohn, die mich zu Sandwiches und DVD-Movie-Night einlud. Von einer Freundin der Familie bekam ich später noch zwei große Löffel Bärenfett. Das Reparaturharz ging allmählich zur Neige, und vor meiner Abfahrt würde ich es in den umliegenden Fichtenhainen sicher noch ein wenig aufstocken können.

»Guten Morgen, hier ist Gwandak Public Radio KZPA, Fort Yukon, Alaska. Und wundern Sie sich nicht, ich bin der Gast von gestern, der mit einem Birkenrindenkanu auf dem Weg zur Beringsee ist!« Wie sehr ich das Radiomachen vermisst hatte, wurde mir erst jetzt richtig bewusst. Ich stand hinterm Mikrofon, wühlte mich durch die Countrysampler und fühlte mich beim Auflegen wie im Schlaraffenland. DJ Dorothy wollte nur schnell zu Hause etwas erledigen, ob ich sie vielleicht kurz vertreten könne, fragte sie, als ich am nächsten Tag für eine weitere Stippvisite beim Sender vorbeischaute. Drei Stunden später erfüllte ich immer noch Hörerwünsche, sendete Grüße und spielte Musik von Robby

Romero und Red Thunder. Robby zählt zu den renommiertesten indianischen Künstlern und hat sich vor allem in den 90ern mit seiner Band und einem ausgereiften Mix aus Rock und traditionellen Elementen einen Namen gemacht. Seit Jahren setzt er sich mit seinem wegweisenden *native rock* und als UNICEF-Botschafter für die Belange der Ureinwohner ein. Bei einer gemeinsamen Reise durchs Indianerland im letzten Jahr hatte Robby mir zum ersten Mal von den Gwich'in erzählt, die er immer wieder besuchte. Als Apache gehörte er wie sie zu den Athabasken und unterstützte sie vielleicht auch deshalb leidenschaftlich beim Kampf um ihr Land. Vor allem das Territorium nördlich von Fort Yukon lag seit Jahren im Visier der Energiekonzerne, die hier Gas und Öl fördern wollten. Es entbrannte eine heiße Debatte um die Bohrrechte im Arctic National Wildlife Refuge, und je nachdem, wie die politischen Kräfte verteilt waren, konnten sich Befürworter oder Gegner mehr Gehör verschaffen. Der Ausgang blieb ungewiss und würde auch Thema beim *Gwich'in Gathering* sein, das nächste Woche in Fort Yukon begann. Sieben Tage lang sollte dann diskutiert und gefeiert werden, und die Bewohner der umliegenden Gemeinden reisten zu Hunderten teilweise von weit her an, um dabei zu sein. Die örtliche Tanzgruppe schwächelte offenbar noch ein wenig, mehrfach reichte man mir einen Aufruf zum Training, den ich selbstverständlich umgehend im Radio verkündete. Auf dem Heimweg vom Sender sprachen mich zwei ältere Damen an. Sie hätten meine Sendung verfolgt und wünschten mir alles Gute für die Reise. Auch Richard hatte eingeschaltet. »Gute Musik, endlich mal Songs, die wir sonst nicht hören«, kommentierte er, als ich bei ihm in der Wohnküche eine Schüssel Karibufleisch mit Käsenudeln löffelte. Danach setzten wir uns hinters Haus zwischen die Schuppen und Verschläge, aus denen allerlei Unrat quoll, den Richard längst entsorgt haben wollte. Er öffnete eine Dose Bier, nahm einen Schluck und blickte in die Ferne. »Weißt du, ich lebe gerne hier. Ich mag die Freiheit, zu jagen, zu fischen. Hier findest du immer was zu essen. Auch wenn sie uns mittlerweile Gesetze und Bestimmungen für alles auferlegt haben.« Die Zahl der Lachse im Yukon war in den vergangenen Jahren kontinuierlich gesunken. Festgelegte Fangquoten und Zeiträume sollen sicherstellen, dass genug Tiere bis in die Laichgebiete am Oberlauf des Flusses gelangen und auch die Indianer in Kanada noch ihren Bedarf an Lachs decken können. »Manchmal dürfen wir hier gar nicht mehr fischen, dabei sind wir darauf angewiesen.« Richard klang frustriert und enttäuscht. Dieses Thema wurde mindestens so heiß diskutiert wie die Erschließung der Naturreservate durch die Energiekonzerne. Am Ende meiner Reise wollte ich darüber unbedingt mit einem Vertreter der zuständigen Fischereibehörde sprechen. »Trotzdem, es bleibt ein reiches Land, nicht, was Geld angeht oder Luxus, aber wer hier lebt, findet alles, was er braucht, im Überfluss.« Richard warnte mich noch vor den Wellen, die der Wind aufpeitsche, sobald ich aus den Flats rauskäme. Dann würde der Fluss wieder schmaler, tiefer und gefährlicher. Ich rang mit mir, ob ich noch zum *Gwich'in Gathering* bleiben sollte, nicht nur wegen des Auftritts von Richards Altherrencombo, die lange nicht geprobt hatte. Ich fühlte mich so willkommen in Fort Yukon, die Gastfreundschaft und Hilfsbereitschaft beeindruckten mich tief. Ich erinnerte mich an die Worte von Elisabeth in Whitehorse, die ja schon erzählt hatte, wie schwer es ihr auf der Reise gefallen war, sich immer wieder von den Menschen zu verabschieden.

»Es war mir eine Ehre, dass du hier warst. Danke für deinen Besuch.« Richard ließ die Worte fast beiläufig fallen, und doch spürte ich, wie ernst er es meinte. Ein letztes Mal blickte ich entlang der Schotterstraße zu den beiden eng stehenden Hütten, hinter denen ich campiert hatte, sah die zwei Pfosten davor, von denen drei mächtige Elchschädel mit Geweih grimmig herunterstarrten. Armut, Arbeitslosigkeit und die schäbigen Häuser mochten viele an Zustände in der Dritten Welt erinnern. Aber die Menschen, die hier lebten, ihre Freundlichkeit und Offenheit hatten mich berührt. Wo immer ich entlangging, winkten sie mir zu, aus dem Auto oder von einem der zahlreichen Quads. All das hätte ich nie erfahren, wenn ich auf die Warnungen im Vorfeld gehört hätte. Und doch zog es mich weiter, der Weg war noch weit bis zur Beringsee. Aber von jetzt an würde es wieder nach Süden gehen, ich hatte den nördlichsten Punkt meiner Reise hinter mir gelassen.

Lange hing ich meinen Gedanken noch nach, die mich immer wieder zurück nach Fort Yukon führten. Erst nach der Reise entdeckte ich auf der Internetseite des Stammes ein bemerkenswertes Zitat, das man wohl als Motto gewählt hatte. »Es ist nicht genug, zu wissen, man muss auch anwenden. Es ist nicht genug, zu wollen, man muss auch tun.« Es stammte von Johann Wolfgang von Goethe aus *Wilhelm Meisters Wanderjahre*. Das beeindruckte mich nicht nur, weil man sich mitten im Busch von Alaska ausgerechnet von einem hessischen Landsmann von mir inspirieren ließ. Tatsächlich fassten die Worte das zusammen, was ich glaubte gespürt zu haben während meiner Zeit in Fort Yukon. Das Wissen der Alten war nicht vergessen, jetzt musste es auch umgesetzt werden, damit die faszinierenden Kulturen des Nordens der Menschheit erhalten blieben.

Erst spät, nach 22 Uhr, war ich aufgebrochen, das ungemütliche Wetter mit Wind, Regen und kühlen Temperaturen machten mir den Abschied noch schwerer. Irgendwo hinter Fort Yukon mündete der Porcupine River von rechts in den

Yukon und schien mit seinen Wassermassen das ohnehin schon unübersichtliche Gewirr aus Flussarmen und Inseln noch zu verbreitern. Schnell verlor ich wieder die Orientierung, zweifelte aber nicht mehr, dass alle Wege irgendwann aus den Flats führten. Gegen 3 Uhr nachts schlug ich mein Zelt am schmalen Ufer eines kleinen *sloughs* auf, in den mich die Strömung getrieben hatte. Über drei Stunden brauchte ich am nächsten Tag, um mich zurück in den Hauptarm zu arbeiten. Allmählich aber wurden die Inseln weniger, der Fluss verzweigte sich nicht mehr so stark, und weit hinten am Horizont erkannte ich die ersten Hügel seit Tagen. Auch das Wetter besserte sich, der Wind ließ nach, und morgens trieb mich die Sonne aus dem Zelt, in dem es schnell brütend heiß wurde.

Für das nächste Camp wählte ich das baumlose Ende einer großen Insel, die das Wasser in zwei große Ströme teilte. Das erzähle ich nicht, weil mir nichts Besseres einfällt, sondern weil in dieser Nacht etwas sehr Merkwürdiges passierte. Ich hatte das Kanu wie üblich eine gute Bootslänge vom Ufer entfernt auf den Sand gelegt, mein Zelt danebengestellt und die Ausrüstung ums Boot verteilt. Paddel, Angelrute und mein dekadenter Campingstuhl lehnten an einer Seite. In der Nacht fegte ein böiger Wind immer wieder Sand ins Vorzelt, sonst aber blieb es ruhig. Als ich am nächsten Morgen mein Boot beladen wollte, stellte ich fest, dass der Stuhl fehlte. Sonst fand ich die Ausrüstung genauso vor, wie ich sie hinterlassen hatte. Ich suchte auf der Insel im Umkreis von fünfzig Metern, dachte zunächst, ich hätte ihn vielleicht doch an der Stelle gelassen, an der ich ausgestiegen war. Aber nichts, keine Spur. Dann mutmaßte ich, dass der Wind vielleicht den Stuhl umgeblasen und mit Sand bedeckt hatte. Nur warum lehnten dann die leichteren Paddel und die noch leichtere Angelrute unangetastet weiterhin am Boot? Außerdem wäre ich beim Suchen längst auf ihm rumgetrampelt und hätte es bemerkt. Merkwürdig. Ich vergewisserte mich auf den Fotos vom Camp von gestern Nacht, dass der Stuhl auch wirklich dort gelehnt hatte. Tat er, und jetzt war er wie vom Erdboden verschluckt. Der Verlust war natürlich zu verschmerzen, trotzdem wollte ich gerne wissen, was passiert war. Diebstahl, ein Campingstuhl – und alles andere, Wertvollere ignoriert? Das ergab keinen Sinn. Ein Tier noch weniger, zumal keinerlei Spuren erkennbar waren. Sehr, sehr seltsam. Noch am selben Tag würde ich eine Erklärung bekommen, die abstrus klang, aber nicht von der Hand zu weisen war, da der Stuhl nie wieder auftauchte.

»Du musst Dirk sein!«

Ich hatte das Hämmern schon eine Weile wahrgenommen und sah jetzt das *fish wheel* am Ufer, auf dem Randy in seiner Arbeit innehielt. Er war gerade dabei, die Aufhängung für die Achse zu verstärken, um die sich die beiden großen Schaufelkörbe drehen sollten.

»Ich hab dich im Radio gehört«, löste er meine Verwunderung darüber auf, dass er meinen Namen kannte. Selbst hier draußen also empfing man noch den Sender aus Fort Yukon. Randy balancierte in Gummistiefeln auf den Stämmen des Floßes für das *fish wheel*. Es maß gut fünf Meter in der Länge und drei Meter in der Breite. »Ich wollte eh gleich Schluss machen, du kannst gerne bei uns im Camp übernachten.« Er deutete aufs gegenüberliegende Ufer, an dem durchs Gestrüpp eine blaue Plane zu erkennen war. »Am besten, du paddelst gleich hier rüber, auf der anderen Seite kommst du in starkes Kehrwasser und schaffst es dann mühelos bis zum Camp«, schlug er vor.

Ich blickte auf die schnelle Strömung, die sich in der Mitte noch verstärkte. Mit einem Motorboot mochte das ja funktionieren, aber in meinem Kanu befürchtete ich, weit abgetrieben zu werden. Lieber wollte ich es ein Stück hier am

Ufer flussaufwärts versuchen und dann erst queren. Keine hundert Meter schaffte ich gegen die Wassermassen, die sich mit großer Wucht herabwälzten, und brauchte ewig dafür. Randy hatte längst auf der anderen Seite angelegt. Ich gab meinen Kampf auf und stieß das Boot in die Strömung. Mit kräftigem Paddeleinsatz erreichte ich bald das andere Ufer, wo das starke Kehrwasser eine Lagune geformt hatte, in der ich entspannt Richtung Camp gondelte.

Randy lächelte von der hohen Uferkante herab. »Das hier ist meine Frau Debbie.«

Obwohl beide zweifelsfrei Athabasken waren, trugen ihre Gesichter auch europäische Züge. Randys Nachname ›Van Dyke‹ verriet die holländischen Wurzeln seines Vaters. Debbie hatte ihre braunschwarzen Haare mit einer Klammer hochgesteckt, sodass ihre dunklen Augen noch eindringlicher wirkten. Sie strahlten etwas Sehnsüchtiges aus und verliehen ihrem hübschen Gesicht gleichzeitig eine gewisse Anmut. Kleine Sommersprossen zierten verstreut die Haut und gaben ihr einen mädchenhaften Charme. Wenn Debbie später von ihren Enkelkindern sprach, zuckte ich immer kurz ungläubig zusammen, obgleich sie die vierzig sicher schon vor einiger Zeit überschritten hatte.

Ich stieg die steile Uferböschung hoch und sah nun die kleine Lichtung, an deren Ende das schlichte Blockhaus stand. Randy hatte es vor Jahren selbst gebaut. Aus den Fugen zwischen den Baumstämmen quoll Isolierwolle, das Fenster neben der Tür war mit einer robusten Kunststofffolie als Glasersatz überspannt. Bretter und weitere zersägte Stämme stapelten sich in kleinen Haufen neben dem Pfad zur Hütte. Zwischen zwei großen Fichten hing eine blaue Plane, die den Bereich für die Outdoordusche abtrennte. Ein Durchlauferhitzer, der mit einer Propangaskartusche betrieben wurde, sorgte sogar für warmes Wasser. Wir betraten die Hütte, in die nur spärlich Licht durch die beiden Fensteraussparungen fiel. Erst als die Augen sich an die Dunkelheit gewöhnt hatten, erkannte ich das Schneemobil, das mitten im einzigen Raum stand. Randy nutzte die *cabin* auch im Winter zum Fallenstellen oder Jagen. Zwei Betten an den Wänden und ein drittes gleich hinter dem Schneemobil boten Platz zum Schlafen. Dazwischen standen überall Kisten mit Lebensmitteln, Ausrüstung, Werkzeug und allerlei Kleinkram. Unter dem zweiten Fenster waren Kisten als Regale gestapelt, auf denen auch gekocht und abgewaschen wurde. Dazu standen eine große Schüssel Wasser und ein zweiflammiger Gaskocher bereit. Der obligatorische Holzofen diente als zusätzliche Kochmöglichkeit oder zum Warmhalten der Speisen. Debbies Elcheintopf duftete verlockend. Wir luden eine große Schöpfkelle in die Teller und setzten uns an den Tisch unterm Fenster neben der Tür. Ein Gewehr lehnte griffbereit an der Wand. Erst gestern musste Debbie damit einen hungrigen Schwarzbären vertreiben. »Ich hab gerade gekocht, als ich aus dem Fenster schaute und den Bären sah. Randy war auf der anderen Flussseite am *fish wheel* beschäftigt. Also nahm ich die Flinte und schoss.« »Ja, Bären sind hier immer ein Thema, vor allem wenn wir Fische räuchern und der Wind den Geruch in die Wälder bläst. Das ist wie ein Köder für die Bären«, ergänzte Randy.

Drei Wochen wollten die beiden in diesem Sommer zum Fischen im Busch verbringen und 80 bis 100 Königslachse fangen. Mehr brauchten sie nicht für den Eigenbedarf. Randy filetierte die Lachse dann in einem kleinen Verschlag aus Wellblech vorne am Steilufer zu Steaks oder Streifen. Die Steaks wurden eingefroren, Strom für die Truhe lieferte ein tragbarer Generator. In die Filets setzte Debbie noch mit einem großen Messer im Abstand von etwa zwei Zentimetern Querschnitte und zog das Fleisch auseinander, damit es besser trocknete und zusammen mit den Streifen geräuchert werden konnte. Die Räucherkammer hinter dem Wellblechverschlag war an den Seiten mit blauer Plane abgehängt. Am Boden kokelte ein schwelendes Feuer in einem aufgeschnittenen Blechfass mit Deckel.

»Es ist ziemlich aufwendig, das Feuer ständig am Laufen zu halten. Man braucht ungefähr zwei Wochen, bis der Lachs fertig geräuchert ist«, erklärte Randy seine Vorliebe für frische Lachssteaks, die, morgens gefangen, schon am Abend in der Pfanne brutzeln konnten.

Er arbeitete mit zwei Netzen, die er an unterschiedlichen Stellen im Wasser beließ. Eines maß hundert Fuß, das andere sechzig (etwa dreißig beziehungsweise zwanzig Meter). An guten Tagen verfingen sich bis zu zehn Königslachse darin, auf die er es abgesehen hatte. Die mageren *chums* oder Ketalachse wurden von vielen als Hundefutter getrocknet. Randy verfütterte sie zusammen mit den Innereien jeden Morgen nach dem Kontrollieren der Netze an gierige Möwen, die seinem Boot folgten, sobald sie es erspäht hatten.

»Deutschland ist doch ein sozialistisches Land, oder?«, fragte Randy mich nach dem Essen.

»Wie kommst du darauf?«, entgegnete ich überrascht.

Er nahm einen Schluck Tee aus seiner Tasse. »Na ja, die Regierung nimmt mehr Einfluss und bestimmt, wo's langgeht.«

»Unsere Regierung nimmt nicht mehr Einfluss als die amerikanische, in gewisser Weise sind wir so was wie euer kleiner kapitalistischer Bruder.«

»Aber ihr habt doch diese Krankenversicherung für alle ...«

Das Bestreben von Präsident Obama, die Millionen von nicht versicherten Bürgern in den USA im Krankheitsfall besser zu versorgen, stieß bei vielen Amerikanern immer noch auf Unverständnis. Das roch verdammt nach Sozialismus, dem unweigerlich der Kommunismus folgte, für die kapitalistische Gesellschaft das Schreckgespenst, das ihrer Nation von Freiheit und Demokratie über kurz oder lang den Garaus machen würde.

Ich musste an die peinlichen, braunen Papiertüten denken, mit denen man in Amerika jede gekaufte Dose Bier zu kaschieren versucht, bloß damit die Jugendlichen nicht auf falsche Gedanken kommen. Öffentliches Trinken war genauso verpönt oder verboten wie das Entblößen weiblicher Brüste beim Sonnenbaden oder das Äußern bestimmter Schimpfwörter und Kraftausdrücke in öffentlichen Medien. Ich erinnerte mich an Interviews mit amerikanischen Künstlern, die sich meist wunderten, dass sie im Radio in Deutschland das Wort *Fuck!* in den Mund nehmen durften, ohne gleich mit einem albernen Piepton zensiert zu werden. Manche nutzten das dann auch gleich exzessiv aus. Also, wo war jetzt die Einflussnahme der Regierung größer, wo lebte es sich tatsächlich freier? Dachte ich, wollte aber keine politische Diskussion anfangen, sondern lieber mehr über Randy, Debbie und ihr Leben im *fish camp* erfahren.

Viele Ureinwohner entlang des Flusses verbrachten jeden Sommer einige Wochen in ihren verstreut liegenden Camps, um den Fischvorrat für den Winter zu fangen. »Zuerst musst du mal einen guten Platz zum Fischen finden. Das ist gar nicht so einfach, der Yukon verändert sich hier ständig in den Flats.«

»Und wenn du mal einen gefunden hast, dann kannst du dort in der Nähe dann einfach ein *fish camp* einrichten und eine Hütte drauf bauen?«

»Ja, das geht schon noch, wenn es eine Zelthütte ist, aber kein permanentes Gebäude. Wir befinden uns hier mitten im Yukon Flats National Wildlife Refuge, also auf Bundesgebiet, und wenn du hier heutzutage einfach eine *cabin* baust, würden sie sich bestimmt darüber aufregen. Wahrscheinlich brauchen wir sogar alle irgendwann mal eine Genehmigung.«

Erst kürzlich hatte Randy ein Aufseher der zuständigen Behörde darauf hingewiesen, dass er ja eine kleine Tischsäge im Camp betreibe und sie selbstverständlich und zu jeder Zeit gerne anmelden könne. Trotzdem, Randy liebte es, der Hektik und dem Stress der Stadt zu entfliehen, um zu fischen oder einfach nur hier draußen zu sein. Im Winter kam er aus Fairbanks zum Fallenstellen zur Hütte, fing Luchse, Nerze, Marder, Füchse und hoffte, dass er all das noch möglichst lange würde machen können. »Es ist harte Arbeit, du brauchst gute Beine und einen guten Rücken. Und du musst verdammt aufpassen. Ich kenne viele, die sich im Winter Zehen erfroren haben. Das ist ein raues Land, gnadenlos.«

Als ich von meinem verschwundenen Stuhl erzählte, meinte Debbie lächelnd: »Den hat wahrscheinlich ein *brushman* geholt!«

»Ein was bitte?«

»*Brushman*. Bei uns heißen sie *naa'in*, von der Sippe Verstoßene, die allein wie Wilde im Busch leben.«

»Und was würde ein *brushman* mit meinem Stuhl anfangen?«

»Keine Ahnung. Aber das sind richtige Wesen, keine Geister, auch wenn sie sich manchmal so verhalten. Meine Tochter fuhr mal auf dem Alaska Highway durch Kanada, ist ein paar Jahre her. Irgendwo machte sie eine Pause, und die Leute dort sagten ihr, sie solle aufpassen. Man habe ›etwas‹ gesehen ...«

Danach freute ich mich richtig auf die kommende Nacht und die Träume, die mich bestimmt heimsuchten.

Wir schliefen gut, lange und ohne wirre Träume. Randy und Debbie teilten sich das Bett an der einen Wand, ich nahm das an der anderen. Nach dem Frühstück fuhr ich mit Randy raus, um die Netze zu kontrollieren. In einem fanden wir fünf Königslachse und vier *chums*. Manche hatten sich in den Maschen verfangen, und es dauerte eine Weile, bis wir die Fische an Bord und das Netz wieder im Wasser hatten. Die Sonne zeigte sich jetzt, und bald waren die meisten Wolken vom Himmel verschwunden. Es würde ein heißer Tag werden, windstill, perfekt zum Weiterfahren. Aber ich wollte Randy gerne erst noch beim Fertigstellen des Fischrades helfen.

Diese archaische Fangmaschine kam mit den ersten Weißen zum Yukon. Das eigentliche Rad wurde durch die Strömung bewegt und bestand aus zwei Fangkörben, deren Achse auf einem Floß montiert war. Eigentlich fehlten Randy nur noch die Holzbox zum Auffangen der Fische und die Paddelbretter, die es später in der Strömung antrieben. Das Baumaterial sägten wir aus den Treibholzbergen am Ufer. Beim Zusammensuchen entdeckten wir die Hufspuren eines Elchs und kurz darauf die Fährte eines Grizzlys, dessen mächtige Tatzen sich tief in den Morast gegraben hatten. Wahrscheinlich war er hinter dem Elch her, mutmaßte Randy. Neben die Achse des Fischrads nagelten wir zunächst die sechs Stangen, die später ein oder zwei Holzbretter als Paddelblatt tragen sollten, und zimmerten dann die Kiste aufs Floß, in die die Lachse rutschen würden. Eine schräg verlaufende, hölzerne Führungsrinne am unteren Ende jedes Fangkorbes sollte die Fische weiterleiten, wenn sie aufgegriffen und aus dem Wasser gehoben würden.

Schließlich schoben wir das Fischrad samt Floß mit Randys Boot an eine Stelle in einem Seitenarm, in dem er schon in den vergangenen Jahren erfolgreich gewesen war. Bei unserer Ankunft aber mussten wir feststellen, dass der Fluss sich seitdem verändert hatte und die Stelle am Ufer nun deutlich flacher schien. Lachse nutzten erfahrungsgemäß ja die Rückströmung in Ufernähe aus, um sich flussaufwärts zu kämpfen. Aber das Rad brauchte mindestens einen Tiefgang von zwei besser zweieinhalb Metern. Wir stocherten mit einem langen Stock im trüben Wasser, um immer wieder die Flusstiefe zu kontrollieren, und entschieden uns schließlich für eine Stelle, die vielversprechend wirkte. Nun brauchten wir zwei etwa zehn Meter lange Baumstämme, um das Floß stabil zu verankern. Am Ufer stromaufwärts zogen wir zwei gerade gewachsene Treibholzstämme aus dem Wald, die Randy mit der Motorsäge entastete und auf die passende Länge stutzte. An jedes Ende des Floßes nagelten wir nun einen der Stämme und wuchteten sie im fast rechten Winkel mit den Spitzen ans Ufer. Ein zusätzliches Seil vom Floß um eine schwere Wurzel dort würde sie in Position halten.

Als Nächstes mussten wir die Fangkörbe um 180 Grad drehen, damit wir das Paddelblatt auch auf der anderen Seite anbringen konnten. Wir lösten die Sicherheitsarretierung und schoben und zogen an den Körben, bis die richtige Stellung erreicht war. Auf einer Seite hing das Floß schon ziemlich tief im Wasser. Ein zusätzlicher Baumstamm hätte wahrscheinlich mehr Auftrieb verschafft, aber dafür war es nun zu spät. Wir balancierten mit Gummistiefeln über die glitschigen Stämme durchs Wasser, darauf bedacht, nicht den Halt zu verlieren und in den Fluss zu stürzen. Die Abendsonne strahlte uns ins Gesicht und zauberte einen zarten Regenbogen an den Himmel. Offenbar war dort aus einer kleinen Wolke ein kurzer Schauer niedergegangen. Das Zimmern der Halterung für die Paddel gestaltete sich hier im Fluss weitaus mühsamer als heute Mittag am Ufer gegenüber vom *fish camp*. Teilweise mussten wir unter Wasser nageln und sägen, bei jedem Hammerschlag spritzte es.

Dann kam der Moment der Wahrheit. Jetzt würde sich zeigen, wie gut wir gearbeitet hatten und ob sich das Rad überhaupt drehen würde. Wir lösten die Schnur, mit der wir die Fangkörbe arretiert hatten, gaben ihnen einen leichten Stoß und warteten gespannt auf die erste komplette Umdrehung. Langsam setzten sie sich in Bewegung, und während der eine Korb ins Wasser eintauchte, drehte der andere sich in die Höhe. Doch schlagartig stoppte die Bewegung. Der untere Korb saß fest.

»Manchmal braucht es nur ein bisschen mehr Schwung«, tröstete uns Randy über die Enttäuschung hinweg und schlug vor, die Achse ein wenig anzuheben, damit die Körbe wieder Freilauf hätten. Wir positionierten uns an den gegenüberliegenden Enden, umschlossen die Achse mit beiden Händen und hoben auf Kommando gleichzeitig an. Die zentnerschwere Last ließ sich nur mit Mühe ein paar Zentimeter bewegen. Noch aber drehte sich das Fischrad nicht. Wir versuchten es erneut, unsere Backen blähten sich gewaltig mit der Luft, die wir unter der Anstrengung aus den Lungen herauspressten. Für Debbie, die unser Ächzen und Stöhnen von der Bootskanzel aus verfolgte, mögen wir wie zwei Frösche beim Balzgequake gewirkt haben. Aber diesmal kamen die Körbe langsam in Bewegung, wir ließen die Achse zurückrutschen, und schon stoppte das Rad wieder.

»Vielleicht sollte ich die Paddelblätter vergrößern.« In Randys Stimme schwang die gleiche Enttäuschung mit, die auch ich spürte. Seit acht Stunden schufteten wir nun schon, und immer noch kein Erfolg. »Lass uns hier abbrechen, es ist schon spät. Ich werd's in den nächsten Tagen noch mal versuchen«, beendete er nach 22 Uhr unsere Anstrengungen. So gerne ich das Fischrad mit ihm zum Laufen gebracht hätte, es war die einzig vernünftige Entscheidung. Wir fühlten uns ausgelaugt und hungrig, hatten außer ein paar Händen voll *trail mix* seit Stunden nichts gegessen. Der gegrillte Lachs, den wir heute Morgen erst aus dem Yukon gezogen hatten, schmeckte kurze Zeit später wohl auch deshalb besser als jeder andere Fisch, den ich jemals gekostet hatte.

Seit dem Bau des Kanus hatte ich körperlich nicht mehr so schwer gearbeitet. Auch wenn es am nächsten Morgen überall ein wenig zwickte, fühlte ich mich gut. Debbies Pfannkuchen und der Kaffee halfen allerdings gehörig. Wir saßen zum Frühstück am Tisch und blickten verschwommen durch die Kunststofffolie nach draußen. Im Hintergrund krächzte das Transistorradio, mit dem Randy meine Sendung in Fort Yukon verfolgt hatte. John Leroy legte in der *morning show* wieder alte Country-Klassiker auf.

»Ja, es ist schön hier draußen, die Ruhe, der Frieden, das Land zu genießen und nachzudenken«, unterbrach Debbie unser schläfriges Schweigen.

»Worüber denkst du nach?«, wollte ich wissen.

»Was ich nächstes Jahr tun werde. Oder über meinen Beruf, was ich besser machen könnte für die Kinder.«

Debbie leitete als Pädagogin das Berufsbildungsprogramm für den *Yukon Flats School District*. Dazu gehörten sieben Schulen, die sich über die Siedlungen in den Flats verteilten. »Wir haben etwa siebzig, achtzig Highschoolschüler in den Klassen 9 bis 12. Die fliegen wir für zweiwöchige Sessions nach Fort Yukon, wo sie dann Unterricht in verschiedenen Fächern bekommen, Wirtschaftskunde, Informatik, Gesundheitswesen, Schweißen, Schreinerei. Das sind zwei richtig intensive Wochen, und dann gehen sie wieder zurück nach Hause und lernen dort weiter.« Auch die Schüler in Fort Yukon selbst wurden natürlich unterrichtet. Außerdem gab es spezielle Berufsberatungsprogramme für die jüngeren Highschoolschüler und Sprachunterricht per Videokonferenz. »Unsere Lehrerin sitzt oben in Arctic Village und gibt jeden Tag eine Stunde Unterricht von dort für alle Schüler in unserem Bezirk, die dieses Fach gewählt haben. Im Frühjahr bringen wir sie dann alle nach Arctic Village, damit sie dort in einem Camp von den Stammesältesten lernen können. Nicht nur die Sprache, sie sollen auch das Land kennenlernen, die Karibujagd, das Fischen.« Finanziert wurde das Programm durch private Fördergelder, der Staat unterstützte die Schulen dabei nicht. Drei Jahre waren bereits erfolgreich absolviert, der zweite Dreijahreszyklus der Finanzierung lief gerade. Ein zu kurzer Zeitraum allerdings, als dass die Schüler die Sprache schon wieder fließend sprechen könnten. »Wir müssen erst mehr Zeit in die Entwicklung eines Lehrplans dafür stecken. Eine Stunde täglich ist gut und ein Anfang, aber damit können wir unsere Sprache nicht retten. Da müssen wir wesentlich mehr tun, denn unsere Sprache ist unsere Kultur. Sie verbindet uns mit dem Land, das so viel für uns bedeutet. Vor ein paar Jahren wurden Ölvorkommen hier in der Nähe entdeckt und uns ein Landtausch angeboten. Aber unsere Alten haben uns immer gelehrt, dass wir auf unser Land achten müssen. Wir haben hier keine Industrie, keine Wirtschaft, was bleibt also unseren jungen Leuten? Sie leben vom Land, sie schlagen Bäume, verkaufen Holz. Aber was passiert, wenn das Land verseucht wird?« Die explodierte Bohrinsel im Golf von Mexiko hatte Debbie gerade wieder gezeigt, wie gefährlich das Streben nach Öl sein konnte. Nach dem Tankerunglück der *Exxon Valdez* 1989 im Prince William Sound lagerten dort selbst heute noch überall Ölreste dicht unter der Erde, auch wenn oberflächlich alles sauber wirkte. »Wir müssen vorsichtig sein. Das ist unser Erbe. Das macht uns aus, deshalb kommen wir hier raus und tun, was wir tun. Da gibt es eine spirituelle Verbindung zu diesem Land. Und ich möchte, dass du das mitnimmst und weitererzählst, dass wir diese Verbindung haben und wie sehr wir darauf achten müssen.«

Längst klang Debbies sonst so fröhliche Stimme leiser und nachdenklicher. Selbst in der hintersten Buschhütte hat-

Goldflakes in einer Waschpfanne, selbst heute kann man nach alter Manier fündig werden.

Einreise nach Alaska auf dem kurzen Dienstweg, der Grenzbeamte Chuck stempelt meinen Pass vorm Einkaufsladen in Eagle.

Friedlicher Abend auf dem Fluss. Zum Sonnenuntergang legt sich oft der Wind, und Himmel und Landschaft spiegeln sich im ruhigen Wasser.

Die Radiocrew von KZPA in Fort Yukon hat großen Spaß ...

... als ich hinters Mikrofon darf und Country Music auflege.

Farbenspiel im Wolkenhimmel: die arktische Mitternachtssonne am
Polarkreis in den Yukon Flats

Am Ufer des Yukon zimmert Randy Van Dyke die letzten Bauteile ans fast fertige Fischrad ...

... das am nächsten Tag unter den kritischen Augen seiner Hündin zum Ankerplatz geschoben wird.

Debbie Van Dyke bereitet den frisch gefangenen Lachs zum Trocknen vor und schneidet das Fleisch in Streifen...

... die einige Tage lufttrocknen oder geräuchert werden. Lecker schmeckt der Königslachs in jedem Fall, egal in welcher Zubereitungsform.

Jetzt noch schnell Zähne putzen und dann ab ins Zelt. Mundhygiene auf einer kleinen Kiesinsel kurz vor Galena

Fluss-Opa Roy vor seiner kleinen Hütte am Flussufer, in der er allein lebt und Besucher mit Kaffee und Mandolinenmusik verwöhnt

Jake, *the mad russian*, Flussratte und Yukon-Philosoph, der seinen Blick nicht vom Wasser lassen kann

Debbie Deacon vor ihrer *cabin* in Grayling. Sie kämpft für die Fischrechte ihres Volkes und scheut keine Konfrontation.

Magischer Morgen am Yukon bei Pitkas Point, Nebelschwaden lassen den Horizont verschwimmen.

Lachssteaks am Campfire mit Yoshi aus Japan. Er will in seinem Faltkajak ebenfalls zur Beringsee.

Die Tage werden jetzt zunehmend kürzer, die Nächte dunkler. Mein letztes Camp vor dem Ziel auf einer kleinen Sandinsel mitten im Fluss

Pilot Station, eine von mehr als zwanzig Siedlungen am Fluss in Alaska. Der Einfluss der Russen, die hier als erste Weiße siedelten, ist bis heute spürbar.

Zwei junge Yup'ik Eskimos in Emmonak scheinen sich genauso zu freuen wie ich. Das Ziel ist hier erreicht, fast…

... denn noch sind es rund zwanzig Kilometer bis zur Küste an der Beringsee, an der ich nach über 3000 Kilometern und zehn Wochen triumphieren darf.

ten Videospiele, Dokusoaps und die Musik urbaner Popstars Einzug gehalten und prägten die Ideale der Jugend. »Aber was ist mit ihrer Kultur? Was passiert mit unseren Werten, die wir als Gwich'in haben? Das ist es, was wir unseren Kindern wirklich beibringen müssen.« Damit könne man gar nicht früh genug beginnen, und die Eltern müssten mit einbezogen werden. Denn der Zusammenbruch des Familiensystems innerhalb der Gesellschaft wirkte sich besonders auf die Kinder aus. Debbie selbst hatte ihre Sprache noch von den Großeltern gehört, die sich mit ihr in Gwich'in unterhielten. »Aber sie ließen mich nur in Englisch antworten, weil sie damals dachten, nur so kommst du in der Welt zurecht.« Wie viele indianische Kinder jener Zeit musste ihre Mutter in einer Internatsschule Englisch lernen. Diese *boarding schools* glichen manchmal regelrechten Züchtigungsanstalten, die vom ganzen Gebaren her einem Jugendgefängnis in nichts nachstanden. Man schnitt den Kindern der ›Wilden‹ ihre langen schwarzen Haare ab, steckte sie in Einheitskleider und verbot ihnen, die Stammessprache zu benutzen. Wer es doch tat, dessen Mund wurde mit Seife ausgewaschen, oder man prügelte so lange auf ihn ein, bis auch die letzten Reste seiner Kultur und Traditionen dem weißen Standard gewichen waren. »Ich wünsche dir, dass du auf deiner Reise erkennst, wie wichtig all diese Dinge für uns sind, die wir bewahren müssen, um sie an unsere Kinder weiterzugeben. Eine Kultur wird sich immer verändern, aber es gibt grundsätzliche Werte, an denen wir festhalten müssen.«

Ich umarmte Randy und Debbie lange, als ich mich an diesem Morgen von ihnen verabschiedete. Sie versorgten mich noch mit einer Tüte Granola, Müsliriegeln, Erdnussbutter und einer blauen Plane, die ich zum Schutz vor Regen über meine Ausrüstung legen konnte.

»Keine Reise in Alaska ohne ein blaues Tarp«, scherzte Randy, aber ich hatte unterwegs schon bemerkt, dass die einfachen Planen hier wirklich so unverzichtbar schienen wie *duck tape* und Mückenspray.

An Debbies letzte Worte, bevor ich mein Kanu zurück auf den Yukon paddelte, würde ich noch lange denken, auf dem Fluss und später nach der Reise: »Die Antworten wirst du am Ende des Weges finden. Hier draußen zu sein ist etwas Besonderes, das dich berührt. Wie nichts sonst dich jemals berühren wird.«

Seit fünf Wochen war ich nun auf dem Wasser unterwegs, schätzte die zurückgelegte Strecke auf etwa 1600 Kilometer, also gut die Hälfte. Gegen Mittag stoppte ich in Beaver, wusch meine Haare in der *washeteria* und rasierte mich. Der kleine Dorfladen hatte leider noch geschlossen. Eine Tafel in der Tür verriet seine spärlichen Öffnungszeiten, Montag bis Freitag ab 17 Uhr, samstags schon ab 15 Uhr, allerdings für maximal anderthalb Stunden. Am Ufer kochte ich noch ein paar Nudeln und paddelte anschließend bis weit nach Mitternacht.

Der nächste Tag verlief ähnlich, viel Sonne, aber auch ein kalter, fast schon herbstlicher Wind, der immer wieder Rauchschwaden eines nahen Waldbrandes übers Wasser blies. Unterwegs attackierten mich wieder zwei Möwen, die ihre Angriffe diesmal offensichtlich koordinierten. Während die eine mich vorne wild kreischend ablenkte und mit ihrem flüssigen Vogelschiss bombardierte, stürzte die andere von hinten wie ein Kamikazeflieger mit starren Augen heran. Hatte sie abgedreht, wiederholte sich das schräge Schauspiel in anderer Besetzung. Manchmal dauerte es fast eine halbe Stunde, bis sich die Vögel entspannten und von mir abließen. Unterwegs beobachtete ich, wie Möwen im Verbund mitunter sogar die mächtigen Weißkopfseeadler aus ihrem Territorium vertrieben, wenn die zu nahe ans Gelege kamen.

Über Nacht legte sich der Wind, sodass ich am darauffolgenden Morgen problemlos nach Stevens Village gelangte. Der kleine Ort war für mich der letzte in den Flats und diente zurzeit den Einsatzkräften der Feuerwehr als Basis bei der Bekämpfung des Waldbrandes. Auch heute verfinsterten seine Rauchwolken den Himmel wieder zeitweise. Seit Wochen ging das nun schon, wann er endlich gelöscht wäre, stand in den Sternen. Zumindest sicherte er so lange vielen Gwich'in einen Zusatzverdienst als Helfer bei der Brandbekämpfung. Bei meiner Ankunft starteten gerade neue Löschflugzeuge vom örtlichen Flugplatz. Im Dorf grüßte ich junge Männer, die mit einem Bagger die Straßen ausbesserten. Eine Pause schien ihnen in der Hitze des Mittags willkommen, und so fuhren sie mich zum Supermarkt. Der befand sich in einem Privathaus, im Raum gleich neben dem Wohnzimmer. Die Regale der winzigen Kammer waren vor allem mit Schokoriegeln, asiatischen Nudelsuppen und Limodosen gefüllt.

Auf dem Rückweg duschte ich noch in der tadellosen *washeteria*, dann lief ich wieder runter ans Ufer zu meinem Kanu. Daneben ankerten inzwischen drei der typischen *skiffs*, Aluboote mit besonders flachem Kiel und wenig Tiefgang, die sich problemlos auch über seichte Flussabschnitte steuern ließen. Auf einem der Boote stand in handgemalten grünen Lettern: ›Yukon Rum Runner‹, eine Anspielung auf die Alkoholschmuggler während der Prohibition. Vermutlich folgte der Besitzer ihrem Beispiel und transportierte in Fairbanks gekauften Schnaps in die Siedlungen, in denen Alkohol eigentlich verboten war. Ich überlegte, ob er es auch gewesen sein könnte, der auf mein Winken zuvor auf dem Fluss mit einer herablassenden Geste reagiert hatte. Dort war ein Boot mit zwei Männern an mir vorbeigerast, und statt wie üblich zu grüßen, schwenkte der vermutlich angetrunkene Kapitän ein virtuelles Lasso und peitschte sich zwischendurch auf den Hintern. Dabei lachte er dreckig, und schon war er hinter der nächsten Biegung verschwunden.

Viel später schrieb mir Jonathan aus Colorado, den ich in Whitehorse getroffen hatte, von einer noch unerfreulicheren Begegnung. Er startete kurz nach mir auf dem Porcupine River, der sich bei Fort Yukon mit dem Yukon vereint, und wollte mich vielleicht sogar treffen. Auf seiner Fahrt Richtung Beringsee hörte er kurz vor Erreichen der Dalton Highway Bridge Schüsse. Im nächsten Moment raste ein *skiff* um die Ecke, und er winkte den drei Männern im Boot zu. Der in diesem Fall zweifelsfrei volltrunkene Typ im Heck riss daraufhin seine Flinte hoch, legte an und zielte auf Jonathan. Im letzten Moment änderte er seinen vermeintlichen Plan und schoss über ihn hinweg in die Luft. Danach fing er so heftig an zu lachen, dass er beinahe das Gleichgewicht verloren hätte und ins Wasser gestürzt wäre. Ohne die Geschwindigkeit zu drosseln, brauste das Boot weiter, und der besoffene Volldepp ballerte erneut planlos ins Wasser und in die Luft. Jonathan war zwar unverletzt, aber so geschockt, dass er auch deshalb seinen Trip an der Brücke beendete und nach Hause reiste. Der verdammte Alkohol oder wie die Menschen ihn missbrauchten und warum. Leider manchmal eben auch ein Thema auf dem Fluss. Zum Glück nur äußerst selten.

Hinter Stevens Village verengte sich der Yukon endgültig zu nur noch einem Strom, die Flats lagen nach über einer Woche hinter mir. Der Fluss strömte nun wieder durch einen vergleichsweise engen Taleinschnitt, an dessen Seiten grüne Hügel steil emporragten. Wie von Richard in Fort Yukon prophezeit, frischte der Wind auf, sobald ich das Flachland hinter mir gelassen hatte. Er blies gegen die Strömung, und im Nu hatten sich die ersten Wellen mit weißen Gischtkappen gebildet. Ich hielt mich nah am rechten Ufer, wo der Wellengang zwar deutlich geringer ausfiel, der Gegenwind aber das Vorankommen trotzdem extrem erschwerte. So kräftig ich auch das Paddel zog, ich kam kaum vorwärts. Zeitweise sorgte ich mit dem Paddeln nur dafür, dass der Wind mich nicht stromaufwärts trieb. Wenn ich dann nach rechts zum Ufer blickte, wurde mir klar, dass ich minutenlang auf der Stelle blieb, ohne auch nur einen Zentimeter Fluss gutzumachen. Frustrierender ging es kaum. Da hatte ich endlich die Flats hinter mir und nur noch einen kurzen Canyon vor mir, die schnelle Strömung des Yukon hätte mich in Rekordzeit zur großen Brücke treiben können. Und dann funkte der fiese Wind dazwischen. Hoffentlich war das kein Vorgeschmack auf die Etappen im Delta. Dann würde ich die Beringsee nie erreichen. *Floater* nannten sie die Kanuten in den Dörfern hier, so als ob wir alle völlig entspannt dahintrieben und nebenbei eine mit Ananasscheibchen und Papierschirmchen dekorierte Piña Colada schlürften. Die Schinderei, zu der mich der Sturm gerade zwang, fühlte sich nicht gerade an wie ein relaxter Karibikurlaub.

Mit viel Demut kämpfte ich mich vorwärts, und irgendwann am späten Abend wurde meine Geduld belohnt. Der Wind ließ nach, und in der Ferne zeichnete sich am linken Ufer ein einzelner Betonpfeiler ab. Je näher ich kam, desto mehr Stützen konnte ich erkennen. Als schließlich alle fünf vor mir lagen und ein großer Truck über die Trasse donnerte, hatte ich die Dalton Highway Bridge erreicht. Die einzige Brücke über den Yukon in Alaska und die letzte Straße, die den Fluss mit dem Hinterland und den Metropolen im Süden verband. Ab jetzt gab es nur noch das Wasser und die Luft zur Fortbewegung. Für die nächsten 1300 Kilometer bis zum Meer.

›The Bridge‹ – Galena

Von schwarzem Gold über Permafrost,
einem Mandolinenständchen im Platzregen
und Elfenbein vom Dinosaurierfriedhof

Wie ein silbern glänzender Wurm zieht sich die Pipeline fast 1300 Kilometer durchs Land. Von den Ölfeldern der Prudhoe Bay am Arktischen Ozean ganz im Norden werden täglich Hunderttausende Barrel durch eine der menschenfeindlichsten, faszinierendsten und schönsten Gegenden der Erde bis zum Hafen von Valdez ganz im Süden Alaskas gepumpt. Zehntausende Arbeiter und Ingenieure bauten über drei Jahre an diesem Mammutprojekt, das die USA nach dem Ölembargo der arabischen Welt 1973 unabhängiger machen sollte. Ein fadenscheiniger Vorwand, denn seit Inbetriebnahme der Pipeline hat die Fördermenge über die Jahre kontinuierlich abgenommen und machte zuletzt weniger als ein Prozent des weltweiten Volumens aus. Selbst auf dem amerikanischen Markt beträgt der Anteil nur etwas mehr als elf Prozent. Aber die Pipeline und das Öl haben Alaska verändert. Innerhalb kürzester Zeit lockten Tausende extrem gut bezahlter Jobs die Menschen aus allen Teilen der USA in den Norden und sorgten für einen Zuwanderungsboom. Bis heute hat sich das Bruttosozialprodukt Alaskas im Vergleich zur Zeit vor der Pipeline verfünffacht, über 85 Prozent seiner Einnahmen kommen jetzt aus der Ölwirtschaft. Der einstige Wildnisstaat wurde zur Wirtschaftsmacht innerhalb der USA. Früher zahlten die Menschen hier mit die höchsten Einkommenssteuern, heute ist der 49. Bundesstaat weitgehend ein steuerfreies Paradies. Auch daran erinnert die aus über 100 000 Einzelelementen bestehende Metallleitung, die sich auf Stelzen und im Zickzack über den Permafrost und die bis zu 1500 Meter hohen Pässe der Brooks Range schlängelt. Die Betreiberfirma Alyeska gibt jedes Jahr ein kleines Büchlein heraus, in dem auf über hundert Seiten Fakten und Statistiken zu allen möglichen Themen nachzulesen sind, von Betriebszeiten über Sicherheitsmaßnahmen bis zum Erdbeben der Stärke 7,9, das man fast unbeschadet überstanden hatte. Aber die Tabelle mit den im Laufe der Jahre ausgelaufenen Mengen mahnt, dass die Förderung und der Transport von Öl ein gefährliches Spiel bleiben. Das Öl in dem havarierten Tanker *Exxon Valdez* war durch diese Pipeline gepumpt worden. Auch deshalb verstummten die Stimmen der Kritiker nicht, und die Erschließung weiterer Gas- und Ölvorkommen wird heftig bekämpft.

Im letzten Licht des Tages erglühten die Pfeiler der Brücke, die auch die Pipeline über den Yukon führt und ohne sie erst gar nicht gebaut worden wäre. Ich parkte mein Kanu zwischen ein paar Alubooten am sandigen Ufer und lief hoch zum *Yukon River Camp*. Der Name klang deutlich romantischer als das, was ich vorfand. Eine trostlose Ansammlung flacher Containergebäude erstreckte sich gleich neben dem Highway. *Motel – Restaurant – Gifts* stand auf drei Schildern über dem Eingang, zu dem eine kurze Treppe mit türkisgrünem Geländer führte, der einzige Farbtupfer, der sich vom dreckigen Mausgraubraun der Wände absetzte. Ohne diesen Hinweis hätte man sich wahrscheinlich gar nicht in die düster wirkenden Räumlichkeiten getraut, in denen früher die Pipelinearbeiter untergebracht waren. Für Freitagnacht verdammt wenig los, dachte ich. Immerhin gilt die Kreuzung von Straße und Fluss mit ihrer strategischen Lage als Treffpunkt weitgereister Touristen, hungriger Arbeiter und der Bewohner der Dörfer am Fluss, die hier ihre Trucks parken und von Zeit zu Zeit damit Vorräte aus Fairbanks herkarren und auf Boote umladen. Im Sommer, zwischen Mai und September, steppt hier der Bär, manchmal wortwörtlich, wie das zerstörte Fenster neben der Tür bezeugte. Ein Grizzly hatte sich da hindurch nachts in die Küche gezwängt und einigen Schaden angerichtet, bevor er schließlich erschossen wurde. Zur Erinnerung malte Manager Terry einen Bärenhintern mit Füßen auf eine Holzplatte und nagelte sie auf den Fensterrahmen.

Terry kam 1980 aus Santa Fe, New Mexico, nach Alaska. 18 Jahre lebte er in Anchorage und zog dann wegen eines Jobs nach Coldfoot am Dalton Highway, ebenfalls ein ehemaliges Pipeline-Camp und bis heute seine Heimat. »Meine Vorfahren waren Navajo und Ute aus Gegenden in Utah und New Mexico, was interessant ist. Weil die Athabasken, die am Yukon und im Inneren Alaskas leben, ursprünglich ja vor langer Zeit aus Asien über eine Landbrücke kamen. Und während ein Teil sich hier niederließ, zog ein anderer weiter nach Süden bis ins heutige Arizona und New Mexico. Sie bildeten schließlich die Navajo. In gewisser Weise also betrachte ich die Indianer hier oben als meine entfernten Cousins.« Seit vier Jahren managt Terry das *Yukon River Camp*, das im Sommer die Reisenden mit fettigem Essen und teurem Sprit versorgt. Der Preis für eine Gallone, knapp vier Liter, beträgt im Schnitt einen Dollar mehr als im 200 Kilometer entfernten Fairbanks, wo es immer noch deutlich teurer ist als im Rest der Staaten. Und dabei läuft die Pipeline ja quasi direkt vor der Haustür vorbei. Aber das Rohöl muss erst noch raffiniert werden, was meist an der Nordwestküste in Washington oder Oregon geschieht. Danach kommt es mit Tankern als Diesel und Benzin wieder zurück nach Alaska an die Zapfsäulen. Auch die Preise für das Motel liegen in schwer nachvollziehbaren Höhen. Wer den schäbigen 70er-

Jahre-Baracken-Stil zu zweit für eine Nacht auf sich wirken lassen will, zahlt rund 200 Dollar, ohne Frühstück.

Jetzt aber, gegen 23 Uhr, war schon seit zwei Stunden alles verriegelt, inklusive der Zapfsäule. Dann musste der Burger, von dem mir Debbie und Randy schon vorgeschwärmt hatten, wohl bis morgen warten. Ich lief quer über den Schotterparkplatz und suchte eine geschützte Stelle für mein Zelt. Überall verboten Schilder das Campieren, stören würde es vermutlich trotzdem niemanden. Obwohl die Reihen mit Autos und Trucks zugeparkt waren, sah ich keine Menschenseele. Vielleicht könnte ich den Platz neben einem der erst kürzlich aufgestellten neuen Picknicktische zweckentfremden, überlegte ich, als ein roter Kombi mit einem winzigen, eiförmigen Wohnwagenanhänger vom Higway zu mir abbog. Phyllis und Lynn, Mutter und Tochter, aus New Hampshire an der amerikanischen Ostküste hatten in den letzten Wochen bereits über 7000 Kilometer zurückgelegt. Morgen wollten sie noch kurz zum Polarkreis, ein Lebenstraum für die achtzigjährige Phyllis, und dann wieder allmählich Richtung Heimat.

»Kann man hier irgendwo campieren?«, fragte mich Tochter Lynn aus dem heruntergekurbelten Fenster.

Ich zuckte mit den Schultern. »Keine Ahnung, ich suche selber.«

Wir unterhielten uns kurz, aber Moskitos und die nach Sonnenuntergang rasch sinkenden Temperaturen trieben uns zu einer baldigen Entscheidung. Während die beiden ihr Gespann einfach auf dem Schotter stehen ließen und in ihr Wohnwagenei kletterten, fand ich weiter unten am Fluss einen halb zugewachsenen Pfad zu ein paar alten Bänken, von denen man früher mal direkt auf den Fluss blicken konnte. Eine Stunde später hatte ich die Ausrüstung und das Boot dorthin gebuckelt und lauschte einem einsamen LKW, der über die Brücke und weiter in die Nacht rollte.

Burger, Pommes, Kirschkuchen mit Eis und endlos nachgeschenkte Cola – schon meine zweite Völlerei heute im spartanisch eingerichteten Containerrestaurant. Bereits das *Haul Road Breakfast* mit doppelter Portion Bratkartoffeln, *bacon* und Eiern hatte ich genüsslich von einem der wenigen im Raum verteilten Tische gefuttert. An jedem Tisch gruppierten sich drei mit schwarzem Kunstleder bezogene Holzstühle, auf jeder Tischplatte trohnte eine große Kunststoffflasche Ketchup, flankiert von einem weißen Salz- und einem schwarzen Pfefferstreuer. Ein kleines ovales Plastikkörbchen mit Zucker und Süßstofftütchen komplettierte das minimal-dekorative Arrangement. Ich schwelgte in Kalorien und genoss den Service der Collegestudenten, die sich hier im Sommer als Bedienung das Studium finanzierten.

Eigentlich wollte ich schon längst wieder auf dem Fluss sein, konnte aber zumindest der Verlockung frisch gewaschener Kleidung nicht widerstehen und bezahlte für die Benutzung der Waschräume. Duschen wäre schon auch nett gewesen, aber die zehn Dollar Gebühr fand ich dann doch unverschämt und wollte lieber auf die nächste *washeteria* am Fluss warten, wo manchmal ein Dollar für ein paar Minuten warmes Wasser reichte. Zwischen ein paar Birken hinter der Zapfsäule spannte ich eine Trockenleine, und während meine jetzt wieder einen Tick sauberer duftende Wäsche im Wind flatterte, lief ich zu einem kleinen Zeltpavillon, den ich gestern Abend bei meiner Ankunft schon entdeckt hatte. Dorothy pinselte gerade grüne Farbe auf eine Blume, die sie komplett aus Birkenrindenschnipseln gebastelt hatte. Hinter ihr lagen zwei Bretter auf Holzböcken und dienten als Präsentationsfläche für kleine Kanus, Hundeschlitten, Ohrringe, Arm- und Halsbänder, alles ebenfalls aus Birkenrinde gefertigt. Fasziniert trat ich näher.

»Hallo, schau dich nur um«, lud Dorothy mich ein.

Jetzt sah ich auf einem groben Regal aus unbehandeltem Holz noch Schachteln und Dosen aus Birkenrinde, die mit Glasperlen und Stachelschweinborsten bestickt waren. Darüber hingen kleine Beutel und Taschen aus Wolfsfell. In einer anderen Ecke klebten auf einer Metallplatte Kühlschrankmagnete mit Birken-Miniaturkanus, aus denen Fellreste lugten, und mit zittriger Hand bemalte Birkentäfelchen, die die Brücke zeigten.

»Ich mache das seit dreißig Jahren, wollte immer schon mit dem arbeiten, was das Land hergibt. Und jetzt lebe ich so, wie ich es mir immer erträumt habe«, erklärte Dorothy mit strahlenden Augen. Vor sechs Jahren kam sie mit ihrem Mann und den beiden erwachsenen Kindern aus Minnesota nach Alaska. Im Busch fanden sie ein Stück Land, bauten in drei Monaten ein Holzhaus drauf und lebten seitdem abgeschieden und nur vom Fluss aus erreichbar in der Wildnis. Sie holte ein kleines Fotoalbum aus ihrer Handtasche, die vor einiger Zeit noch ein quietschfideler Vielfraß gewesen war, und blätterte durch die Seiten. Besonders stolz zeigte sie auf ihren Wintergartenanbau, in dem selbst bei arktischer Kälte noch Sonnenblumen blühten und Cocktailtomaten wuchsen. Im Winter schmolz sie Schnee und sammelte daraus das Trinkwasser fürs ganze Jahr. Mit ihrer Birkenrindenkunst verdiente Dorothy im Sommer ein bisschen Geld, von dem dann die Familie Lebensmittel in Fairbanks kaufen und hierher zur Brücke schaffen konnte. Von dort ging es mit dem Boot und vom Ufer dann mit dem Quad weiter zur Hütte. Ein einfaches, hartes Leben, aber Dorothys Glückseligkeit schien authentisch, auch wenn dreißig Jahre Kunsthandwerk Spuren hinterlassen hatten. Ihre Frontzähne waren im Laufe der Jahre dem dauernden Einsatz beim Werkeln zum Opfer gefallen und würden wohl bis auf Weiteres auch nicht ersetzt. Bei all der Birkenrinde konnte ich mich nicht zurückhalten und kaufte ein Armband, das sie extra für mich anfertigte. Mit einem Papierlocher stanzte sie aus der dünnen Rinde zunächst viele kleine Birkenplättchen, fädelte die dann mit einer Nähnadel auf einen Faden, fügte ein paar Tigeraugensteine dazwischen und verknotete die Enden mit dem Verschluss.

Nun wollte Dorothy im Gegenzug unbedingt mein Kanu sehen. Als wir zum Lagerplatz liefen, bog der rote Kombi von Phyllis und Lynn mächtig verdreckt auf den Parkplatz. Sie hatten ihr Polarkreisfoto also im Kasten, und der Schlamm des nicht asphaltierten Dalton Highway dokumentierte ihr Abenteuer eindrucksvoll.

»Darf ich dich zum Abschied einmal umarmen?«, fragte mich Lynn ein wenig verlegen.

»Äh, ja, klar«, entgegnete ich überrascht.

Auch ihre Mutter drückte mich herzlich und flüsterte: »Pass auf dich auf, du bist zu jung zum Sterben.« Sie machte sich ernsthaft Sorgen wegen meiner Reise allein auf dem Fluss.

»Keine Angst, ich habe nicht vor zu sterben, jedenfalls nicht auf diesem Fluss. Und jetzt schon gar nicht«, versuchte ich sie zu beruhigen. Aber ihr zweifelnder Blick aus dem Fenster des wegfahrenden Autos verhieß, dass ich nicht sehr überzeugend gewirkt haben musste.

Der erste Regen seit einer Woche prasselte auf den Fluss, dessen Strömung mich spürbar vorantrieb. Wieder war ich erst spät am Abend von der Brücke aus gestartet und genoss das Zwielicht, das die Hügel bald in dunkles Blau tauchte. Schemenhaft hoben sich die zackigen Fichten gegen den Nachthimmel ab, vereinzelt hingen Nebelbänke am Ufer. Der erste Hauch des Herbstes wehte übers Yukon-Tal. Die Konturen der Landschaft verschwammen zusehends und gaukelten mir immer wieder Menschen, Elche und Bären vor, die links und rechts über den Kies stolzierten. Wenn ich näher kam, entpuppten sich die Schatten jedes Mal als Treibholzwurzeln, und ich schmunzelte, hätte echt meine Hand drauf verwettet, dass es diesmal keine optische Täuschung gewesen war. Weit nach Mitternacht ließ mich die Dunkelheit kaum noch den Verlauf des Flusses ausmachen, und ich entschloss mich, auf einer großen Insel zu campieren. Aber auch hier hatte ich Schwierigkeiten, Details zu erkennen, und legte viel zu früh am steinigen Ufer an. Verdammt flach war es hier, ich hielt das Kanu vorsichtshalber im knietiefen Wasser und inspizierte anschließend die Insel. Eine lange Landzunge aus Kies und Sand schien zunächst optimal, aber erst am Übergang zum struppigen Buschland fand ich eine ebene Stelle, gut 300 Meter von meinem Landeplatz entfernt. So bekam ich zumindest noch die Gelegenheit, ein paar der überschüssigen Restaurantkalorien zu verbrennen, schleppte Ausrüstung und Kanu in die Nähe des Zeltes und schlüpfte gegen halb zwei Uhr nachts endlich in den Schlafsack. Draußen herrschte absolute Stille. Zum ersten Mal seit Beginn meiner Reise vernahm ich keinen einzigen Laut, kein Wind, nicht einmal der Fluss gluckste über die Steine. Magisch.

»Hi, wir sind das offizielle Begrüßungskommando von Rampart. Herzlich willkommen!«

Ich lief gerade den Uferweg entlang, als der Truck mit den drei Männern heranrollte. Sie hatten kurz nach mir mit ihrem Motorboot angedockt und waren jetzt offensichtlich auf dem Weg nach Hause.

»Gibt es hier einen Laden?«, wollte ich wissen.

»Nicht direkt. Manchmal verkauft eine Familie ein paar Limodosen, aber nicht mehr um diese Uhrzeit am Sonntag«, entgegnete Jim. »Komm einfach zu uns, wenn du was brauchst und das Gezeter von Frauen ertragen kannst«, schob er grinsend hinterher. Jim kam jedes Jahr im Sommer für ein paar Wochen aus Seattle nach Alaska, um seinem

Freund Pete beim Fischen zu helfen. Heute endete die Saison für den Königslachs, Zeit also, die Netze einzuholen.

»Ja, du kannst unser Haus nicht verfehlen, folge einfach dem Weg hinter der *washeteria*«, erklärte Pete jetzt.

»Wahrscheinlich wirst du die Mädels eh schon keifen hören«, klinkte sich Jim nun wieder ein. Er genoss die Rolle des Pausenclowns offensichtlich.

Regen setzte ein, dabei hatte der Tag so vielversprechend und sonnig begonnen. Stahlblauer Himmel, milde Temperaturen, kein Wind, ein perfekter Sonntag auf dem Fluss eben. Unterwegs besuchten mich Larry und Mark, die mich von ihrem Fischcamp aus beobachtet hatten und unbedingt mein Kanu näher inspizieren wollten. Mit ihrem Aluboot umkreisten sie mich zuerst und stoppten den Motor, als wir nebeneinander hertrieben und für ein paar Momente die Sonne genossen. »In Rampart darfst du auf keinen Fall am linken Ufer zelten. Da füttern sie die Bären!«, empfahl mir Larry noch.

Interessant vielleicht für ein Foto, aber in die Nahrungskette wollte ich mich wahrlich nicht einreihen.

Als ich Rampart erreichte, winkte eine Frau vor ihrer Blockhütte am Ufer. Sonst wirkte der Ort ziemlich verlassen. Das Fenster der *Ramp City Trading Post*, die einst als Supermarkt, Tankstelle, Schnapsladen und Postfiliale gedient hatte, war vor Jahren mit einer großen Holzplatte vernagelt worden. Hätten Jim und Pete mich nicht eingeladen, wäre ich wahrscheinlich schon längst wieder auf dem Fluss. Aber nachdem es nun wie aus Kübeln goss, schaffte ich Boot und Ausrüstung ans schlammige Ufer und stiefelte ihrer Beschreibung folgend zum Haus. Die beiden hatten zuvor den frisch gefangenen Lachs am Flussufer ausgenommen und die Fischabfälle tatsächlich mit dem Boot rüber auf die andere Seite geschafft, um dort die blutigen Kübel auszukippen. Bären zeigten sich zunächst allerdings nicht. Nur ein

Weißkopfseeadler saß ungeduldig auf einem angeschwemmten Treibholzstamm und wartete darauf, dass die Eindringlinge endlich abzischten, damit er schon mal vorkosten konnte. »So halten wir uns die Bären vom Leib. Sie bleiben schön am anderen Ufer, solange wir sie hier mit Futter versorgen«, erklärte mir Pete die seltsame Strategie. Na, ob der Schuss mal nicht nach hinten losging. Bären waren gute Schwimmer und der Yukon hier nicht so breit und reißend, dass sie locker nach Rampart gekommen wären, um mal nachzuschauen, ob da vielleicht noch mehr leckere Fischhäppchen lagerten. Von den paar Appetizern wurde ja niemand satt.

Es dampfte gewaltig in der Wohnküche, als ich eintrat. Petes Frau Jeannette hantierte an einem fassgroßen Dampfkochtopf, mit dem der Lachs fürs Einmachen vorgegart wurde. Ihre Schwester Marjorie füllte am Tisch Gefriertüten mit Steaks und Filets und drückte mir gleich einen Stift in die Hand, mit dem ich die Beutel beschriften sollte. Beide Schwestern waren in Rampart aufgewachsen, lebten aber längst in Fairbanks mit ihren Familien. Als Töchter einer Athabaskin und eines Weißen hielten sie an der Tradition des Lachsfischens fest und versorgten die ganze Familie mit Vorräten für den Winter. Ich freute mich schon auf den frischen Fisch zum Dinner, aber Barbecue-Hühnchen klang für die vier nach drei Wochen Lachs verlockender.

»Im Canyon musst du aufpassen. Da schießt das Wasser über die Stromschnellen, die Wellen überschlagen sich ins Boot, und du wirst ordentlich durchgerüttelt. Halt dich bloß ganz links, sonst hast du keine Chance.« Ikes alkoholgeschwängerte Schilderungen verunsicherten mich. Bisher hatte ich immer gedacht, die Five Fingers hinter Carmacks seien die einzig nennenswerten Stromschnellen auf dem gesamten Yukon. Und nun flößte der junge Halbindianer, dessen Unterlippe sich vom Kautabak unförmig nach vorne wölbte, mir mit seiner Warnung einen Heidenrespekt ein. Ike, der nach dem Essen zu uns stieß, war für die Schwestern so was wie ein kleiner Bruder. Hatte ich etwa die lauernde Gefahr übersehen? Sicher, auf den Karten waren die Rampart Rapids verzeichnet, aber alle Flussbefahrer, die es bis dahin durchhielten, hatten anschließend unisono berichtet, dass sie ganz harmlos seien. Trotzdem stapfte ich nachdenklich durch den Regen zurück zum Zelt auf den morastigen Uferstreifen.

Bevor ich am nächsten Tag dem Monster ins Auge blicken wollte, half ich Jim und Pete noch bei der Entsorgung von zwei alten Kühlschränken. Wir wuchteten die unförmigen Dinosaurier aus einer Zeit weit vor der Energieeffizienz-Klassifizierung auf den Truck und fuhren zur etwas außerhalb in den Hügeln gelegenen Müllhalde. Beim Anblick der Berge aus Elektronikschrott und Haushaltsabfällen hatte sich meine naive Frage nach der umweltgerechten Entsorgung des Kühlmittels erübrigt. Klar hätte man die Kühlschränke auch mit dem Boot erst zur Brücke und von dort weiter nach Fairbanks transportieren können. Aber die Aktion hätte wahrscheinlich weit mehr gekostet als die Anschaffung einer ultramodernen Kühl-Gefrier-Kombi mit Trinkwasserhahn und Eiswürfeltaste. Also, rauf auf die Halde, Augen zu und weg. Jeannette, Marj, Pete und Jim kamen mit runter zum Ufer, um mich dort zu verabschieden. Außerdem stockten sie meinen Proviant mit einer frischen Paprika, Käse, English Muffins, einem Stück Wassermelone, Tee und einem Glas Lachs auf. Allein beim Anblick der saftigen, rosafarbenen Fleischstücke fing ich an zu sabbern. »Mach's gut, *Paddle-to-the-Sea!*«, rief Marj. Sie hatte mir von ihrem gleichnamigen Lieblingskinderbuch erzählt, aus dem ihnen früher vorgelesen worden war. Darin wurde die Geschichte eines kleinen, geschnitzten Indianers mit Holzkanu beschrieben, den ein indianischer Junge von seinem Dorf im Inland auf eine lange Reise zum Meer schickte. Unterwegs trieb das Kanu durch alle fünf großen Seen im Osten zwischen Kanada und den USA, erlebte allerlei Abenteuer und landete schließlich im Atlantik. Das Boot sehe genauso aus wie meines und ich wolle ja auch zum Meer, betonte Marj immer wieder, filmte meine Abfahrt mit ihrem Handy und postete das Video später auf YouTube. Nach meiner Reise luden mich die Schwestern in Fairbanks zum Essen ein und schenkten mir eine Ausgabe des Buchs. Mein Kanu sah tatsächlich so aus wie *Paddle-to-the-Sea*.

Das brachiale Tosen der Wassermassen schallte mir schon von Weitem aus dem Canyon entgegen. Verdammt, war das laut. Sollte Ike mit seiner Einschätzung der Stromschnellen doch recht behalten? Ich parkte das Kanu im Kehrwasser und spähte nach vorne, aber außer ein paar Felsbrocken in der Mitte des Flusses konnte ich zunächst nichts Verdächtiges erkennen. Keine Schaumkronen, keine spritzenden Fluten oder Wellenberge. Was soll's, aussteigen und umtragen kam ohnehin nicht infrage. Dann schaukelte ich auch schon durch den Canyon, dessen Wände das Sprudeln des Yukon über die Steine zurückwarfen und wie einen stürzenden Wasserfall anmuten ließen. Viel Lärm um nix, dachte ich erleichtert und schipperte an vier großen Fischrädern vorbei, die während der Saison am Ufer rotierten. Gleich anschließend reihte sich ein Fischcamp ans nächste, die enge Schlucht zwang die Lachse wie durch einen Trichter ins Kehrwasser und galt als verheißungsvolles Revier. Nachdem die Königslachse Schonzeit hatten, waren einige Fischer in ihre Dörfer zurückgekehrt. Andere harrten aus bis zum Beginn der Saison für Silberlachse und den *chum*. Fast überall bellten angepflockte Hunde aus den Camps. Im Winter würden sie die Schlitten ihrer Besitzer ziehen, aber jetzt im Sommer schienen sie oft ein klägliches Dasein zu fristen, angeleint an einer kurzen Kette, die mit einem Pfosten verbunden war. Im Laufe der Zeit hatten die Hunde mit ihrem Bewegungsdrang den Boden kahl gewetzt und eine skurrile Mondlandschaft geschaffen.

Ich ließ den Canyon hinter mir und steuerte eine kleine Insel in Ufernähe an, bevor es zu dunkel wurde. Jetzt, Ende Juli, lagen die taghellen Mittsommernächte schon weit zurück. Nun sah ich am Ufer sogar schon die ersten gelben Blätter an den Bäumen. Im August konnten zu jeder Zeit Frost und manchmal auch Schnee über das Land hereinbrechen. Mir bereiteten die dicken Wolken, die sich vom Canyon herüberschoben, allerdings mehr Sorgen. Und auch mein Kanu ließ mich skeptisch die Stirn runzeln. An der langen Seitennaht hatten sich an verschiedenen Stellen die einzelnen Rindenschichten aufgefächert und permanent Flusswasser in die Zwischenräume dringen lassen. Eine handtellergroße Blase blähte sich beängstigend in die Höhe. Vielleicht sollte ich sie aufschneiden und dann großflächig mit Harz versiegeln, um ein Weiterwachsen zu verhindern? Manchmal sehnte ich mich nach einem Plastik- oder Aluboot, das man vollbeladen über den steinigen Strand einfach ans Ufer wuchten konnte. Außerdem schien mein Kanu ja trotz größter Vorsichtsmaßnahmen immer wieder mit neuen Schikanen aufzuwarten. Andererseits hatte es mich in sechs Wochen fast 2000 Kilometer weit getragen, viele Komplimente eingeheimst und war mir als Resultat meiner eigenen Hände Arbeit besonders ans Herz gewachsen. Ich entschied mich, ihm mehr Vertrauen zu schenken, und wollte die Blase erst mal weiter beobachten.

Tapsende Schritte und ein verdächtiges Rascheln rissen mich am nächsten Morgen aus dem Halbschlaf. Da machte sich jemand an meiner Plane zu schaffen, mit der ich Ausrüstung und Proviant neben dem Boot am Ufer abgedeckt hatte. Ich schreckte hoch, griff nach dem Bärenspray und öffnete langsam den Zeltreißverschluss. Hunde? Ein streunendes Rudel schwänzelte neugierig schnüffelnd um die Tonnen und Taschen. Einer sprang auf die Plane, ein anderer zerrte schon am Zeltsack und versuchte ihn wegzuschleifen. Ich ließ das Bärenspray fallen, griff stattdessen zum *bear banger*, den ich mir noch in Whitehorse besorgt hatte. Die kugelschreibergroße Vorrichtung konnte mit lauten Platzpatronen oder Leuchtraketen bestückt werden und Tiere dann hoffentlich vertreiben oder im Notfall Rettungsteams lotsen. Hektisch schraubte ich eine Patrone auf, lud durch und schoss. In hohem Bogen segelte eine rote Leuchtrakete Richtung Hunde, die kurz innehielten und gelangweilt in die Luft starrten. Funktionierte ja prima. Dann sollte ich es vielleicht doch mit der lauten Variante versuchen, überlegte ich, aber die Hunde zogen schon wieder ab. Wo kamen die nur her? Ich begann gleich mit dem Packen. Auch wenn noch tiefe Wolken über dem Tal hingen, zeigte sich die Sonne immer häufiger und würde mich auf meinem Weg nach Tanana begleiten.

Nachdem ich einige Stunden gepaddelt war, hielt ich plötzlich mitten auf dem Fluss inne und ließ meinen Blick schweifen. Die dicht bewachsenen Hänge erstrahlten in saftigem Grün und schwangen sich in sanften Stufen in die Höhe. Die dunklen Schatten der Wolken zogen ohne Eile über die Baumwipfel, um dann wieder der wärmenden Sonne Platz zu machen. Das Wasser kräuselte sich leicht im Wind und plätscherte mit gleichmäßiger Strömung nach Westen. Alles wirkte so vertraut und friedlich. Und obwohl ich mitten durch das Herz Alaskas trieb, fühlte ich mich in diesem Moment an meine Heimat und an das Rheintal erinnert. Vergessen waren für einen Augenblick die bedrohlichen Wellen der vergangenen Wochen und die Anspannung, die durch das verletzliche Boot entstand. Hier und jetzt, in dieser idyllischen Beschaulichkeit, ließ ich los, blickte in den stahlblauen Himmel über mir und atmete tief durch. Ich weiß nicht, wie lange ich so friedlich dahintrieb, aber irgendwann griff ich wieder zum Paddel und steuerte das Kanu ein Stück weiter vom Ufer weg. Zu gerne hätte ich diesen Moment festgehalten oder zumindest ausgedehnt, doch vor mir, hinter der nächsten Flussbiegung, musste Tanana liegen, mein Tagesziel. Von links führte der mächtige Tanana River seine braunen Fluten durch ein Gewirr aus Inseln dem Yukon zu, der augenblicklich an Volumen und Breite gewann. Am rechten Ufer zeichneten sich kurz darauf die ersten Hütten ab, im Dickicht erkannte ich eine kleine Holzkapelle. Noch ein gutes Stück vor mir ankerten die Boote der Dorfbewohner. Dahinter am Steilufer sah ich schon die breite Hausfront des örtlichen Ladens, in dessen Gebäude sich auch die Post befand. Leider kam ich zu spät, alles war schon seit ein paar Minuten geschlossen. Aber vielleicht würde mir die Besitzerin noch mal öffnen, ich könnte ja fragen, riet mir ein älterer Mann und deutete die Treppe hinauf.

»Oh ja, überhaupt kein Problem«, signalisierte Cynthia mit einem freundlichen Lächeln und überschwänglicher Energie. »Mein Sohn kommt gleich runter«, bot sie mir weiter an und nickte bestätigend so heftig mit dem Kopf, dass ihre lustigen Locken auf und ab tanzten. Ich überlegte einen Moment, ob Dauerwelle oder natur, in jedem Fall aber kannte ich die Frisur noch aus den 90ern.

Bei Sohn Landon kaufte ich erst mal nur einen Mikrowellen-Burrito und eine kalte Cola, dann fragte ich mich auf der Straße nach Helen Peters durch, einer Freundin von Debbie, die mir eine Reihe von Kontakten am Fluss mit auf den Weg gegeben hatte. Helen war selbst gerade auf einer Reise, erklärte mir ihre Tochter, aber es sei noch ein *indian taco* in der Pfanne, falls ich Hunger hätte. Hatte ich. Mein Magen musste sich im Laufe der letzten Wochen tonnenförmig ausgesackt haben. Ständig funkte er: ›Hunger‹ und war meist nur kurz befriedigt.

Ich bedankte mich fürs Abendessen und paddelte noch ein Stück weiter an den Westrand der Siedlung. Gleich unterhalb des Flugplatzes hatte man für Flussreisende einen sauber gemähten Zeltplatz mit zwei Picknicktischen, *outhouse* und Feuerstelle eingerichtet. Ich schlug gerade die Heringe in den Boden, als Landon mit dem Quad zu mir brauste.

»Das soll ich dir von meiner Mutter geben.«

In der weißen Plastiktüte, die er mir zu meinem Erstaunen in die Hand drückte, befanden sich Cracker, Brot, selbst gemachte Marmelade und in einer Kunststoffdose warmer Eintopf. Bevor die Mücken noch schlimmer wurden, löffelte ich meine dritte Abendmahlzeit und verfolgte, wie der fast volle Mond leuchtend in den Himmel stieg und sich auf dem Fluss spiegelte. Erst jetzt fiel mir auf, dass ich, seit ich im Norden war, keinen Mond mehr gesehen hatte. Aber die Tage wurden nun merklich kürzer und die Nächte immer dunkler.

»Tanana ist eine Riesenstadt, da leben mindestens tausend Leute!«, hatte Ike in Rampart mir aufgeregt berichtet und lag damit genauso daneben wie bei seiner Einschätzung der Stromschnellen im Canyon. Tatsächlich betrug die Zahl der Einwohner knapp 300, was allerdings für Yukon-Verhältnisse in Alaska schon beachtlich ist. Viele der anderen Siedlungen zählen kaum mehr als hundert Menschen. Tananas Metropolencharakter wurde unterstrichen durch die Existenz eines Seniorenheims direkt am Flussufer, das zehn Bewohner beherbergte. Zurzeit lebten dort aber nur vier, die anderen sechs verbrachten den Sommer mit ihren Familien im Fischcamp. Auf meinem Weg vom Zeltplatz zum Laden kam ich am nächsten Tag auch am monströsen Schulgebäude vorbei, dem gerade noch ein ganzes Stockwerk aufgepropft wurde. Eine Armee geschäftiger Handwerker wuselte dort von früh bis spät unter Einsatz laut fauchender Baumaschinen. Das neue Schuljahr würde im nächsten Monat schon beginnen. Während der großen Ferien fand für die Kinder an vier Abenden der Woche ein *Campfire Program* statt. Unter Aufsicht von zwei jungen Aushilfspädagoginnen aus Anchorage wurden Beeren gesammelt, getanzt oder auf einer der Inseln im Fluss übernachtet. Das handgeschriebene Programm hing an der großen Infowand vorm Laden, zusammen mit privaten Verkaufsangeboten, Hinweisen zum Energiesparen im Haushalt oder Maßnahmen zur Gesundheitsvorbeugung und öffentlichen Bekanntmachungen. Eine blaue Wahlwerbetafel darüber sollte die Anhänger von Woodie Salmon als Parlamentsabgeordneten aktivieren. Die strategischen Berater hatten ihm originellerweise einen passenden Lachs neben den Namen gedruckt. Ich schlenderte durch die Regalreihen von Cynthias Laden, in dem man eigentlich alles bekam, was der Paddlermagen begehrt. An die Preise hatte ich mich inzwischen gewöhnt und ließ den Liter H-Milch für 4,50 Dollar stehen. Sämtliche Waren mussten mit Flugzeugen in den Busch geliefert werden oder kamen mit einem Lastkahn den mühsamen Weg aus Fairbanks über den Tanana River. Bei einem Frachtpreis von mindestens zwanzig Cent pro Pfund rechnete mir Cynthia vor, dass sie für eine Lieferung, die zwei bis drei Monate abdeckte, manchmal 20 000 bis 40 000 Dollar vorstreckte. Ich griff vor allem nach Rosinen, Nüssen und Granola, aus denen ich mir den schon bewährten Monster-*trail-mix* mischen wollte. Cynthia schenkte mir zur Veredelung noch eine Riesentüte grüne, rote und braune M&Ms, die vom Weihnachtsfest übrig geblieben waren, aber tadellos frisch schmeckten.

Der *trail mix* hatte sich mehr und mehr zur Hauptenergiequelle unterwegs entwickelt. Morgens begann ich in der

Regel mit einer Schüssel Granola und Milchkaffee. Als Snack zwischendurch entdeckte ich eingeschweißte Küchlein, Muffins und die mehrfach prämierte Big-Texas-Zimtschnecke, deren Liste mit Inhaltsstoffen Angst einflößend lang war und fast nicht mehr auf die Packung passte. Zumindest sorgte die Industriechemie für anhaltend fluffige Frische. Bevor ich dann abends noch zur abschließenden Nudeltüte griff, hatte ich im Lauf des Tages sicher schon 4000 oder 5000 Kalorien in mich gestopft, und die Wampe wuchs beständig.

Offenbar wirkte ich auf Cynthia aber immer noch wie ein ausgezehrter Hungerhaken. Und so kochte sie am zweiten Abend groß auf, und ich fraß mich im Kreis der gesamten Familie durch Berge von Hühnchen, Reis, Brokkoli und Salat. Irgendwann würde die dürre Birkenrindenschale unter meinem Gewicht wahrscheinlich auseinanderbrechen, wenn ich die maßlose Völlerei nicht bald einschränkte. Als ich Cynthias Mann Dale meine Campingstuhl-Geschichte erzählte, lief er zu seinem Boot und kam mit einem roten Edelmodell wieder zurück.

»Wir haben davon mehr, als wir nutzen können. Cynthia liebt Flohmärkte.«

Wahnsinn. Die Menschen am Fluss sorgten für mich, nahmen mich auf, beschenkten mich mit einer Selbstverständlichkeit und Herzlichkeit, die mich manchmal beschämte. Nie würde ich mich revanchieren können. Und doch schien es oft, als ob sie nach unserer Begegnung mit mir reisten und sie das allein schon mit Befriedigung erfüllte. Cynthia schrieb noch die Namen einer Reihe von Verwandten und Freunden, die ich flussabwärts besuchen sollte, in mein Tagebuch. »Und vergiss nicht bei den *boneyards* nach Knochen zu schauen, vierzig Meilen von hier am linken Ufer.« Sie erzählte, dass an dieser steilen Abbruchkante die Skelette von Urzeittieren aus dem Permafrost geschmolzen würden und man einige beachtliche Funde dort machen könne. Zur Bestätigung zeigte sie mir den zentnerschweren versteinerten Oberschenkelknochen eines prähistorischen Elefanten, der nun bei ihr in einer Kiste unter einem Regal lag.

»Kommst du jetzt mit rein oder nicht?«

Der Regen wurde heftiger, und auch wenn ich noch einen weiten Weg vor mir hatte, machte es wahrscheinlich keinen Sinn, sich noch mehr durchnässen zu lassen. Ich verankerte mein Boot inmitten des Treibholzteppichs, den das Kehrwasser an den Rand des Flusses gespült hatte, und folgte Roy den schmalen Pfad entlang zu seiner Hütte.

Der alte Mann hatte mich vom Ufer aus zu sich gewunken. Erst unterhielten wir uns ein paar Minuten, dann prasselten schwere Tropfen aus einer Regenfront, und jetzt saßen wir in seiner gemütlichen Stube und tranken Kaffee.

»Die meisten trauen sich nicht anzuhalten, erst wenn ich winke. Aber dann sind sie doch froh, aus dem Regen und der Kälte zu kommen. Und sie stellen viele Fragen, so wie du.«

»Zu viele?«

»Nein, das nicht. Ich bin stolz darauf, wie ich hier lebe, und auf das, was ich erreicht habe. Meine Kinder machen sich zwar Sorgen, weil ich hier so allein lebe, in meinem Alter. Und ich sage ihnen dann, dass sie das nicht tun sollen. Aber du weißt ja, wie Kinder sind, sie tun niemals das, was man ihnen sagt.« Roy zwinkerte mir zu und lachte spitzbübisch. Im nächsten Monat wurde er 85, und seit seiner Pensionierung vor fast 25 Jahren lebte er einsam in dieser Blockhütte am Fluss.

»Wie hältst du dich denn so fit?«

»Indem du dich nicht aufgibst, immer weitermachst und viel Fisch isst.« Aha, Lachse und ihre Omega-3-Fettsäuren, der alaskische Jungbrunnen. »Und was machst du hier draußen?«

»Das fragen mich viele. Hier wird es nie langweilig, es gibt immer was zu tun. Fischen, Fallen stellen, Holz machen, das Gestrüpp stutzen. Und mich besuchen ein paar Leute, die über den Fluss kommen. Viele Elchjäger, mit denen spiele ich dann Karten. Einer hat mich beim letzten Mal richtig abgezockt.«

Für Gäste stand extra ein zweites Bett in Roys enger Hütte. Strom holte er sich mit einer kleinen Windmühle und einem Solarpaneel und betrieb damit das Radio, den Kassettenrekorder und einen DVD-Player.

»Ich hab mal einen Propan-Kühlschrank ausprobiert, aber der hat zu viel Gas verbraucht.«

»Und was ist mit Wasser?«

»Ich nehme meist Regenwasser. Und wenn es nicht genug regnet, hole ich mir klares Wasser vom Tozi River.«

Roy erzählte das mit einer Selbstverständlichkeit wie beim wöchentlichen Großeinkauf im städtischen Supermarkt. Und dabei lebte er hier draußen im Busch, dreißig Kilometer stromabwärts von Tanana, im Sommer wie im Winter nur über den Fluss erreichbar. Aber er führte nicht das Leben eines Einsiedlers, dazu war er viel zu gesellig. Zu seinen Jeans mit Hosenträgern trug er ein T-Shirt, das mit einem passenden Motto an den dritten alljährlichen *Tired Iron* in Fairbanks erinnerte: »*The older I get, the faster I was. –* Je älter ich werde, desto schneller war ich früher.« Der *Tired Iron* war ein Gaudi-Schneemobilrennen, bei dem nur Oldtimer bis zum Baujahr 1979 zugelassen wurden. In der Kategorie *Jurassic Classic* starteten laut Ausschreibung Teilnehmer, »die noch im Besitz ihrer geistigen Fähigkeiten« waren, »aber nicht mehr zwangsläufig auch ihrer ursprünglichen Zähne, Hüften und Knie«. Weiter hieß es, das Rennen würde fünf Runden dauern, aber die Fahrer bräuchten sich keine Sorgen zu machen, man würde für sie zählen und notfalls winken, wenn sie fertig wären. Ach ja, und zur Erinnerung für Inkontinente, auf der Strecke gab es keine Klohäuschen. Das klang mir genau nach Roys Humor.

Stolz sprach er von seinen neun Kindern, sieben Enkeln und sechzehn Urenkeln, könnte allerdings sein, dass inzwischen noch welche dazugekommen waren. So genau wisse er das nicht, zu weit ab vom Schuss.

»Und wie lange willst du hier draußen noch allein leben?«, fragte ich nun auch ein wenig besorgt.

»Mindestens noch zwanzig Jahre. Mein Großvater starb auch erst weit in den Neunzigern. Das schaffe ich auf jeden Fall.« Der Großvater kam übrigens als Goldsucher aus Deutschland, Roys Wurzeln mütterlicherseits waren englisch und indianisch. »Die Leute am Fluss kennen mich alle. Ich mache Musik, spiele gern auf Festen Mandoline. Das gefällt den Tänzern besonders.«

Ich musste ihn nicht lange bitten. Er holte einen verstaubten Koffer unter dem Bett hervor, und ich lauschte gebannt, als Roy ein Lied über den Fluss anstimmte, sein Instrument zupfte und mit gebrechlicher Stimme sang. »*I am just a drifter* ...« Was für großartige, mutige und liebenswerte Menschen am Yukon leben.

Penetranter Verwesungsgestank lag über dem Fluss. Nicht süßlich wie bei erst kürzlich verendeten Tiere, es roch mehr nach Teer und erinnerte mich irgendwie an alte Züge, die auf Eisenbahnschienen kräftig bremsten. Zwischen den riesigen, beigen Lehmzacken des Steilufers ergossen sich schleimig-schwarze Rinnsale in den Fluss. An manchen Stellen brachen haushohe Flanken ab und drohten jeden Moment ins Wasser zu stürzen und eine gewaltige Welle auszulösen, wie kalbende Gletscher in der Antarktis. Der fahle Himmel unterstrich die gespenstische Atmosphäre. Kilometerlang zogen sich die *boneyards*, wie jeder diesen Abschnitt hier nannte, in einer weiten Kurve am linken Ufer hin. Ein mystisch wirkender Friedhof der Urzeitgeschöpfe, die einst dieses Land bevölkert hatten. Hin und wieder taute die Sonne ihre Knochen aus dem Permafrost. Aber sosehr ich mich auch bemühte, ich konnte keine Stoßzähne oder Schädel ausmachen. Anlegen schien mir zu riskant, kleine Erdrutsche platschten an vielen Stellen mit Getöse in den Yukon. Aber auch ohne einen spektakulären Fund paddelte ich fasziniert durch den wabernden Hauch der Vergangenheit.

Mann, waren die Biester nervig! Zu Dutzenden übersäten sie den schmalen Streifen Haut zwischen hochgekrempeltem Hosenbein und Wasseroberfläche und stachen gnadenlos in meine Waden. Eigentlich wollte ich mich darauf konzentrieren, das Kanu vor den Steinen am Ufer zu schützen, und führte es, durchs Wasser watend, an die Holzplattform.

Aber sie hatten es ja nicht anders gewollt. Ich fuchtelte mit beiden Armen wild durch die Luft, verscheuchte die surrende Wolke vor meinem Gesicht, klatschte dann brachial auf die Beine und zählte befriedigt die Moskitoleichen. Was die Viecher natürlich nicht davon abhielt, gleich wieder anzugreifen. Und zwar mit einer Lüsternheit und Gier, die alles in den Schatten stellte, was ich bisher erfahren hatte. Ich erinnerte mich an das hundertfache Trommeln gegen die Zeltwand im Sarek-Nationalpark in Schweden. Klang wie prasselnde Regentropfen und kam doch von den manischen Versuchen der Mücken, ans warme Blut unserer Körper zu gelangen. Beim Nudellöffeln hatte ich sie damals zu Dutzenden verschluckt und bei einer anderen Gelegenheit eine halbe Nacht im Freien in den moskitoverseuchten Everglades ertragen. Aber das hier setzte allem die Krone auf. Die liefen Amok! Ich kramte nach Kopfnetz und Mückenspray, hüllte mich komplett damit ein, ohne nennenswerten

Erfolg. Zum Glück trug ich die Regenkleidung, durch die ihre Rüssel nicht dringen konnten. Und dabei war ich mir nicht mal sicher, was mehr nervte: die Stiche oder das zermürbende, hochfrequente Surren ihrer Flügelchen. Hatte was von Zahnarztbohrer. Und dann, wie sie flogen – die torkelten ja mehr durch die Lüfte. Allein vom Zugucken wurde ich schon aggressiv. »Lernt's endlich mal g'scheit fliegen, und kommt's dann wieder!«, hätte ich ihnen gerne zugebrüllt. Aber die Biester waren ja auch noch taub, zumindest für meine Tonlage. Gut, Wespen eierten auch mehr, als sie flogen, aber die zogen wenigstens wieder ab, wenn's nix zu holen gab. Anders diese fiesen Stechmücken, die kannten selbst in brenzligen Situationen, wenn man sich auf wichtige Dinge konzentrieren wollte, keinerlei Respekt. Wer hat die überhaupt erfunden? Und warum? Da pfeif ich doch auf die Nahrungskette, zumal die zuständigen Schwalben sich mittlerweile schon zu einem großen Teil in wärmere Gefilde verabschiedet hatten. Drückeberger, kein Wunder, dass das hier jetzt aus dem Ruder lief. Genugtuung bereitete mir nur die Aussicht auf den Moment, in dem ich endlich den Reißverschluss meines Zeltes von innen zuziehen konnte. Dann würde ich jedes einzelne, vorlaute Exemplar, das mir sogar in meine Tabuzone der Ruhe und Erholung gefolgt war, mit dem Lichtkegel der Taschenlampe anlocken und genüsslich zerreiben. Ja, manchmal tat es gut, das Hirn auf primitivste Instinkte umzuschalten und die Rachegelüste einfach auszuleben. Nachdem ich die Leichen vom Zeltboden aufgesammelt und entsorgt hatte, blickte ich über mich. Da saßen sie alle, die Biester, mit ihren kleinen Füßchen auf dem Innenzelt und warteten nur darauf, dass ich mal rausmusste. Spätestens am Morgen wäre ihre Stunde wieder gekommen. Ab und zu konnte ich nicht widerstehen und drückte sie einfach gegen das Außenzelt platt. Dann durchströmte mich ein Gefühl der tiefsten Befriedigung, auch wenn mir völlig klar war, dass ich gegen ihre Übermacht niemals eine Chance hätte.

In den letzten Tagen hatten sie mich mitten auf dem Fluss schon angegriffen, noch bevor ich am Ufer anlegte. Und war ich aus der Reichweite der Moskitos im Wasser, klatschten sie sich mit den mindestens genauso nervigen *black flies* ab, die mich den ganzen Tag über in einer Wolke umsurrten, in Augen, Nase und Ohren krabbelten und manchmal auch zubissen. Immer wieder verschluckte ich beim Einatmen die stecknadelkopfgroßen Drecksviecher, die auch *gnats* oder *white socks* hießen und bei uns als ›Kriebelmücken‹ bekannt sind. Sie erinnerten an Drosophila, die heimischen Fruchtfliegen, mit weißen Racing-Streifen an den Beinchen, was ihnen ein verwegenes Aussehen verlieh. Zudem schienen sie mit allen Wassern gewaschen. Blies nämlich ein Wind, waren sie plötzlich alle verschwunden und, wenn der nachließ, genauso schnell wieder da. Zunächst konnte ich mir das gar nicht erklären und dachte, der Wind hätte sie weggefegt, sodass sie mich auf dem weiten Fluss nie mehr einholen konnten. Irgendwann warf ich einen Blick über meine Schulter und sah, wie sie dort im Windschatten kauerten, bereit, im nächsten windstillen Moment wieder zuzuschlagen. Die Theorien, wie man sie fernhielt, waren so zahlreich wie ihre Artenvielfalt. Unterm Strich nervten sie halt alle. Manche behaupteten sogar, dass die Männchen durch den Duft eines Mückensprays angelockt und ganz rollig würden. Ich konnte keinen Unterschied feststellen, ergab mich also letzten Endes doch in mein Schicksal und tröstete mich mit der gern in diesem Zusammenhang angeführten Tatsache, dass es im Norden weder giftige Spinnen noch Schlangen gab.

Erst nach halb drei Uhr nachts stand das Zelt in der Moskitohölle des *Kokrine Hills Bible Camp*, eines christlichen Sommerlagers mit einer Reihe von Gemeinschaftshütten, Unterkünften und Waschhäusern. Im Moment lebte hier nur der *caretaker* mit seiner Familie und gestattete mir am nächsten Morgen, die Duschen zu benutzen, um die klebrige Schicht aus Schweiß und Mückenspray runterzuwaschen. Letzteres trug ich dann gleich wieder auf, um halbwegs geschützt die Weiterfahrt vorzubereiten. Beim Ablegen rutschte ich in einem Moment der Unachtsamkeit mit dem Boot über ein paar spitze Steine und musste bald darauf eine zweistündige Reparaturpause einlegen. Aber das Wetter entschädigte mich mit hochsommerlichen Temperaturen, sodass ich nach getaner Arbeit meinen neuen Campingstuhl auspackte und einen frisch gebrühten Milchpulverkaffee in der Sonne schlürfte.

Die Wirkung des Koffeins hielt lange an, erst nach dreizehn Stunden und einhundert Kilometern stoppte ich nachts in Ruby. Über eine kleine Rampe aus Treibholzstämmen schaffte ich das Boot aus dem Wasser, ließ es im Gras am Ufer und stellte das Zelt auf ein kleines Plateau weiter oben, wo man eine Grillhütte mit Picknicktischen für Besucher und Dorfbewohner hingebaut hatte. Von dort überblickte ich die gesamte Breite des Yukon, der sich hier von über einem Kilometer auf knapp 600 Meter verengt. Majestätisch strömt er durch sein weites Tal Richtung Westen. Die sanften Violetttöne des Nachthimmels spiegelten sich auf dem Wasser. Die friedliche Stimmung übertraf noch, was die Beschreibungen von Ruby als Kleinod am Fluss verheißen hatten. Wie zur Bestätigung fing ein Hund an zu heulen, und die restlichen Artgenossen des Dorfes stimmten in einen kraftvollen Kanon ein, der mir einen Schauer über den Rücken jagte.

Ruby hatte seine besten Jahre Anfang des 20. Jahrhunderts, als wegen der Goldfunde in der Nähe bis zu 5000 Menschen die Gegend bevölkerten. Heute lebten keine 200 Einwohner mehr hier, auch wenn die Minen zu einem guten Teil noch weiter betrieben wurden. 1998, genau einhundert Jahre nach dem Goldrausch am Klondike, fand man hier sogar den größten Nugget, der jemals in Alaska entdeckt worden war. So groß wie ein Handball, wog er fast zehn Kilo und war seinem glücklichen Finder einfach vor die Schaufel gerollt, als der gerade in einer Mine Dreck mit dem Bulldozer verschob. Sonst war Ruby heute Fans von Hundeschlittenrennen als Zwischenstopp des legendären *Iditarod* von Anchorage nach Nome bekannt, und Kanuten wussten von dem deutschen Auswanderer mit den langen weißgrauen Haaren, der hier lebte und immer für einen Plausch gut war.

Ich traf Wolfgang Hebel vor dem Dorfladen, als er gerade mit seinem Schäferhundmischling Thorak die Straße hochkam. Sofort lud er mich in seine Hütte ein, die er Mitte der 70er hoch über dem Yukon gebaut hatte. Wolf, wie sie ihn hier alle nannten, hatte seine Heimat in der Nähe von Braunschweig vor fünfzig Jahren verlassen, lange Zeit als Fallensteller und Jäger im Busch gelebt und über sein abenteuerliches Leben ein Buch geschrieben. »Auf der Suche nach Freiheit« war gleichsam Titel und Lebensmotto. Er taute eine tiefgefrorene Suppe für uns auf und zeigte mir einige seiner Arbeiten. Als Kunstschnitzer fertigte Wolf vor allem Tierskulpturen aus Geweihen oder verzierte Elchschaufeln. Früher arbeitete er am liebsten mit Elfenbein aus den *boneyards* flussaufwärts. In seiner Werkstatt lagerte noch der abgebrochene Stoßzahn eines Mammuts, den er vor Jahren aus dem Schlamm gezogen hatte. Das war zwar eigentlich verboten, aber warum sollte man diese Relikte nicht nutzen, statt sie dem Fluss zu überlassen, der sie für immer verschlucken würde.

Gut drei Stunden verbrachte ich bei Wolf, ehe ich runter zum Ufer lief, um mein Boot zu beladen. Doch daraus wurde erst mal nichts. Die Sonne hatte das Harz großflächig geschmolzen, und ich schwitzte eine ganze Weile, bis die Schäden halbwegs behoben waren. Am frühen Abend verließ ich Ruby und fotografierte vom Fluss aus noch seine malerische Lage zwischen zwei schroffen Felsabbrüchen, die den Ort wie eine Festung umrahmten. Ich paddelte in die Flussmitte zur stärksten Strömung, wo eine sonderbare Turbine auf einem schwimmenden Holzfloß rotierte. Von der Konstruktion her erinnerte sie an ein Fischrad, nur dass ihre Umdrehungen Strom generieren sollten. Aber die zum Zerreißen gespannte Ankerleine und das viele Treibholz auf dem Fluss schienen eine verhängnisvolle Kombination, der dieser abenteuerliche Prototyp sicher bald zum Opfer fallen würde.

Flussabwärts trieb ich am rechten Ufer an mehreren Fisch- camps vorbei, die unterschiedlicher nicht hätten ausgestat- tet sein können. Manche bestanden nur aus improvisier- ten Zeltbahnen und Tarps, andere waren immerhin schon aus Sperrholzplatten zusammengenagelte Hütten. Und dann gab es noch die Edelvariante mit Solaranlage, Satelliten- schüssel und Golfrasen, der sich befremdlich vom sonst üb- lichen Mix aus dürren Bäumen und Gestrüpp abhob. So ver- lockend eine Übernachtung dort auch war, ich entschied mich für eine zehn Meter lange Kiesinsel in einer kleinen Bucht, auf der weder Moskitos noch *black flies* die Idylle trüb- ten. Am Ufer erkannte ich eine alte, zugewachsene Block- hütte, neben der ein klarer Bach in den Yukon rauschte. Am nächsten Tag sollte ich in Galena zufällig den Besitzer ken- nenlernen. Eine Begegnung, die mich faszinierte, beein- druckte und nachdenklich stimmte wie kaum eine andere auf meiner Reise.

Galena – Grayling

Von einem russischen Philosophen
am Steilufer, einem seekranken Magen
mitten auf dem Fluss
und Robbenfellstiefeln für einen Hollywoodstar

Ich erfreute mich gerade am Lichtspiel der Eiskristalle, die in der grellen Sonne unter der Abbruchkante am Ufer glitzerten, als ein Motorboot auf mich zusteuerte.

»Was für ein wunder-, wunder-, wunderschönes Kanu! Wirklich wunderschön.«

Rasputin hatte mich schon von Weitem entdeckt und war extra rausgekommen, um mich zu empfangen. Er hieß nicht wirklich Rasputin, aber er hätte der Zwillingsbruder des russischen Wanderpredigers und Geistheilers sein können. Und das lag nicht nur an seinem zerzausten, braunen Rauschebart. Wie sich herausstellte, stammte Jake aus Moskau, und alle nannten ihn hier liebevoll ›The Mad Russian – der verrückte Russe‹. Seine langen, dünnen Haare hatte er zu einem Zopf gebunden, den zusätzlich eine ausgefranste, verblichene Baumwollkappe bändigte. Er trug eine altmodische Brille mit großen Gläsern und speckige Jeans. Sein Haus sei klein und dreckig, aber ich herzlich willkommen, lud er mich ein. Der caretaker des Kokrine Hills Bible Camp hatte ihm von mir und meinem Birkenrindenkanu erzählt, als der vor ein paar Tagen wegen eines potlatch nach Galena kam. Seitdem beobachtete Jake, dessen Name eigentlich ›Yakov‹ lautete, den Fluss und hielt Ausschau nach mir. Er hauste in einem staubigen Verschlag aus Balken und Latten, die zwei Räume bildeten. Im vorderen befand sich eine

241

Werkstatt mit Kochnische, einem alten zweiflammigen Benzinkocher, der auf einem noch älteren Nähmaschinentisch stand. Im hinteren Raum schlief Jake und bewahrte dort seine wenigen Habseligkeiten auf. Die Hütte gehörte einem Freund, für den er im Herbst Sprit an die Elchjäger verkaufte, die mit Booten den Fluss herunterfuhren. Mein Zelt schlug ich neben dem mächtigen roten Tank auf, der am Ufer lagerte.

Galena sei hässlich und übersät mit gefährlichem Müll, beschrieb er seine Wahlheimat. Der Deich hinter der Straße wurde mit Fässern giftiger Chemikalien gebaut. Die stammten zu einem großen Teil noch von dem Air-Force-Stützpunkt, der während des Zweiten Weltkriegs errichtet worden war. Mittlerweile gehörten die Gebäude und das Rollfeld der Stadt und festigten Galenas Stellung als Verkehrsknotenpunkt im Busch. Auf dem Flugplatz konnten selbst größte Transport- und Passagiermaschinen landen. Mit rund 650 Einwohnern bildete der Ort nach Emmonak im Delta die zweitgrößte Siedlung am Yukon in Alaska. Zwei verheerende Fluten hatten den alten Ortskern größtenteils zerstört, sodass ein paar Kilometer weiter im Landesinneren ein zweites Zentrum aufgebaut worden war. Dadurch wirkte Galena noch zerrissener, und ich konnte Jakes Beschreibung nur zustimmen, kein anderes Dorf erschien mir so abstoßend. Trotzdem blieb ich zwei Tage, um den Proviant für den letzten Abschnitt aufzustocken, meine Sachen zu waschen und vor allem um mehr von und über meinen faszinierenden Gastgeber zu erfahren.

»Galena ist ein gutes Beispiel für Aussehen kontra Inhalt. Äußerlich ist es extrem hässlich, aber es gibt so viele interessante Dinge und vor allem Menschen, Besucher wie Einwohner. Die Kulturen vermischen sich hier, manche kamen, um zu arbeiten, und blieben für immer. Andere halten nicht mal ein Jahr durch.«

Jake hatte schon sechzehn Jahre durchgehalten. Als Dreizehnjähriger immigrierte er mit seinem Vater und Bruder in die USA, wo er schnell zum Ausreißer wurde, der auf der Straße lebte. »Sechs Jahre später kam ich nach Alaska, auf der Suche nach Arbeit und einem Platz ohne gesellschaftliche Zwänge. Mir gefällt die Tatsache, dass es hier oben eine Alternative zur ›Zivilisation‹ gibt, die ich schon immer infrage gestellt habe. Hier können die Menschen die Dinge nicht so kontrollieren. Der Yukon hält sich nicht an menschliche Gesetze oder Bestimmungen. Da gelten andere Regeln.« Und die schienen ihm weitaus besser zu behagen. 1994 baute er sich mit seiner amerikanischen Frau und einem Freund ein Floß, mit dem sie auf dem Yukon von Eagle bis Galena trieben. »Wir sind Anfang Juni gestartet, mit viel Proviant, hatten einen Holzofen, einen Kocher mit Propangasflasche, aßen viel Reis und Bohnen, backten Brot. Es waren sogar zwei Hühner an Bord, die Eier gelegt haben, nicht gerade auf dem Fluss, aber wenn wir irgendwo länger geblieben sind, dann fühlten sie sich wohl und haben mindestens ein Ei am Tag produziert.« Der Trip dauerte den ganzen Sommer, bis August, als alle Vorräte aufgebraucht waren, auch die an Tabak, was Kettenraucher Jake besonders schmerzte. »Wir brauchten Arbeit, und die gab es, wenn überhaupt, nur hier. In den anderen Dörfern haben sie uns ausgelacht, wenn wir nach einem Job fragten. Meine Frau und mein Freund hatten sicher andere Vorstellungen und Erwartungen an diese Reise, aber für mich stand schon vorher fest, dass ich niemals zurückgehen würde.« Jetzt lebte er als ›halber Nomade‹ an verschiedenen Orten am Fluss, teilweise auch, wie sich herausstellte, in der Hütte, die ich von meinem Lager aus letzte Nacht am Ufer gesehen hatte. »Alles, was ich tue, hängt von der Gunst der Menschen ab, die hier leben. In gewisser Weise bin ich wie ein Bär, der von der Müllhalde eines Dorfes lebt. Hier gibt es tatsächlich so einen, sieht ziemlich dürr und krank aus, mit einer Plastiktüte, die aus seinem Hintern hängt. Jemand hat mich mal mit diesem Bären verglichen, und ich dachte lange darüber nach, ob das ein Kompliment oder ein Witz war. Aber da ist viel Wahres dran.«

Je mehr wir uns unterhielten, desto mehr faszinierte mich Jake. Da vegetierte dieser hochintelligente Mensch in Staub und Dreck am Fluss, lebte von den Almosen der Nachbarn, und viele seiner Erkenntnisse und Äußerungen hätten aus einer philosophischen Schriftenreihe stammen können. An einem Abend briet er für uns *chum*, mit denen er sonst seine beiden verwahrlosten Hunde fütterte. Das Fleisch des vermeintlich minderwertigen Lachses war zart und wohlschmeckend, nicht so ölig wie das der Königslachse, aber für mich mindestens genauso lecker. Am zweiten Abend zerkleinerte er auf einem Pappdeckel mit einem halbrunden Ulu-Messer, wie es vor allem die Eskimos verwenden, einen Klumpen Schwarzbärenfleisch, den man ihm kürzlich geschenkt hatte. Beim Essen entschuldigte sich Jake mehrmals für seine zähe Konsistenz, die durch das überlange Braten entstanden war, eine Vorsichtsmaßnahme gegen die bei Bären weitverbreiteten Trichinen. Tagsüber hielt er sich vor allem mit Kaffee aus Bohnen, die er entgegen der sonst im Busch üblichen Industriepulvermethode jedes Mal frisch mahlte, und mit selbst gedrehten Zigaretten über Wasser. Dabei sammelte er seine vielen Stummel, um den Resttabak rauszufieseln und dann erneut zu verwenden.

Er hielt sich für ungebildet, dysfunktional und gestört, besaß weder Konto noch Kreditkarte, das wäre Teil seiner selbst gewählten Idiotie. Dafür hatte er sich aber im Laufe der Jahre Fähigkeiten als Kunstschmied erworben und stellte gelegentlich archaisch-extravagante Verzierungen für Möbel oder Gebäude her. Mit messerscharfem Verstand erfasste er Situationen und Umstände und drückte seine Gedanken strukturiert und äußerst gewissenhaft aus. Er schöpfte aus einem großen Wortschatz, der extrem präzise und elegante Formulierungen ermöglichte. Der russische Akzent war nach den vielen Jahren hier kaum noch wahrnehmbar. An guten Tagen, wenn seine offensichtliche Bescheidenheit ein wenig mehr Selbstbewusstsein zuließ, betrachtete Jake sich selbst als ›Kunstprojekt‹, an allen anderen war er eine *river rat*, eine Flussratte, die ohne den Yukon nicht leben konnte. »Manche setzen den Begriff mit einem Soziopathen gleich, der sich von der organisierten Gesellschaft verabschiedet hat, um an abgelegenen Flüssen zu leben, die ihm das Überleben sichern. Ich habe mir Kenntnisse und Fertigkeiten angeeignet, mit denen ich genau das tue. Alles, was man braucht, kommt vom Fluss. Der Fisch, als Essen und ›Treibstoff‹ für die Schlittenhunde, man reist auf ihm, im Sommer wie im Winter, in seinem Tal wird gejagt, das Feuerholz treibt auf ihm.« Jake hielt ständig Ausschau nach stattlichen Treibholzstämmen, die das Hochwasser jetzt in großer Anzahl mit sich schleppte. Hatte er einen passenden entdeckt, sprang er in sein kleines Motorboot und zog ihn ans Ufer, um ihn später mit Motorsäge und Axt zu zerkleinern. Das war nicht nur wesentlich einfacher, als im Wald Bäume zu schlagen. Je näher man ans Delta kam, desto mehr schrumpften auch die Wälder, bis zum Schluss nur noch Buschwerk übrig blieb, mit dem man nicht heizen konnte. Also war man angewiesen auf die Baumleichen, die Schneeschmelze und Regenfälle in den Oberlauf des Flusses spülten.

All sein Wissen hatte Jake im Laufe der Jahre von den Einheimischen erworben. Er war dankbar dafür, kam aber letzten Endes zu der Erkenntnis, dass es eigentlich nichts brachte. »Das ganze Wissen ist komplett nutzlos! Ich könnte den ganzen Tag damit verbringen, Baumstämme an Land zu ziehen. Aber wenn du die Energie gegenrechnest, die diese Stämme als Feuerholz bringen, und sie vergleichst mit der

Menge Diesel, die ich kaufen könnte, wenn ich einen ganzen Tag arbeiten würde, wäre das Ergebnis ziemlich erbärmlich. Das Gleiche gilt fürs Fischen. Die Menge Nahrungsmittel, die ich von einem Tag Arbeit kaufen könnte, verglichen mit der Anzahl der Fische, die ich an einem Tag fange. Es ist ein hartes Leben, das ich mit meiner Gesundheit bezahlt habe.« Obwohl Jake nur ein Jahr älter war als ich, erinnerte der Gang seines hageren Körpers mitunter an einen Greis. Quälende Rückenschmerzen sorgten für eine schiefe Schonhaltung und ließen ihn nachts kaum schlafen. Resultat der jahrelangen, harten körperlichen Arbeit, die seine Wirbelsäule zerschlissen hatte. Eine Operation vor einiger Zeit hatte auch keine Besserung gebracht und ihm die letzte Hoffnung geraubt. Er wusste, dass die Schmerzen weiter zunehmen würden, schonen konnte man sich hier draußen nicht. Entweder man funktionierte oder verreckte. Und Jake war auch klar, was ihn erwartete. Irgendwann würden die Nerven in seinem Rücken so weit geschädigt sein, dass sie ihm den Dienst versagten und es zu Lähmungen und Inkontinenz kam. Davor hatte Jake am meisten Angst. Vielleicht trug er deshalb niemals eine Schwimmweste auf dem Fluss. Er schien nur darauf zu warten, dass sein Fluss ihn erlöste und zu sich holte, wenn es an der Zeit wäre.

»Mir gefällt es hier. Allein das Wasser zu beobachten ist faszinierend. Seine Dynamik und die Weite, das verändert, psychologisch gesehen, die Art und Weise, wie du denkst. Die Distanz, mit der du gewohnt bist, die Dinge zu betrachten, beeinflusst, wie du über alles Mögliche denkst und es einschätzt.« Jake führte zur Bestätigung seiner Theorie das extrem dicht besiedelte Japan an, wo Raum kostbarer schien als alles andere. Dort habe ein Sport wie Golf, der so extravagant verschwenderisch mit Raum umging, einen besonderen Stellenwert. Vielleicht erklärte das ja auch die besondere Faszination, die Alaska auf Japaner ausübt und sie zahlreich hierher reisen lässt. »Der Yukon ist sehr breit, man kann sehr weit blicken, das Wasser ist extrem dynamisch, er verändert sich ständig. Und als Raubtiere, als Jäger mögen wir Menschen Bewegung, sie zieht unsere Aufmerksamkeit an, denn es könnte sich ja um Beute oder Nahrung handeln.« Noch eine interessante Theorie, die durchaus nachvollziehbar war und die Magie des Yukon zu erklären versuchte. Im Gegensatz dazu gehe es im Wald, wo die Bäume den Blick einschränkten, viel friedlicher zu. Im Winter sei es dort auch deutlich geschützter und wärmer, vor allem wenn Stürme über den Fluss fegten und ihn in eine Eishölle verwandelten. »Aber auch dann, gerade mit dem wenigen Licht: All die Farben in der Weite sehen zu können und die Veränderungen während des Tages wahrzunehmen, dann nachts die Sterne, das ist unfassbar, visuell sehr, sehr beeindruckend und auch sehr dynamisch.« Jakes Begeisterung für den Fluss kannte keine Grenzen und steckte an. Vieles hatte ich in den letzten Wochen zwar schon gespürt, aber bisher nicht so reflektiert betrachtet und formulieren können. Jetzt lieferte er mir eine umfassende Analyse, die weitgehend zutraf.

Jake wirkte glücklich in all dem Staub und Dreck, seiner scheinbaren Armut und seiner Einsamkeit. Der Preis für sein Glück aber war hoch, nicht nur seine Gesundheit hatte gelitten. Vor sieben Jahren hielt seine Frau das Leben am Fluss nicht mehr aus und verließ ihn zusammen mit der gemeinsamen Tochter. »Sie haben eine kluge Entscheidung getroffen, um ihr Leben zu retten und sich nicht für die Idee eines Lebens hier draußen zu opfern.« Jake begleitete sie zunächst nach Fairbanks, um ihnen beim Neuanfang zu helfen. Sie fanden ein Stück Land, das sie in Raten finanzierten. Für den Mann ohne Bankkonto ein genauso abstraktes, schwer nachvollziehbares Konzept wie das Sammeln von Flugmeilen, mit dem ein Freund mal ein Ticket für ihn nach Fairbanks bezahlte. »Nach ein paar Jahren sagte meine Frau:

›Verschwinde, du bist unglücklich, und das macht mich unglücklich, du gehst mir auf den Sack. Ständig meckerst du rum, du bist unmöglich. Geh zurück zu deinem Fluss!‹« Das tat er und hatte seine Familie seit drei Jahren nicht mehr gesehen. Wenn Jake mit seinen Schmiedearbeiten ein bisschen Geld verdiente, schickte er es sofort seiner Frau. Nicht weil ein Gericht das so beschlossen hatte, es stünde ihnen einfach moralisch zu.

»Vielleicht habe ich für einen ›normalen‹ Menschen ein bisschen zu viel Zeit, und vielleicht denke ich deshalb über manche Dinge zu viel nach. Aber es wäre großartig, wenn wir uns beim nächsten Mal mehr Zeit nähmen. Dann könnte ich dir noch mehr abstruse, nutzlose Einzelheiten erzählen.« Jake lud mich ein, im Winter einige Zeit mit ihm in der Hütte zu verbringen, die mir gestern beim Campieren am Ufer aufgefallen war. Vielleicht könnte er mir dann auch vom erfolgreichen Stapellauf seines selbst gebauten Dampfschiffes berichten. Das kleine, zerbeulte Boot mit dem windschiefen Schornstein lag auf dem Trockendock neben der Hütte. Unzählige Arbeitsstunden hatte Jake investiert, geschweißt, gebohrt, geschraubt, aber der verdammte Kessel baute einfach nicht genug Druck auf. Noch war es nur das verrückte, unausgegorene Projekt eines dysfunktionalen, soziopathischen, ungebildeten Träumers, aber wie hatte Master Tom schon so trefflich zitiert? *Men become what they dream* – man wird das, was man träumt.

Die Treibholzdichte hatte in den letzten Tagen noch zugenommen, vor allem in Ufernähe, die ich mit der wachsenden Breite des Flusses mehr und mehr suchte. Manche Abschnitte glichen einem mir endlos vorkommenden Slalomparcours, durch den ich mein Boot manövrierte, ständig darauf bedacht, einen Zusammenstoß mit den großen Baumstämmen zu vermeiden. Aber selbst kleinere Äste rumpelten schon beängstigend laut unterm Kiel – nicht auszudenken, welche Schäden die großen Kaliber anrichten würden. Gelegentlich schoben monströse Lastkähne ihre tonnenschwer beladenen Frachtflöße durch die schlammigen Fluten. Fässerweise Sprit, Kisten voller Lebensmittel, aufwendig verpackte Möbel und Elektronikgeräte, Autos und Quads verteilten sich ohne auch nur einen Quadratzentimeter ungenutzte Fläche in die Höhe und Breite. Manchmal ragte das Deck nur noch einen Fuß aus dem Wasser. Heikle Angelegenheit, vor allem bei rauem Seegang. Aber im Moment verwöhnte uns die Sonne mit hochsommerlichen Temperaturen. Es sollte der letzte ruhige Sommertag werden, morgen würde wie angekündigt der Herbst einsetzen, mit Sturm, Regen und meterhohen Wellen.

Nach dem Zufluss des Koyukuk kurz hinter Galena knickte der Yukon ziemlich gerade nach Süden ab, eine Richtung, die er für einige Hundert Kilometer beibehielt. Und leider auch die Richtung, aus der der Wind meistens gegen die Strömung blies und das Wasser aufpeitschte. Noch aber genoss ich die Wärme und fand am Ende des Tages eine sandige Insel als perfekten Lagerplatz. Als das Zelt stand, entdeckte ich nur zwanzig Meter entfernt zwischen den Büschen die Fährte eines Schwarzbären. Ich überlegte kurz umzuziehen, aber die Spuren schienen älter zu sein, und er würde ja nicht ausgerechnet heute noch mal den gleichen Weg einschlagen. Zur Sicherheit verzichtete ich aufs Kochen und knabberte ein paar Kekse zum Abendessen.

Neben den ersten Anzeichen der gefürchteten Herbststürme, vor denen mich im Vorfeld der Reise viele gewarnt hatten, prägten vor allem die Gastfreundschaft und der Motorenlärm der Quads die nächsten Tage. Im Busch von Alaska waren diese ATVs (*all terrain vehicles*) oder *four wheelers* das wichtigste Fortbewegungsmittel zu Lande. Ihre breiten Reifen mit Allradantrieb fraßen sich durch Schlamm,

Sand und steiniges Geröll, und jeder fuhr sie, auch ohne Führerschein und Helm. Kinder, die noch nicht mal das Teenageralter erreicht hatten, beherrschten sie genauso souverän wie Greise, denen das Laufen schwerfiel. Ihnen ersetzten sie den Rollator, der auf den unbefestigten Wegen ohnehin ständig stecken geblieben wäre. Das Röhren der lauten Motoren wurde zum Soundtrack der Dörfer, überall und rund um die Uhr. In Nulato fuhr mich der örtliche Pfarrer damit zum Wasserholen an die Zapfsäule und schenkte mir noch frischen Radi aus dem Gemeindegarten und ein Glas eingemachten Lachs.

Jerry und Curtis in Kaltag begrüßten mich zwar ohne Quad am Ufer, halfen mir aber, die gesamte Ausrüstung auf eine sauber gemähte Wiese weit oberhalb zu schaffen. Curtis schnaufte unter der Anstrengung, er sei außer Form, was am Alkohol liege. Er entschuldigte sich für seinen angetrunkenen Zustand, wollte aber trotzdem seine Gastfreundschaft demonstrieren. Anschließend führten die beiden jungen Männer mich noch durch den Ort und erklärten mir die wichtigsten Gebäude und wo ich die *washeteria* und den Laden fände. Die Wiese gehörte zu einem Privathaus, dessen Bewohnerin mir bereitwillig gestattete, darauf zu campieren. Nebenan summte in einiger Entfernung der Generator der örtlichen Fischfabrik, der Hauptarbeitgeber des Dorfes. Fast alle Erwachsenen waren hier beschäftigt und verpackten frisch gefangenen *chum*, aus dem industrielles Hundefutter hergestellt werden sollte. Am nächsten Morgen kam Bernice für einen Plausch zu meinem Camp. Wir unterhielten uns nett, bis sie sich verabschiedete und mir sagte, dass ich hier immer willkommen sei. Auch wenn es noch ein ganzes Stück bis zur Beringsee war, fühlte ich zunehmend, wie die Zeit raste und ich gerade solche Momente festhalten wollte. Schon jetzt war mir klar, wie sehr ich diese Herzlichkeit der Menschen am Fluss vermissen würde.

Meine Etappen wurden immer kürzer, die Bedingungen immer härter. Zunächst ergossen sich nur ein paar vereinzelte Schauer, die die bald wiederkehrende Sonne vergessen ließ. Nun aber setzte Dauerregen ein, der vom Wind über die weite Landschaft getrieben wurde. In der Hauptströmung türmten sich die Wellen meterhoch, in Ufernähe blieben sie meist noch beherrschbar. Nur in Kurven oder wenn der Yukon an steilen Felskanten vorbeizog, war Vorsicht geboten. Das Wasser legte hier deutlich an Geschwindigkeit zu, und tückische Strudel erschwerten es mitunter, die Balance zu halten. Am Rand des Flusses paddelte es sich zwar grundsätzlich sicherer, aber man kam auch langsamer voran, manchmal bremste starkes Kehrwasser regelrecht. So schaffte ich an den meisten Tagen kaum mehr als fünfzig Kilometer, wenn überhaupt, die Hälfte meiner Etappenlänge am Oberlauf. Einmal, als die Wellen zum ersten Mal seit den Quellseen wieder ins Boot schlugen, stoppte ich an einer Landzunge, um besseres Wetter abzuwarten, entdeckte aber überall frische Grizzlyspuren am Ufer und stieg schnell wieder ins Boot. Ich schwankte mehr, als dass ich paddelte, und fühlte mich bald kränklich. Nicht auch noch eine Magenverstimmung, hoffte ich und erkannte erst am Abend, dass mein Unwohlsein Seekrankheit war. Der raue Wellengang, das ständige Auf und Ab, die Querströmungen, das Schaukeln irritierten meine Sinne, und sobald ich am Abend wieder festen Boden betrat, legte sich auch die leichte Übelkeit. Verrückt. Wie machen das nur die Seekajaker, die wochenlang an der Meeresküste entlangpaddeln? Zur Ablenkung fing ich an, ein wenig zu sinnieren, blickte zurück auf mein Leben: Was waren Highlights, Wendepunkte, wo lagen die größten Fehler, was würde ich anders machen, und wohin sollte es gehen? Jedes Jahr seit meiner Einschulung versuchte ich zu durchleuchten, und am Ende heulte ich einfach grundlos drauflos. Nicht verzweifelt, eher melancholisch und befreiend. Ich blickte auf die Karte und schätzte, dass es von hier aus über Land nur rund sechzig Kilometer bis ans Meer waren, auf dem Fluss aber lagen noch über 600 Kilometer vor mir.

Jeden Tag schien es nun schlimmer zu werden. Am Morgen hingen schwere Wolken tief über dem Fluss, es blieb aber zunächst trocken. Gegen Mittag frischte der Gegenwind auf, entwickelte sich zum Sturm, zwischendurch ein Schauer, erst abends ein verheißungsvoller Flecken Blau am Himmel, der aber noch vor Einbruch der Dunkelheit wieder von einer dichten Wolkendecke geschlossen wurde, die jede Hoffnung auf Wetterbesserung für den nächsten Tag im Keim erstickte. Ich paddelte viele Stunden unter ständiger Anspannung, stets bemüht, nicht zu weit in die Flussmitte zu geraten, dem Treibholz auszuweichen und heimtückisch verkeilte Baumstämme unter der trüben Wasseroberfläche zu erkennen, die ein Boot bei einer Kollision durchaus zum Kentern bringen konnten. Manchmal wusste ich gar nicht, worauf ich zuerst achten sollte. Vermutlich musste ich deshalb so häufig pinkeln, Übersprungshandlung. Dabei blieb kaum Gelegenheit zum Rasten oder Entspannen. Die Snacks unterwegs schlang ich schnell runter, um wieder rechtzeitig am Paddel zu sein und gegensteuern zu können. Jeden Moment sollte ich genießen und daran denken, dass es nicht nur Kampf war und geschafft werden musste. Elisabeths Worte in Whitehorse vor meinem Start hallten mir in den Ohren. Theorie und Praxis hätten nicht weiter auseinanderliegen können.

Nach einer weiteren atemlosen Stunde Kampf mit den Naturgewalten flaute der Wind kurzzeitig ab, und ich erreichte im strömenden Regen das Ufer von Grayling, fünf Tage nach meiner Abfahrt aus Galena. Beim Ausladen am steinigen Strand stieg ich über ein angeschwemmtes Holzschild, auf dem die weißen Buchstaben noch ein erstaunlich gut lesbares ›Alaska‹ bildeten. Das alte Ortsschild weiter oben am Hang, das Besucher willkommen hieß, hatte hingegen inzwischen viel von seiner repräsentativen Wirkung verloren und sah mit der abgeblätterten Farbe einfach nur trostlos heruntergekommen aus. Wieder fand ich am Hochufer eine passable Rasenfläche für mein Zelt und bemühte mich, beim Tragen des Kanus nicht auf dem glitschigen Weg auszurutschen und das Boot zu beschädigen. Als ich die Ausrüstung beisammenhatte, bekam ich Besuch von einem Dorfältesten, der mich mit seinem Quad zum Haus von Shirley Clark fuhr, ein Kontakt von Cynthia in Tanana. Die quirlige Powerfrau war Bürgermeisterin, Ladenmanagerin, Großmutter und Schneiderin. In den 90ern hatte sie mal für einen Film von Schauspieler Steven Segal Fellstiefel genäht. Ach ja, ein *bed & breakfast* betrieb sie auch noch. Sie wolle etwas Gesellschaft haben, wenn sie bald in Rente gehe. Darüber musste sie sich nun keine Sorgen mehr machen. Ständig klopfte es an ihrer Tür. Und jeder Besucher bekam frisch gemahlenen Kaffee und leckere Hausmannskost.

»Sie ist eine tolle Köchin«, schwärmte mein Fahrer, als er mich absetzte. Das konnte ich kurz darauf schon bestätigen. Shirley wärmte für mich einen selbst gemachten Fleischkuchen, bot mir Cola, die Waschmaschine und die Dusche an, in der Reihenfolge und ohne große Umschweife. Mit schier unerschöpflicher Energie und Güte wirbelte sie durch die Küche, versorgte ihre halbwüchsigen Enkel Dawn und Dylan und hatte für jeden, der anrief oder sie besuchte, ein offenes Ohr. Um die Hände frei zu haben, trug sie gerne ein Headset, mit dem sie Gespräche annahm und gleichzeitig multitasking-geschult uneingeschränkt weiterwuseln konnte. Sie sei seit ihrer Kindheit gewohnt, viel zu arbeiten, erklärte sie ihren nimmermüden Einsatz. Als Älteste von dreizehn Geschwistern musste sie schon früh der Mutter helfen. Sonntags ließ sie es jetzt, mit über sechzig, auch mal ruhiger angehen, las bis um elf und schaute sich dann ein Monster-B-Movie an, kitschig, aber sehr unterhaltsam.

Später stieß noch ihre Schwester Debra zu uns, ein überraschend vertrautes Gesicht für mich. Im letzten Jahr war ich Debbie in Carmacks begegnet, nach meiner kurzen Vortour auf dem Yukon. Sie war damals mit einigen anderen Vertretern der Flusssiedlungen von Alaska nach Kanada gereist, um den Weg der Lachse zu verfolgen und sich über Ursachen und Auswirkungen der zunehmenden Beschränkungen für den Fischfang zu informieren. Wir tauschten unsere Adressen aus, ich hatte auch vor, Debbie zu besuchen, aber keine Ahnung, dass sie Shirleys Schwester war.

Noch amüsiert über diesen neuerlichen ›Zufall‹, lief ich am Abend zurück zum Ufer, baute mein Zelt auf und ließ mich vom monotonen Prasseln der Regentropfen einlullen. Ich schlief unruhig, nicht nur wegen der Steine und Stöcke, die ein paar Kinder nachts gegen die Zeltwand warfen. Der Regen hielt die ganze Nacht an, sodass ich mich am Morgen überwinden musste, überhaupt aus dem warmen Schlafsack in die kalte Nässe zu steigen. Aber Shirley hatte mich zum Kaffee eingeladen und erzählte während des Frühstücks von sich, Grayling und ihrem Laden. 1963 war die komplette Einwohnerschaft ihres Heimatdorfes Holikachuk, das ursprünglich fünfzig Kilometer entfernt lag, hier ans Ufer umgesiedelt, weil der Fluss dort das Land immer weiter unterspülte und dann überflutete. Shirleys Vater traf damals mit einigen anderen Dorfältesten die Entscheidung und wählte den neuen Ort aus. Heute lebten in Grayling keine 200 Menschen, es gab eine Schule, ein Postamt, einen Flugplatz und Shirleys Laden, der zur ANICA-Gruppe gehörte, einer indianischen Genossenschaft, die in den abgelegenen Dörfern in Alaska rund fünfzig Läden betrieb. »Am besten verkaufen sich Zigaretten, Limo und Klopapier. Wenn mir die drei Sachen ausgehen, kriege ich Ärger. Dann werden die Leute stinkig und beschweren sich.« Damit das nicht passierte, orderte Shirley rechtzeitig auf elektronischem Weg bei der Zentrale in Seattle, die die Bestellungen dann über Anchorage koordinierte. Die meisten Lebensmittel kamen mit den kleinen Buschfliegern, die mehrmals am Tag den Flugplatz ansteuerten. Dann krächzte das Funkgerät, das in jedem Haushalt ständig eingeschaltet blieb und den noch nicht funktionierenden Handybetrieb ersetzte.

Während wir unseren Kaffee schlürften, wurde die erste Ladung angekündigt. Wir sprangen in Shirleys Truck, fuhren zur Landepiste und warteten auf das erste Propellerflugzeug des Tages. Hinter den wenigen Sitzen sicherte ein Netz die Fracht gegen Verrutschen. Diesmal bestand sie zu einem großen Teil aus kistenweise Getränketüten, die wir anschließend gleich in den Laden schafften. In den nächsten Stunden kamen noch zwei weitere Ladungen und später, mit seinem eigenen Flugzeug, der Kühlschrankelektriker, der ein defektes Großgerät im Laden reparieren musste. Frische Lebensmittel stellten die größte logistische Herausforderung dar. Von der Bestellung bis zur Lieferung vergingen mehrere Tage, zu lange für frische Milch und das meiste Obst und Gemüse. Kartoffeln und Äpfel hielten sich, der Rest stand als Konserven im Regal. Die teuren Preise wurden in der Regel von der Zentrale festgelegt, manchmal reduzierte Shirley von sich aus ein wenig, aber meistens blieb ihr nichts anderes übrig, als sich an die Vorgaben zu halten. »Ich habe den Eindruck, dass wieder mehr Leute anfangen, zum Beispiel Beeren zu sammeln und einzukochen oder zu fischen, um sich auch davon zu ernähren, wegen der hohen Preise«, beobachtete sie. Nachdenklich marschierte ich am Nachmittag zurück zu meinem Zelt. Die grausame Assimilierungspolitik der letzten 150 Jahre hatte am Yukon wie fast überall in Amerika die Lebensweise und Traditionen der Ureinwohner in Vergessenheit geraten lassen. Die Sprachen wurden kaum mehr gesprochen. Und jetzt trieben die finanzielle Not und Abhängigkeit von staatlicher Unterstützung die Menschen dazu, sich doch wieder auf die Fertigkeiten zu besinnen, die ihren Völkern jahrtausendelang das Überleben gesichert hatten? Eigentlich eine perverse Entwicklung.

Shirleys Enkel sehnten sich zwar nach der Stadt, nach Anchorage, ihren Freunden dort. Aber für die vierzehnjährige Dawn wie den achtzehnjährigen Dylan konnte das Leben im Busch durchaus seine Reize haben. »Ja, im Winter bin ich gerne draußen, Snowmobil fahren und mit meinem Gewehr rumballern«, schwärmte Dawn. Sie hatte sich ein pinkfarbenes Gewehr gewünscht und im letzten Winter ihren ersten Wolf geschossen, gab aber zu, dass es in Grayling auch ziemlich öde sein konnte. Vor allem wenn es wochenlang regnete und das Internet mal wieder nicht funktionierte. »Du siehst halt immer die gleichen Gesichter und musst dir Beschäftigung suchen, damit es nicht langweilig wird«, fand auch ihr Bruder Dylan. Er hatte die Schule erst mal geschmissen und war zu seinem Vater und Großmutter Shirley nach Grayling gezogen. Vor ein paar Wochen hatte er seinen ersten Bären erlegt. »Das war ziemlich aufregend, weil klar war, wenn ich danebentreffe, könnte es das gewesen sein.« Dylan und seine beiden Cousins sammelten Beeren, als sie auf den Bären trafen. Der startete zu einem Scheinangriff, und keine zehn Meter vor ihnen brach er dann getroffen zusammen. »Für meine Cousins war das beängstigend, aber ich dachte, na ja, wenn wir es nicht schaffen, dann habe ich zumindest mein Bestes gegeben.« Er klang wie ein Coach, der ein verlorenes Spiel analysierte, und nicht wie ein Teenager, der dem Tod ins Auge geblickt hatte. Welche Bedeutung seine indianische Herkunft für ihn habe, wollte ich wissen. »Die ist sehr wichtig, weil wir eine bedeutende Kultur besitzen, die schon sehr lange existiert. Aber der Alkohol und die Drogen haben die meisten Leute ausgelaugt. Und viele kennen ihre Kultur und Sprache längst nicht mehr, so wie sie das eigentlich sollten.« Dylan wollte die Sprache gerne lernen, aber er wisse gar nicht, wen er dabei um Hilfe bitten könne. Und warum tranken so viele? »Hauptsächlich weil es nichts zu tun gibt, sie trinken und nehmen Drogen oder was immer sie kriegen können, aus Langeweile, um die Zeit totzuschlagen.« Er selbst aber hielt sich davon fern, nachdem er gesehen hatte, was Alkohol und Drogen mit seinen Freunden und der Familie gemacht hatten.

Unter meinem Boot lag ein kleines Päckchen, als ich zurückkam. Jemand hatte Lachsfilets gebraten und süßen Kuchen gebacken, sorgfältig in Alufolie eingewickelt und dorthin gelegt. ›From Janna, Thomas and the Kids‹, las ich auf dem Zettel, der darauf klebte. Ich blickte mich um, konnte aber keinen Wohltäter entdecken. Shirley half mir am nächsten Tag auf die Sprünge, und als wir erneut für eine Lieferung zum Flugplatz fuhren, kam uns Janna entgegen. Ich bedankte mich bei ihr, worauf sie mich gleich zum Frühstück einlud und frischen Haferbrei mit viel Zimt, Ei und Milch kochte. Das Ei habe sie extra daruntergemischt, damit es mir Kraft gebe, die ich bestimmt bräuchte. Neben den großen Teller stellte sie eine heiße Tasse Pfefferminztee, den sie mit frisch gezupften Blättern aufgebrüht hatte. Duschen durfte ich noch, und ein Bett sei im Haus auch immer frei. Ihr Mann Thomas reichte mir das Telefon, um schon mal bei einer Fährgesellschaft zu recherchieren, ob ich mein Boot am Ende vielleicht auf dem Wasser zurücktransportieren lassen könnte, was sicher besser wäre als in einer Luftfrachtmaschine. Man wisse ja, wie dort mit Gepäck umgegangen würde. Keine Ahnung, ob es am Fluss lag und ich deshalb zurzeit so nah am Wasser gebaut hatte. Jedenfalls überwältigte die großherzige Gastfreundschaft, mit der mich die Menschen beschenkten, mich jedes Mal aufs Neue und trieb mir vor Rührung die Tränen in die Augen. Vielleicht war es auch dieser krasse Kontrast zwischen der erbarmungslosen Natur, die mich forderte, dem Fluss, der mir vor Augen führte, dass ich nichts weiter als ein Spielball war, der sich in seiner kleinen Nussschale demütig fügen musste, und der schier grenzenlosen Herzlichkeit und Fürsorge der Menschen, die sich um mich kümmerten, mich verpflegten und mir Kraft und Zuversicht gaben, ohne dass ich danach fragen musste.

Ich kannte diese Seite an mir nicht, dass mich wildfremde Menschen so berühren konnten. Als Kind war ich extrem sensibel, schüchtern und introvertiert. Die Gesellschaft außerhalb meiner vertrauten Welt behagte mir nicht, sie verunsicherte und verschreckte mich. Lieber blieb ich allein, zurückgezogen und hatte auch nie Probleme, mich zu beschäftigen oder zurechtzukommen. Trotzdem ergriff ich später bemerkenswerterweise als Arzt und Radiomoderator zwei Berufe, bei denen der Umgang mit Menschen und die Kommunikation mit ihnen eine zentrale, wenn nicht sogar die wichtigste Rolle spielten. Vielleicht hoffte ich insgeheim, dass sich meine vermeintlichen Schwächen, die Sensibilität und die Schüchternheit, im Laufe der Zeit zu einer Stärke entwickelten und mich besonders befähigen würden, mit anderen mitzufühlen und sie respektvoll zu behandeln. Bei meiner Solotour um die USA mit dem Rad erfuhr ich dann noch intensiver, wie sehr die Begegnungen unterwegs mich bereicherten und wie wohl mir die Erkenntnis tat, dass, egal, welche Grausamkeit die Menschheit manchmal an den Tag legte, gegenseitige Hilfe und Gastfreundschaft noch immer Tugenden waren, die uns als menschliche Wesen auszeichneten und die Gemeinschaft stärkten. Mir fiel Chris McCandless ein, der als Alex Supertramp auszog, um der von ihm verachteten Gesellschaft den Rücken zu kehren, sich wie ein einsamer Wolf zu verwirklichen und am Ende kurz vor seinem Hungertod in einem verlassenen Bus in Alaska zu erkennen, dass wahres Glück nur existierte, wenn man es auch teilen konnte. Ich war auf dem besten Weg, genau diese Erkenntnis nachzuempfinden. Also nicht die mit dem Hungertod, dazu spannten die Fettpolster nach den Fressattacken als Belohnung fürs Durchhalten bei schlechtem Wetter viel zu sehr um die Hüften. Aber ein Stück weit traute ich mich offenbar, meine Schutzmauer einzureißen und Nähe zuzulassen, die ich früher eher als Bedrohung empfunden hätte. Vielleicht sollten Jake, der verrückte Russe aus Galena, und ich uns tatsächlich einen Winter lang in seiner einsamen Hütte im Busch einschließen und gemeinsam philosophieren. Dann könnten wir am Ende womöglich sogar das Geheimnis des Lebens entschlüsseln. Oder wir würden uns nach so viel sinnfreiem Dampfgeplauder im Wahn des *cabin fever* die Köpfe einschlagen.

»Dein Boot lebt. Man kann fast seine Wärme fühlen, wenn man die Hand eine Weile drauflegt.«

Ich freute mich über Debbies Erkenntnis, die einem besonderen Kompliment gleichkam. In der Tat fühlte sich mein Kanu nicht kalt und synthetisch an wie ein Boot aus Kunststoff oder Alu. Und in gewisser Weise lebte es wirklich, es veränderte sich, es bekam Risse wie die Falten einer spröden Haut, seine Farbe wurde dunkler, das Harz erweichte in der Sonne, veränderte sein Form und erhärtete wieder in der Kälte.

Debbie hatte mich zum Ufer begleitet. Im Laden ihrer Schwester hatte ich noch einen robusten Regenanzug gekauft, wie ihn die Fischer auf hoher See trugen. Damit wollte ich der Schlechtwetterfront trotzen. Aber gegen die immer noch mannshohen Wellen auf dem Fluss würde der auch nicht helfen. Weiterfahren wäre absurd, viel zu gefährlich. Trotzdem wurde ich unruhig, fühlte ich mich irgendwie gefangen und wollte gerne weiterziehen. Immer noch lagen gut 500 Kilometer vor mir. Unbeeindruckt fielen Regentropfen in die zahlreichen Pfützen auf den Wegen, die zunehmend überspült wurden und unter Wasser standen. Ich verabredete mich mit Debbie für später in ihrem Haus. Sie hatte eine DVD per Post ausgeliehen, südafrikanische Frauen-Krimi-Serie. Alles, was mich vom Wetter ablenkte, war mir inzwischen recht.

Ich lief zur Schule, die noch in diesem Monat wieder anfangen würde. Die ersten Lehrer waren schon aus den großen Sommerferien zurückgekehrt. Bre war gestern mit ihrem Mann und der erst im Juni geborenen Tochter angekommen. Ich hatte sie beim Umladen am Flugplatz getroffen und ihnen später eine vergessene Gepäcktasche gebracht. Weil ihr Haus nach der langen Abwesenheit noch kalt war und aufgeheizt werden musste, verbrachten sie aus Rücksicht auf das Baby die ersten Nächte in einem Klassenzimmer der Schule. »Die Entscheidung, hier zu unterrichten, fiel mir nicht schwer. Das Abenteuer, die Möglichkeit, neue Leute zu treffen, in einer neuen Kultur zu leben, einfach außerhalb der Norm. Ich hab mich online für den Job beworben, und als sie mich dann anriefen, habe ich die Chance ergriffen.« Bre stammte aus Minnesota, lebte dort in einer kleinen Stadt auf dem Land mit rund 1500 Einwohnern. Sie war zuvor noch nie in Alaska gewesen, hatte damals gerade erst die Uni abgeschlossen. »Ja, das war schon sehr anders. Ich erinnere mich noch, als ich aus dem Flugzeug schaute und nichts als Land gesehen habe, Meilen über Meilen, keine Straßen, keine Häuser. Es war so riesig, und ich fühlte mich irgendwie klein.« Auch an die fehlende Anonymität in Grayling musste sie sich erst gewöhnen. Man konnte nicht einfach die Straße entlanglaufen und unerkannt bleiben. Hier kannte jeder jeden, und etwas verheimlichen oder für sich behalten ging schon gar nicht. Mittlerweile entdeckte sie am Leben ohne Privatsphäre auch positive Seiten und freute sich, die anderen Dorfbewohner zu sehen und mit ihnen zu plaudern. Die größte Umstellung betraf die Instandhaltung und Versorgung des Hauses. »Wir haben zwei Öfen, mit denen wir heizen, einer verbrennt Holz, der andere Diesel. Und dafür zu sorgen, dass wir jeden Monat genug Holz haben und der Tank gefüllt ist, war neu. In Minnesota sorgte ein kleiner Zauberkasten an der Wand für Wärme.« Am meisten aber vermisste Bre ihre Familie zu Hause, die sie normalerweise erst in neun Monaten, nach Ende des Schuljahrs, wiedersehen würde. Und auf ein nettes Dinner im Restaurant musste sie mangels Angebot auch verzichten. Als Ersatz lud man sich im Dorf halt gegenseitig zum Essen ein, und wenn sie dann nach Anchorage kam, auf dem Weg nach Hause, belohnte sie sich fürs Durchhalten. »In den drei Jahren, in denen ich jetzt hier arbeite, hat sich das zu einer Tradition entwickelt. Wir landen, steigen in unser Auto und fahren rüber zu *Red Robbin* für einen Burger. Den kriegst du hier oben kaum. So bin ich halt«, entschuldigte sie ihre Gelüste nach einer fettigen Rindfleischfrikadelle. Elchfleisch bekomme man hier zuhauf, das schmecke schon auch lecker.

Bre unterrichtete Sozialkunde, Sprache und Literatur in der Mittel- und Oberstufe, hatte also mit den Teenagern der Klassen 6 bis 12 zu tun. Die Schüler verschiedener Jahrgänge wurden dabei zusammengefasst und abwechselnd unterrichtet, insgesamt betreute sie 23 der rund 60 Kinder und Jugendlichen an der Schule. Drei weitere Lehrer komplettierten das überschaubare Kollegium. »Mir kommt es so vor, nachdem ich jetzt ein Weile schon hier bin und auch die Geschichte und Kultur Alaskas unterrichte, dass die Kinder vor allem spüren wollen, dass sie patent sind, dass sie fähig sind, etwas zu erreichen. Vielleicht hat man ihnen in der Vergangenheit eingebläut, dass sie das nicht schaffen. Besser gar nicht erst versuchen, damit man nicht versagt. Ich möchte ihnen vermitteln, dass ihre Kultur, die hier seit Tausenden von Jahren existiert, eine erstaunliche, großartige Kultur ist. Sie müssen die Gelegenheit bekommen, ihre Fähigkeiten zu nutzen und vielleicht später bei einem Job in Anchorage einzusetzen. Das sind zähe, unglaublich belastbare Kinder, die viel aushalten müssen und deshalb stärker werden.« Bre bezog sich vor allem auf die im Zusammenhang mit den amerikanischen Ureinwohnern weitverbreiteten, aber eben auch oftmals zutreffenden Klischees. Alkoholismus in den Familien, fehlende Möglichkeiten, Perspektivlosigkeit in den Dörfern. Sie versuchte, ihnen Zuversicht und ein Vertrauen darauf zu vermitteln, dass ihr Leben anders verlaufen konnte als das, was sie vielleicht in ihrem Umfeld sahen.

Wir unterhielten uns auch über ihre Sprache, die nicht unterrichtet wurde und bald vergessen sein würde, wie bei den meisten Ureinwohnern. Konkrete und vor allem korrekte Zahlen, wie viele Sprachen einst in Nordamerika existierten und wie viele heute noch gesprochen werden, sind schwer zu finden. Die American Indian Heritage Foundation spricht von ›ursprünglich vielleicht rund 300 Sprachen‹ und heute noch 300 000 Sprechern, die 200 indianische Sprachen beherrschen. Die gemeinnützige Organisation Native Languages of the Americas schätzt die Zahl der Sprecher auf etwa eine halbe Million, das entspräche knapp 12 Prozent der indianischen Bevölkerung. Laut der Statistikbehörde der USA wurde im Jahr 2000 in über 70 Prozent der indianischen Haushalte ausschließlich Englisch gesprochen, was ja nicht automatisch bedeutete, dass in allen anderen die Sprachen ihrer Vorfahren überlebten. Im Gegenteil, vor allem in Nordamerika gelten die meisten indianischen Sprachen als bedroht, nur wenigen gibt man noch eine realistische Chance, viele sind schon mit den letzten Sprechern ausgestorben. Trotzdem hoffte Lehrerin Bre, dass die Kinder zu ihren athabaskischen Wurzeln ständen, dass sie sie bewahrten, dass sie stolz darauf blieben und die Tugenden und Werte hochhielten.

Auch sie hatten die warmherzigen Menschen berührt. »Der Yukon ist ein erstaunlicher Fluss, Grayling ein großartiger Ort, und die Menschen hier sind ganz wunderbar, so gastfreundlich. Als wir zurückkamen in unser kaltes Haus, kam gleich eine Nachbarin und sagte: Kommt zu mir, ich hab schon die Heizung aufgedreht, weil wir wussten, dass das Baby da ist. Alles ist schön warm, wir haben Sandwiches und Pizza vorbereitet. Es ist wirklich ein ganz besonderer Ort.«

»Warum willst du einen Indianer imitieren?«

Henry Deacons Frage überraschte mich. Aber im Laufe unseres kurzen Gesprächs warf er noch mit weiteren, sarkastischen Kommentaren um sich.

»Du bist nichts weiter als Treibholz, solange du nicht gegen die Strömung paddelst!«

Spätestens nach seinen anhaltenden Fragen, was eigentlich aus den Superariern geworden sei, die Hitler züchten wollte, beschränkte ich mich auf höfliches Lächeln und gelegentlich zustimmendes Nicken. Nun war klar, woher seine Tochter Debbie ihr streitbares Wesen hatte. Ich war ihrer Beschreibung gefolgt und den schlammigen Weg bis zum Ende gegangen. Dort am Ortsrand von Grayling fand ich unter dem dichten Blätterdach der hochgewachsenen Birken und Pappeln das Blockhaus, das Debbie vor langer Zeit schon mit ihren eigenen Händen gebaut hatte. Sie scheute weder körperliche Anstrengung noch eine Auseinandersetzung, war gelernter Bauarbeiter mit Gesellenbrief. Wenn es darum ging, ihre Rechte zu vertreten, nahm sie kein Blatt vor den Mund, wer sich mit ihr anlegte, musste bereit sein, die Konsequenzen zu tragen. So wie die Eichhörnchen, die sich an ihrer Hütte und den Vorräten zu schaffen machten, bis sie sie schließlich erlegte. Zur Abschreckung baumelten zwei kleine, inzwischen fast mumifizierte Leichen kopfüber an der Veranda. Im Moment hatte Debbie mehrere Jobs in der Verwaltung des Dorfes und schrieb ein Drehbuch für einen Mysterythriller, der im Umfeld der Alaska-Pipeline spielen sollte. Ich fragte sie nach Veränderungen, besonders in Bezug auf die Lachse.

»Die gibt es, und für mich passierten sie nicht langsam und stetig, sondern radikal. Als ich wegging, um die Highschool zu besuchen, konnten wir im Sommer einfach in die Fischcamps und haben gefischt. Dann kam ich nach der Schule und meiner Lehre irgendwann wieder, und plötzlich tauchten diese Leute von der Fischereibehörde auf und meinten, wir müssten unsere Netze rausziehen. Sie wurden richtig aggressiv und drohten damit, unsere Boote und Netze zu konfiszieren, unsere Lebensgrundlage. Sie wollten uns quasi daran hindern, dass wir Essen auf den Tisch stellen.« Fangzeiten wurden reguliert, die Größe der Netze und vor allem ihrer Löcher festgelegt, um sicherzustellen, dass genügend Lachse in die Laichgebiete gelangten und auch die kanadischen Ureinwohner noch ausreichend mit Fisch versorgt würden. »Sie schoben alles auf die Kanadier, die beanspruchten dies und jenes. Und ich habe das nie hinterfragt, bis ich dann selbst nach Kanada gereist bin und herausfand, dass sie genauso Fischer waren wie wir, die den Lachs ehrten und respektierten.« Debbie besuchte Fischereiversammlungen, bei denen heiß diskutiert wurde. Die kommerziellen Fischer beklagten sich, dass ihre Kultur den Bach runterging. »Diese Leute trugen Diamantringe, hatten Visitenkarten mit drei Adressen, eine in Alaska, eine in Washington und noch eine in Hawaii, und sie jammerten wegen ihrer Kultur. Mich hat das angewidert zu sehen, wie der Vorstand denen auch noch Glauben schenkte und für uns nur Verachtung übrig hatte. Ich hatte keine andere Wahl, als mich politisch zu engagieren. Irgendjemand musste ja etwas tun.«

Ohne den Fisch bliebe den Menschen nichts anderes übrig, als von der Wohlfahrt zu leben. Eine Erfahrung, die auch Debbie machen musste. Als sie keine Arbeit finden konnte, war sie ein Jahr lang auf Essensmarken angewiesen. »Das ist extrem demoralisierend. Du versuchst alles, um zu überleben, und endest dann mit Essensmarken. Das will ich nie wieder durchmachen müssen. Du verlierst den Glauben an dich, wenn du nichts mehr hast. Dann bist du wie ein Parasit. Und so sehe ich mich nicht. Wir sind starke Menschen!« Wer es geschafft hatte, Jahrtausende in dieser rauen Welt zu überleben, im Winter Temperaturen unter –50 Grad zu trotzen und sich allein von dem zu ernähren, was die karge Natur ihm bot, der konnte kein Versager sein. Auch deshalb engagierte sich Debbie und gab sich kämpferisch.

Bei ihren Recherchen stieß sie schnell auf die Pollack Industrie, die den Fisch tonnenweise aus dem Meer fischte, um ihn zu Seelachs zu verarbeiten. Dabei gingen aber auch jedes Mal Tausende von Königslachsen versehentlich in die Netze. Dieses Argument als Ursache für die schwindenden Lachszahlen in den Flüssen hörte ich immer wieder. Der eigentliche Schaden würde schon weit draußen auf dem Meer angerichtet, bevor die Fische überhaupt eine Chance hätten, ihren langen Weg zurück in die Laichgründe anzutreten. Letztendlich beweisen ließen sich die Vorwürfe nur schwer, vermutlich lag es an einer Verkettung unterschiedlichster Gründe. Und auch der Klimawandel wurde regelmäßig genannt. Wer oder was auch immer verantwortlich war, die Tatsachen konnte man nicht wegdiskutieren. »Hier im Bach schwammen früher so viele Fische, dass man den Eindruck hatte, man könnte auf ihren Rücken auf die andere Seite laufen. Wenn ich heute nachschaue, finde ich vielleicht ein oder zwei tote Fische. Das Gleiche gilt für die Möwen. Neben dem Summen der Moskitos war das Geschrei der Möwen früher der Klang des Sommers. Heute hörst du das nicht mehr. Außer einer einsamen Möwe, die über den Bach zieht, nichts. Die Zeiten ändern sich wirklich.« Der Name von Grayling ging sogar auf die hier im Bach ursprünglich so zahlreichen Äschen zurück. Debbie machte sich Sorgen, manchmal erschien selbst ihr der Kampf aussichtslos. Irgendwann wäre der Punkt erreicht, wo wir einsehen müssten, dass es nicht mehr um uns ging, um mehr Geld, ein größeres Haus, teurere Kleider, sondern um den Fisch, um die Natur, um unsere Erde, unseren Lebensraum. Niemand könnte sich dann mehr erlauben, nicht darauf zu achten, was wir taten und aßen. »Selbst hier draußen im Busch, mitten in Alaska, wo die Spuren, die ich hinterlasse, furchtbar klein sind und sich kaum auf die Natur auswirken mögen, trage ich Verantwortung und muss mir dessen bewusst sein. Wenn ich das kann, können es andere auch, und dann gibt es vielleicht noch Hoffnung.«

Auch am dritten Tag in Grayling trieb der stürmische Südwind eine Regenfront nach der anderen über den Fluss. Wie ein grauer Vorhang verdeckten sie die Sicht aufs Tal, das man sonst kilometerweit überblicken konnte. Die Wetterprognose verhieß auch für die nächsten Tage unverändert dramatische Bedingungen. Seit Wochen gehe das nun schon so, nichts als Regen und Sturm. Das sei der kälteste und feuchteste Sommer seit Langem, bestätigten mir die Einheimischen. Ich konnte verstehen, warum manche Kanuten hier abbrachen, kurz vor dem Ziel. Zermürbt, des Ausharrens müde, gaben sie auf und verließen enttäuscht die Wildnis. Ich stand am Hochufer neben meinem triefnassen Boot und begann zum ersten Mal ernsthaft zu zweifeln, ob ich die Beringsee jemals erreichen würde.

Grayling – Beringsee

Von zermürbendem Gegenwind
auf der Zielgeraden, japanischen Reisbällchen
unterwegs und Schokomousse bei Ebbe

Die Nerven lagen blank. Ich schrie aus Verzweiflung und Ohnmacht. Sosehr ich auch gegen Wind und Wellen ankämpfte, ich war nichts weiter als ein Spielball der Naturgewalten, ausgeliefert, machtlos. Nicht ich bestimmte, wo es langging, der Fluss gab die Richtung vor, und der Wind entschied über mein Vorankommen. Für die rund dreißig Kilometer bis Anvik brauchte ich acht Stunden, wäre zu Fuß am Ufer wahrscheinlich schneller gewesen. Und vor allem sicherer. Ich hatte Grayling in der Früh fast fluchtartig verlassen, um eine kurzzeitige Wetterbesserung auszunutzen. Wegen des angekündigten Regens behielt ich die Gummistiefel auch im Boot an, obwohl sie bei einer möglichen Kenterung volllaufen könnten und mir vielleicht zum Verhängnis würden. Aber ich war es satt, ständig mit nassen, kalten Füßen zu paddeln. Vielleicht hätte ich Shirleys Angebot, mir aus Plastikfolie für Gartentische eine Spritzdecke zu nähen, besser annehmen sollen. Aber wahrscheinlich wollte ich lieber stilvoll untergehen, als mit Blümchenmuster durch die Wildnis zu gondeln. Eine Entscheidung, die ich im Angesicht der mannshohen Wellen mehrmals überdachte. Sie erreichten fast das Niveau der gefährlichen Brecher auf den Quellseen und zwangen mich nah ans Ufer, wo Kehrwasser und Gegenwind meine Geschwindigkeit auf unter Schritttempo drückten. Manchmal wurde ich sogar trotz

Paddeln wieder stromaufwärts geblasen. Bis zu der kleinen Siedlung Anvik, die geschützt an einem schmalen Seitenarm lag, stand ich unter Hochspannung, hatte nur ein Ziel: heil ankommen.

»Du bist der Mann mit dem Birkenrindenkanu!« Freddy hatte per Funk von Freunden aus Grayling erfahren, dass ich wieder auf dem Fluss war. Er empfing mich am Ufer, und wir fuhren gemeinsam auf seinem Quad ins Dorfzentrum. Freddy verkaufte nebenbei ein paar Snacks, mit denen ich mich für den Dauerstress entschädigte. In der örtlichen *washeteria* gab es erstmals auch eine kleine Gemeinschaftssauna, aber ich wollte lieber noch ein Stück weiterpaddeln. Jetzt am Abend hatte sich das Wetter etwas beruhigt. Eine Otterfamilie planschte am Ufer und starrte aufmerksam in meine Richtung, als ich langsam mit dem Kanu vorbeizog und Anvik hinter mir ließ. Ich campierte später auf einer großen Sandinsel mitten im Fluss.

Der nächste Morgen begann mit ein paar kurzen Regenschauern, danach aber lockerten sich die Wolken, und zum ersten Mal seit einer Woche zeigte sich die Sonne und strahlte wacker bis zum Ende des Tages. Was für ein großartiger Kontrast! Selbst der Wind hielt sich zurück. Endlich löste sich die Anspannung, der Fluss gab sich versöhnlich, zumindest für den Moment. Immer mehr Vögel schlossen sich für den weiten Weg nach Süden zusammen, schnatterten aufgeregt, wenn ich ihnen zu nah kam, und starteten dann zu einem eindrucksvollen Formationsflug in die Lüfte. Am Ufer stapfte ein Schwarzbär durchs Dickicht, später sah ich noch einen Elchbullen, und auf der anderen Seite spielte ein Hund mit einem Bären am Strand. Dachte ich. Durchs Fernglas erkannte ich einen Grizzly und einen Wolf, ob Spiel oder Kampf, ließ sich nicht ausmachen. Ich erreichte Holy Cross, die letzte Siedlung, bevor der Yukon seinen Südkurs ändert und dann wieder für eine Weile Richtung Westen zieht. Am morastigen Ufer lagen wie üblich die Boote der Einheimischen, aber vom Ort selbst war nichts zu sehen. Ursprünglich befand sich das Dorf direkt am Hauptstrom des Flusses, der aber im Laufe der Zeit mit seinem Wasser einen neuen Kanal durchs Hinterland gespült hatte und die Bewohner abschnitt. Die hatten ihr Hab und Gut gepackt und sich am sicheren Hang hinter dem neu geschaffenen Seitenarm angesiedelt, durch den ich gepaddelt war.

Ich folgte der Straße und erreichte nach ein paar Minuten die ersten Häuser. Vor einem entlud gerade Josh seinen Arbeitstruck. Der junge, blonde Mann aus Anchorage verbrachte den Sommer mit einem Kollegen in Holy Cross. Sie sollten vor allem die Straßen ausbessern und Leitungen und Kanalrohre verlegen. Ein Drecksjob bei dem Wetter, seit Wochen schon steckten sie manchmal bis zum Hals im Schlamm. Aber es brachte gutes Geld, mit dem es sich in dem sonst eher trostlosen Ort aushalten ließ. Dankbar für eine Abwechslung, chauffierte mich Josh durch das Dorf, zeigte mir die beiden Läden, in denen ich meinen Proviant aufstocken könnte, füllte meinen Wasserkanister auf und brachte mich schließlich wieder zurück zum Kanu.

Ich suchte noch nach einem Platz für mein Zelt, als William mir anbot, auf seinem Boot zu übernachten. Die Pritsche sei breit und komfortabel, und ich würde ja sonst hoffentlich nichts anrühren, lallte er noch. Seine Frau wirkte nicht minder angetrunken, keine Ahnung, wie sie das Boot ohne Kollision zwischen den anderen geparkt hatten. Ihr Sohn stieß zu uns, um seine Eltern nach Hause zu bringen. Er arbeitete im Sommer als Feuerwehrmann und bekämpfte die Waldbrände. Seine markanten Gesichtszüge und der stolze Blick aus den schwarzen Augen demonstrierten Stärke und Selbstbewusstsein. Mit wenigen Worten lotste er den torkelnden Vater samt Mutter zum Wagen und fuhr nach Hause. Obwohl plötzlich ein starker Regen niederprasselte, entschloss ich mich, Williams Angebot auszuschlagen, und baute mein Zelt lieber etwas weiter abseits am Ufer in den Schlick.

Martialische Kampfschreie hallten von den umliegenden Hängen und zerrissen die magische Stimmung. Aus dem Fluss stiegen Nebelschwaden und verwandelten sein Bett in eine mystische Märchenlandschaft, aus der sich schemenhaft die Baumwipfel der nahen Inseln erhoben. Die aufgehende Sonne kämpfte sich hinter einem zerrissenen Wolkenteppich beharrlich über den Horizont. Im glatten Wasser spiegelte sich das Muster des Himmels in dramatischen Farben. Noch ein Schrei. Ich schreckte irritiert auf. Jackie Chan? Kung Fu Panda? Das musste der japanische Kajaker sein, den ich gestern Abend schon kurz gesehen hatte. Er hatte unmittelbar nach mir am Ufer angelegt und war alsbald von einem einheimischen Ehepaar zum Essen eingeladen worden. Vermutlich hatte er die Nacht auch dort verbracht und war jetzt erst zurückgekehrt. Auch mit meinen mangelhaften Japanischkenntnissen erkannte ich, dass der Mann kein Schattenboxen als Morgengymnastik praktizierte. Er klang richtig sauer. Mit seinem gelben Regenanzug stapfte er durchs feuchte Dickicht zu mir und fragte, ob ich etwas beobachtet oder bemerkt hätte. An seinem Zelt, das für mich unsichtbar gleich neben der Anlegestelle aufgebaut war, fehlte eine Heringslasche, die für die Stabilität der Konstruktion sorgte. Jemand hatte sie offenbar abgerissen und dann liegen gelassen. Ich konnte mich an nichts Verdächtiges erinnern und reichte ihm mein Nähset, mit dem vielleicht eine notdürftige Reparatur bis zum Ende der Reise gelänge.

Yoshi hatte das gleiche Ziel wie ich, er wollte zur Beringsee. Mit seinem Faltkajak war er Anfang Juli auf dem Teslin River gestartet und in gut fünf Wochen bis nach Holy Cross gepaddelt. Er folgte den Spuren eines japanischen Abenteurers, der Anfang der 90er die gleiche Route genommen und mit seinem Buch über die Reise in Japan Kultstatus erreicht hatte. Das handgeschriebene Autogramm des asiatischen Reinhold Messner zu Wasser zierte die Rückseite von Yoshis Regenjacke. Als ich mich mit ihm unterhielt, wunderte ich mich, wie ihm die schreckenerregenden Brüller von vorhin hatten entfahren können. Er wirkte so höflich und bescheiden. Aber dem, was er in gebrochenem Englisch erzählte, entnahm ich, dass auch bei ihm die Nerven blank lagen. Der Fluss hatte ihn genauso gefordert wie mich. Er war trotzdem beharrlich jeden Tag gepaddelt, selbst bei dem Sauwetter, das mich in Grayling für Tage ans Ufer gezwungen hatte, und war immer wieder bis an seine Grenzen gegangen. Mittlerweile schien er nur noch ankommen zu wollen.

Als wir unsere Ausrüstung verpackten, kam William mit seinem Boot zurück vom Netzekontrollieren. An seinem Alkoholpegel hatte sich über Nacht nicht viel geändert, oder er hatte ihn heute Morgen schon mit ordentlich *booze* wieder in die Höhe getrieben. Und sein Sohn, der gestern noch so stolz und entschlossen wirkte, torkelte nun genauso zugedröhnt an Land. Er war es auch, der in der Nacht Yoshis Zeltlasche abgerissen hatte, im Suff, wie er zugab. Immerhin schenkten sie uns zwei frisch gefangene Silberlachse. Gegen Mittag setzten wir beide zur selben Zeit unsere Reise fort. Yoshi war mit seinem Kajak viel schneller als ich in meinem Boot, aber trotzdem blieben wir für Stunden in Sichtweite. Wenn er pausierte, holte ich meist wieder auf, und so schlug ich vor, dass wir heute einfach gemeinsam campierten und am Abend unsere Lachse über einem Feuer brieten. Nach Wochen der Einsamkeit erschien jedem von uns die Gesellschaft des anderen als eine willkommene Abwechslung. Ich war seit den Pfadfindern hinter Eagle vor über einem Monat keinem anderen Kanuten mehr begegnet. Und auch Yoshi taute zunehmend auf.

»*I had a very good day today!*«, artikulierte er am Ende des Tages seine Freude über den gemeinsamen Abend. Wir fanden eine perfekte Insel mitten im Fluss, schlugen die Zelte nebeneinander am Sandstrand auf und sammelten Treibholz fürs Lagerfeuer. Nachdem Yoshi seinen Lachs schon vor der Abfahrt in Holy Cross ausgenommen hatte, machte ich mich nun ans Werk. Zum ersten Mal überhaupt. Ich hatte noch nie zuvor einen frischen Fisch als Mahlzeit vorbereitet, nicht mal eine heimische Forelle. In Amerika angelt jeder Knirps genauso selbstverständlich, wie er Papa zur Jagd begleitet und, kaum in der Schule, schon seine erste Ente mit der Flinte erlegt. Aber in Deutschland gibts Fisch an der Frischetheke im Supermarkt, basta. Ich hatte meine Angelversuche auf dem Yukon schon sehr früh aufgegeben, weil das Boot oft meine ganze Aufmerksamkeit forderte. Außerdem erschienen mir die klaren Zuflüsse, in denen sich schmackhafte Äschen tummelten, zu steinig und gefährlich für das Kanu. Nun konnte ich wenigstens meine verstaubten Sezierkünste aus dem Medizinstudium anwenden, um den prächtigen Silberlachs zu filetieren. Er maß sicher vierzig Zentimeter, war schwer und muskulös. Ich versuchte mich an Randys Vorgehensweise im Fischcamp in den Yukon Flats zu erinnern und trennte zuerst den Kopf ab. Dann schlitzte ich den Fisch der Länge nach am Bauch auf und kratzte Eingeweide und geronnenes Blut heraus. Zu Yoshis Entzücken handelte es sich um ein Weibchen, und er freute sich über den leuchtend orangefarbenen Rogen wie ich früher über ein gefundenes Osterei. Ich hatte mir nie viel aus Kaviar gemacht und überließ ihm die Lachseier gerne. Yoshi verwahrte sie in einem Einmachglas und wollte später damit Reisbällchen füllen. Nun setzte ich das Messer am Schwanzende des Fisches an und sägte vorsichtig entlang der Gräten nach vorne. Was bei Randy so spielerisch einfach ausgesehen hatte, gelang mir nur mit eher mäßigem Erfolg. Irgendwie geriet ich mit dem Messer immer weiter von den Gräten weg und hielt am Ende einen jämmerlichen Lappen Fischfleisch in der Hand. Der zweite Versuch erbrachte größtenteils unförmige Klumpen, die ich im Flusswasser sauber spülen wollte. Keine gute Idee. Der Wind hatte inzwischen aufgefrischt, und die Brandung am Ufer wirbelte den Sand am Grund in großen Mengen auf, sodass es später beim Essen gewaltig zwischen den Zähnen knirschte. Yoshi reichte mir seine Alufolie, in die wir die Fischstücke wickelten und schließlich in die Glut des Feuers legten. Während das Fleisch vor sich hinschmorte, kochten wir noch einen großen Topf pampige Kartoffelsuppe und heißen Kakao. Was für eine maßlose Völlerei. Der Himmel über uns brannte inzwischen in unwirklichen Farben, die immer surrealer wurden. Erst leuchtendes Gelb, in das sich zunehmend Orange mischte, dann Rot, und jetzt dominierte schrilles Lila, wie man es am Computer nicht kitschiger hätte zaubern können. Weit am linken Ufer walzte behäbig ein riesiger Lastkahn flussaufwärts durch die Nacht. Seine Lichter glühten gespenstisch wie die Augen eines Drachensauriers aus einem der Monster-B-Movies, die Shirley in Grayling so gerne anschaute.

Am nächsten Morgen brach Yoshi lange vor mir auf. Er ließ sein Kajak über Nacht meist voll beladen am Ufer, verstaute morgens nur noch Zelt, Schlafsack und Kochutensilien im Rumpf und schob es zurück ins Wasser. Ich hingegen musste jedes Mal das Boot komplett ausräumen und es zuletzt selbst an Land wuchten. Mit der Zeit ließ mich mein Rücken wissen, dass seine Toleranzgrenze allmählich erreicht war. Yoshi und ich wünschten uns noch eine gute Reise, und dann verschwand er durch die Brandung hinter der Insel nach Westen.

Nach dem strahlenden, entspannten Tag gestern meldete sich heute schnell der Herbst zurück, mit dichten Wolken und starkem Wind. Die kurze Verschnaufpause schien vorüber. Schade. Vor 24 Stunden wärmte noch die grelle Sonne, um die für lange Zeit sogar ein perfekter Halo zu erkennen war. Diese Lichtringe entstanden durch Sonnenlicht, das sich in Eiskristallen in einer bestimmten Höhe brach. Ich schaute zum Himmel, dann auf mein Boot und entschied mich in diesem Moment endlich für einen Namen. Auf dem Fluss hatten sie immer wieder gefragt, wie mein Kanu heiße. Ein Name sei für Boote genauso wichtig und selbstverständlich wie für Autos, lernte ich, kam aber trotzdem auf keinen passenden. Jetzt aber beschloss ich, es, Verzeihung, sie (Boote sind natürlich ebenso wie Trucks stets weiblichen Geschlechts, wie man mir ebenfalls mitteilte) *Halo* zu taufen, und hoffte, das an den Bug plätschernde Yukon-Wasser könnte den fehlenden Champagner ersetzen. Der Name sollte mich an die Sonne erinnern und daran, dass die als Leben spendendes, wärmendes, Hoffnung gebendes Symbol stets am Himmel stand, selbst wenn graue Wolkenfronten sie verhüllten, so wie an diesem Morgen. Vielleicht eine etwas theatralische Interpretation, aber moralischen Beistand sollte ich schon bald bitter nötig haben.

Anders als Yoshi konnte ich in der Brandung vor unserer Insel mit dem offenen Kanu keinesfalls starten. Stattdessen schleppte ich Boot und Ausrüstung einige Hundert Meter weit zu einer geschützten Bucht und stieß von dort zurück in die Strömung. Ich querte ans Südufer und hielt mich nah an der Böschung, wo der Wellengang beherrschbar blieb. Bis der Wind zulegte und nahezu Orkanstärke erreichte. Er wechselte die Richtung, kam mal von hinten, mal von vorne, mal von der Seite und türmte die Wellen mit weißer Gischt zu beängstigender Größe. Als die ersten Brecher wieder ins Boot schlugen und ich Mühe hatte, mich vom Ufer fernzuhalten, um nicht gegen die Steine geschlagen zu werden wie schon auf Lake Bennett ganz am Anfang, entschloss ich mich zu einer fragwürdigen Querung auf die andere Seite. Der Yukon verengte sich an der Stelle zwar leicht, besaß aber immer noch eine Breite von über einem Kilometer. Es sollten die längsten und gefährlichsten tausend Meter der gesamten Tour werden. Anfangs stieß ich das Paddel noch zuversichtlich in die Wellen, aber je näher ich der Flussmitte kam, desto bedrohlicher wuchsen die Wassermassen. Das Kanu wurde von einem Wellenkamm in die Höhe gehoben und platschte gleich wieder ins Tal. Normalerweise lag es mit der schweren Zuladung so stabil im Wasser wie ein Baumstamm. Aber die rasch aufeinanderfolgenden Wellen brachten es beängstigend ins Schwanken. Ich vermied es, die Wellen im rechten Winkel zu schneiden, weil ich Brecher fürchtete, die das Boot fluten könnten. Aber quer treiben und sich beharrlich vorwärtsarbeiten funktionierte auch nicht. Die Wellen waren zu steil und drohten das Kanu umzuwerfen.

Erbarmungslos fegte der Wind mir die Gischt ins Gesicht. Meine Nerven waren bis zum Zerreißen gespannt. Ich hatte in den letzten Wochen viele brenzlige Situationen auf dem Wasser erlebt. Aber in diesem Moment spürte ich, dass die Gefahr eine andere Dimension erreicht hatte und ich allen Beistand brauchte, den die inzwischen sicher schon genervten Schutzengel mir leisten konnten. Bei jedem Paddelschlag schrie ich mir abwechselnd Mut zu und schickte flehende Stoßgebete gen Himmel. Wenn ich aus der Nummer heil rauskäme, würde ich keine weiteren Risiken mehr eingehen und das nächste Mal an Land ausharren, bis das Wetter sich besserte. Aber wo hätte ich ohne Gefahr fürs Boot aussteigen sollen? Ich überlegte, was im Falle einer Kenterung zu tun wäre, nicht aus Panik, sondern eher um mich von dem lähmenden Getöse um mich herum abzulenken. Warum kam denn das andere Ufer nicht näher? Nur an der schrumpfenden Größe der Bäume hinter mir konnte ich erkennen, dass ich vorankam. Aber wie lange würde das noch gutgehen? Im Rumpf des Kanus hatte sich Wasser gesammelt und schwappte mit jeder Welle gegen die Wände. Wie oft konnte man sein Schicksal herausfordern, bis es mal schiefging? Und wie viel Adrenalin hielt so ein Körper eigentlich aus, bevor er kollabierte oder man völlig durchdrehte? Mein Hirn sponn wildeste Gedankenkonstrukte zu infernalen Szenarien, vermutlich ein sicheres Anzeichen dafür, dass ich zum ersten Mal eine echte Grenzerfahrung durchlebte. Sich zu verausgaben, zu fordern, bis nichts mehr ging, hatte ich bislang für legitim gehalten. Aber Grenzen zu überschreiten hatte mich noch nie gereizt. Einmal hatte ich einen Bungeesprung gewagt. Nicht aus Neugier, sondern aus beruflichen Gründen. Bei einer Radio-Außenveranstaltung hatte mich ein Kollege durchs Mikrofon quasi dazu verpflichtet, und die johlende Menge ließ kein Entkommen mehr zu. Ich war jung, brauchte das Geld nicht zwingend, wollte mir aber auch keine Blöße geben. Oben auf der Plattform hatte ich die Hosen gestrichen voll, schloss die Augen und bekam kaum etwas von dem Sprung mit. Immerhin konnte ich damals auf TÜV-geprüfte Sicherheit setzen, aber hier in Alaska auf dem Yukon gab es weder Sicherheitsleine noch ein Netz, das mich auffangen würde, sollte etwas schiefgehen.

Allmählich hatte ich den Eindruck, dem Ufer näher zu kommen. Dort wuchsen keine Bäume, und es fiel mir schwer, den Abstand einzuschätzen. Aber ich erkannte zunehmend Details der Büsche und Abbruchkanten. Wenn die Wellen das Boot jetzt noch umwarfen, könnte ich mich zumindest an Land retten, tröstete ich mich. Ich konzentrierte mich nur noch aufs Paddeln und versuchte die Bedrohung der Naturgewalten auszublenden. Schlag um Schlag trieb ich das Kanu voran, die Wellen wurden kleiner, die Strömung schwacher. Keine zehn Meter vor mir ragte jetzt das

Steilufer aus dem Yukon. Ich trieb im Kehrwasser, blickte zurück auf die Strecke, die hinter mir lag, und schnaufte dankbar und tief durch.

»Dörk!«

Yoshi schwenkte am Ufer signalisierend die Arme, aber ich hatte ihn längst entdeckt. Zuerst sah ich das Zelt, dann ihn in seinem gelben Regenanzug, wie er auf mich zulief. Wir umarmten uns zur Begrüßung, erleichtert und erfreut über unser unerwartetes Wiedersehen. Yoshi wartete schon seit Stunden auf Wetterbesserung, um doch noch auf die andere Seite zu queren, wo die Häuser von Russian Mission schon erkennbar waren. Der Fluss zog hier in einer nicht enden wollenden Kurve nach Süden und zwängte sich an einer steilen Felskante vorbei. Dabei reduzierte sich die Breite des Yukon von über zwei Kilometer auf kaum mehr als fünfhundert Meter. Dadurch nahm die Strömung rasant zu und bildete jetzt mit dem starken Wind eine reißende Stromschnelle, die selbst ein Motorboot zum Kentern hätte bringen können. Wir entschlossen uns geläutert, lieber auf morgen zu hoffen, und campierten auf einem schmalen Uferstreifen, zu dem am Abend die Lichter des Dorfes herüberstrahlten. Mit Russian Mission hatten wir das Territorium der Athabasken verlassen und würden uns nun bis zum Delta im Gebiet der Yup'ik-Eskimos bewegen. Mitte des 19. Jahrhunderts gründete ein russisch-orthodoxer Priester hier eine Mission, nach der die Siedlung später benannt wurde. Die alte Holzkirche mit den angedeuteten Zwiebeltürmchen und russisch-orthodoxen Kreuzen war inzwischen weitgehend verfallen, die Gemeinde in ein schlichtes *trailer home* gezogen, auf das man die Wahrzeichen aufgepropft hatte. Auch die folgenden Siedlungen am Fluss zeugten mit ähnlichen Gebäuden vom Einfluss der Russen, deren Zar Alaska 1867 an die USA verkauft hatte.

Yoshi und ich paddelten am Vormittag ohne Wind über den jetzt wieder ruhigen Fluss, erkundeten den kleinen Ort und deckten uns im Dorfladen ein. Vorher hatte mir Yoshi noch ein Foto von sich vor der Abreise gezeigt. Ich erkannte ihn kaum wieder. Das Bild des glatzköpfigen Bullen passte gar nicht zum sympathischen, drahtigen Mann mit dem pechschwarzen Haarschopf. Mir gefiel er so besser, aber Yoshi klagte über seine dramatische Gewichtsabnahme und dass ihn seine Freundin so mager gar nicht möge. Kein Wunder bei der Reisbällchen- und Cracker-Diät. Was er brauchte, waren amerikanische Zucker- und Fettkalorien. Ich führte ihn durch die Regalreihen und empfahl Schokoriegel, die *Big-Texas*-Zimtschnecke und *trail-mix*-Zutaten. Wär doch gelacht, wenn wir ihn damit nicht wieder aufpäppeln könnten. Nach Ende der Reise beschwerte er sich über kleine Fettpölsterchen, die er seit der Nahrungsumstellung auf mein Anraten bekommen habe. Er schwärmte aber auch, wie lecker das alles schmeckte, und nahm sogar noch eine Packung *Yukon-Blend*-Kaffee mit nach Japan, den er bei mir probiert hatte.

Bei unserer Weiterfahrt aus Russian Mission kehrte der Wind mit ähnlicher Stärke wie gestern zurück. Wir retteten uns in einen geschützteren Seitenarm, schafften aber nicht mehr als zwanzig Kilometer an diesem Tag. Als Konsequenz beschlossen wir, unseren Rhythmus zu ändern und künftig früher zu starten. Am Morgen blieb es meist noch windstill, frischte gegen Nachmittag auf und wurde erst nachts wieder ruhiger. Aber die Nächte waren längst zu finster zum Paddeln. Gegen 6 Uhr weckte mich das Fauchen von Yoshis Kocher. Jeden Morgen kochte er Reis, rollte daraus mit Fisch gefüllte Bällchen und wickelte sie in Frischhaltefolie. Heute machte er extra eines für mich mit, als Ausgleich für die Snacktipps. Ich aß es später auf der Höhe des Roundabout Mountain, wo der Yukon eine deutliche Neunzig-Grad-Kehre machte und sich auf Richtung Nordwest einpendelte, die er bis zum Meer beibehalten würde. Das Reisbällchen schmeckte ausgesprochen lecker, war aber längst nicht so gehaltvoll wie mein Superjunkfood, durch das die Plauze auf einen stolzen Rettungsring angewachsen war. Wahrscheinlich hätte ich inzwischen auf die Schwimmweste verzichten können und würde im Falle einer Kenterung immer noch oben auf dem Wasser treiben. Am Roundabout Mountain trennten sich unsere Wege. Yoshi wollte es bis übermorgen nach Emmonak im Delta schaffen. Ich würde sicher deutlich länger brauchen, konnte aber das Ziel auch innerhalb der nächsten Woche erreichen, wenn das Wetter es zuließ. Am Nachmittag wurde es plötzlich ruhig. Totale Windstille. Nicht einmal der Fluss gurgelte, und selbst die Vögel schwiegen. Ich nahm das Paddel aus dem Wasser und ließ mich lautlos dahintreiben. Diesen seltenen, friedvollen Moment wollte ich auskosten. Die Ufer am Yukon lagen weit auseinander, manchmal für drei, vier Kilometer. Wenn am Horizont selbst die kahlen Hügel noch wichen, schien der Fluss im Nichts zu enden. Himmel und Wasser verschmolzen, und erst mit dem Näherkommen zeichneten sich schemenhaft schmale, dunkle Uferstreifen ab und deuteten den weiteren Verlauf an. Feiner Regen tropfte sanft auf den Fluss, Zeit, wieder zum Paddel zu greifen. Gegenüber der Siedlung Marshall bog ich in den auf der Karte verzeichneten *short cut slough* ab. Er würde vermutlich zehn bis zwanzig Kilometer einsparen und mit einer durchschnittlichen Breite von nicht mal hundert Metern dem Wind hoffentlich weniger Angriffsfläche bieten.

Als der Regen immer stärker wurde, brach ich ab und fand einen flachen Uferstreifen zum Campieren. Hinter dem sandigen Strand erstreckte sich eine breite Grünfläche bis zum Beginn der ersten Büsche, perfekt, um dem matschigen Morast zu entgehen. Da lohnte es sich auch, die

Ausrüstung ein wenig weiter zu schleppen. Wie üblich entlud ich zuerst mein Boot, stellte aber nicht wie sonst erst mal alles direkt ans schlammige Ufer, sondern schaffte die Taschen gleich zum Lagerplatz. Dreimal ging das auch gut, beim vierten Mal schaute ich mich auf halbem Wege zur Sicherheit um und sah mein Kanu, von der Strömung erfasst, davontreiben. Sofort ließ ich alles fallen und sprintete in voller Montur ins Wasser. Zum Glück war der Seitenarm an der Stelle nicht besonders tief, sodass ich mein Boot noch rechtzeitig erwischte und nur bis zur Hüfte in der braunen Brühe versank. Depp. Nur nicht leichtsinnig werden, so kurz vor dem Ziel. Nahezu die gesamte Ausrüstung hatte im feuchten Klima der letzten Tage nicht mehr richtig trocknen können, und so stieg ich ein wenig klamm in den Schlafsack. Meine aufblasbare Isomatte ärgerte mich zusätzlich. Seit einiger Zeit wuchs eine Luftblase in der Mitte, wo sich die Außenhaut vom Schaumstoffkern gelöst hatte. Inzwischen wölbte sie sich so groß wie ein Fußball in meinen Rücken und sorgte für unruhige Nächte. Schon blöd, wenn die Oase der Erholung mit einem Mal wegbricht. Besonders nach stundenlangem Kampf gegen Wind und Wellen sehnte ich den Moment herbei, in dem ich am Abend das Zelt schloss und alle viere von mir strecken konnte, um Kraft für den nächsten Tag zu tanken. Und jetzt hoffte ich nur noch, dass der Schaden nicht vor Ende der Reise dazu führte, dass ich überhaupt kein Auge mehr zubekam.

Wind und Regen begleiteten mich durch den gesamten *slough* und bremsten selbst hier gewaltig. Wie schlimm würde es wohl erst im Hauptstrom sein? Kurz nach meinem Start am Morgen schwamm ein junger Elchbulle zunächst in meine Richtung, drehte dann aber ab, als er mich entdeckte, und strampelte mit panischem Blick zurück ans Ufer, wo er sich ein letztes Mal vergewisserte, dass ich ihm nicht folgte, und dann durchs Dickicht verschwand. Am

Abend, nach neun zähen Stunden, erreichte ich das Ende des *slough* und die wogenden Wassermassen des Yukon. Aus Nordwesten wälzte sich die nächste Regenwand heran und verfinsterte den Himmel auf apokalyptische Weise. Auch wenn ich nicht wirklich an eine Wetterbesserung glaubte, wollte ich die Nacht lieber hier am Ufer verbringen und erst morgen weiter nach Pilot Station paddeln. Je näher ich dem Delta kam, desto mehr häuften sich die Siedlungen. An manchen Tagen konnte man jetzt zwei oder drei Dörfer passieren. Ich hatte gerade die Ausrüstung an Land geschafft, als ein wuchtiges Aluboot mit weit nach oben gezogenem Bug neben mir stoppte. William (nicht der volltrunkene aus Holy Cross) kam mit Sohn und Enkeln, um Gänse zu schießen, bevor sie zum Überwintern nach Süden zogen. Eigentlich sei besseres Wetter angekündigt, er habe Regen und Wind satt, klagte er. Den beiden Jungs aber schien der verkorkste Sommer überhaupt nichts auszumachen. Vergnügt sprangen sie durchs Wasser und wälzten sich anschließend miteinander ringend im Schlamm. Fabian und Anthony halfen mir noch bei der Suche nach einem Zeltplatz. Tiefe Furchen und bucklige Mulden zogen sich über den Uferstreifen. Dann fanden wir doch noch einen passablen Fleck, halbwegs geschützt hinter den nur mannshohen Weidenbüschen. Erst als das Zelt stand, entdeckte ich unmittelbar daneben Spuren einer riesigen Grizzlypranke mit spitzen Krallen im Morast. Ich blieb trotzdem und schlief mit dem Bärenspray im Anschlag.

Pilot Station schmiegte sich fast beschaulich ans Nordufer des Yukon. Schon von Weitem sah man die Dächer der Häuser, die sich in die grünen Hügel verteilten. Vielleicht lag's aber auch an der zurückgekehrten Sonne, dass der Ort einen freundlichen Eindruck auf mich machte. Ich suchte das Ufer nach einer Landemöglichkeit ab und musste schmunzeln. Vor mir auf einer kleinen, unbewachsenen Insel, die nur durch einen schmalen Wassersaum vom Festland getrennt war, erkannte ich Yoshis Zelt. Offenbar hatte er seinen Plan, das Ziel innerhalb von drei Tagen zu erreichen, wegen des Wetters aufgeben müssen. Das Kajak lag auf dem Trockenen, aber von Yoshi fehlte jede Spur. Es war früher Nachmittag, ausgeschlossen, dass er noch döste. Als ich leise am Zelt vorbei Richtung Dorf schlich, hörte ich den Reißverschluss. Verschlafen und mitgenommen, schlurfte Yoshi auf den Rasen. Er hatte sich gestern gegen den Wind bis hierher verausgabt und war erst spät in der Nacht angekommen. Danach fiel er in einen komatösen Schlaf, aus dem er nun langsam wieder erwachte.

Gemeinsam machten wir uns auf den Weg und stoppten wie üblich beim Laden. Obwohl wir in der Regel noch bestens versorgt waren, genossen wir es, uns einen Überblick über das Sortiment zu verschaffen und Preise zu vergleichen. Vermutlich auch so eine Übersprungshandlung nach dem Dauerstress auf dem Fluss. Einkaufen suggerierte vertrautes Konsumverhalten, das wir mit unseren zivilisierten Heimatgefilden verknüpften. Am Ende gönnten wir uns dann meist noch eine Cola und einen Eisriegel, Nervennahrung.

Pilot Station hatte sogar zwei recht ordentlich bestückte Läden und stieg damit in unserer Hitliste der tollsten Siedlungen weiter nach oben. Im Verwaltungsgebäude gewährte mir Martin freizügig Zugang zu seinem Laptop, um Mails zu checken und Lebenszeichen zu verschicken. Er räumte ihn aus seinem Büro extra in den Gemeindesaal, wo die letzten Vorbereitungen für den großen Bingoabend getroffen wurden. Ich könne mir ruhig Zeit lassen und mich auch gerne beim Kaffee bedienen. Yoshi nutzte vorm Eingang das WLAN und telefonierte über sein Smartphone per Skype mit der Freundin in Japan. Verrückte Hightechwelt.

Am frühen Abend zog es uns weiter, und wir paddelten in einen dramatischen Sonnenuntergang. Vor uns versank die Sonne hinter dunklen Wolkenbänken, hinter uns zauberte sie einen vollendeten Regenbogen über den Fluss. Das entschädigte für die miserablen Zeltmöglichkeiten bei Pitkas Point. Ölige Rinnsale zerfurchten den glitschigen Uferbereich, es stank nach Gülle. So campierten wir ein Stück flussabwärts auf einer brackigen Wiese, deren Boden vom Wasser durchtränkt war wie ein vollgesogener Schwamm. Wenn wir länger an einer Stelle standen, sanken unsere Füße immer weiter ein, und es bildeten sich kleine Pfützen um die Schuhe. Ohne Zeltplane wäre das eine ziemlich feuchte Nacht geworden. Aber der nächste Morgen versöhnte auf ähnlich magische Weise wie schon der Sonnenuntergang zuvor. Dunstige Schwaden hingen tief über dem Fluss und gingen in einen unwirklich graublauen Himmel über. Wie Reste eines Geisterschiffes trieben kahle Baumstämme gespenstisch auf dem Wasser. Am Horizont aber löste die aufsteigende Sonne schon den Nebel auf, und makelloses Stahlblau verhieß einen warmen Spätsommertag. Yoshi und ich verabschiedeten uns zum dritten Mal seit unserem zufälligen Aufeinandertreffen vor einer Woche. Obwohl wir nie darüber sprachen, wollte doch jeder die letzten Etappen so einsam zu Ende bringen, wie die Reise begonnen hatte. Diesmal aber wussten wir, dass wir uns spätestens in ein paar Tagen in Emmonak, gut hundert Kilometer flussabwärts am Delta, wieder begegnen würden. Ich startete eine Stunde nach Yoshi und wärmte mich beim Paddeln dankbar in der Sonne. Kostbare Momente der Idylle, die schon morgen oder gar heute Abend wieder durch Wind und Wolken in ferne Erinnerung rücken konnten. Als ich gegen Mittag Mountain Village erreichte, winkten mir Mark und Leo vom Ufer aus zu. Die beiden arbeiteten im Sommer für die Fischereibehörde Alaskas und sammelten Daten zur

Lachswanderung. Jeden Tag kontrollierten sie das Testnetz, in dem sich die Fische verfingen, und notierten Art, Geschlecht und Größe. Etwa zwanzig Silberlachse waren ihnen diesmal ins Netz gegangen und lagen nun ordentlich nebeneinander aufgereiht am Strand. Mark und Leo kauerten darüber und zupften aus jedem Exemplar ein paar Schuppen, die, akribisch auf kleine Papierkärtchen aufgeklebt, später unter einer Art Mikroskop Auskunft über das Alter der Fische geben würden. Danach verschenkten sie die Lachse an die Dorfbewohner, und weil ich schon mal da war, bekam ich auch einen. Diesmal filetierte ich ihn allerdings nicht, sondern schnitt nach dem Ausnehmen einfach dicke Steaks und briet sie gleich am Strand auf dem Campingkocher. Einen Teil verzehrte ich auf der Stelle, der Rest wanderte ins mittlerweile leere Einmachglas aus Rampart und ergab noch drei weitere Mahlzeiten.

Die Lachswanderung zählt neben den Reisen der Zugvögel zu den faszinierendsten Phänomenen der Tierwelt. Am Yukon ist sie auch deshalb besonders spektakulär, weil die Tiere hier einen so langen Weg zurücklegen müssen: Ihre Laichgebiete liegen in den bis zu 3000 Kilometer vom Meer entfernten Bergen. Biologe Jeff Estensen, der Leiter der zuständigen Fischereibehörde, mit dem ich mich nach meiner Reise unterhielt, schätzte, dass die Lachse für die gesamte Strecke nicht mal einen Monat brauchen. Gegen den Strom überwinden sie in nur einem Drittel der Zeit, die ich schon unterwegs war, dabei auch noch einen Höhenunterschied von manchmal tausend Metern. Was die Fische antreibt und wie sie exakt an den Ort zurückfinden, an dem sie selbst geboren wurden, ist immer noch nicht genau entschlüsselt. Aber ihr außergewöhnlich feiner Geruchssinn scheint die entscheidende Rolle zu spielen. Sind die Tiere geschlüpft, ziehen sie flussabwärts ins Meer, passen ihren Körper dem Salzwasser an und tummeln sich dort einige

Jahre bis zur Geschlechtsreife. Dann geht es wieder retour, abermals müssen sie sich umstellen, diesmal von Salz- auf Süßwasser, und auch der Körper verändert sich zunehmend in Farbe und Statur. Am Ziel angekommen, legt jedes Weibchen Tausende von Eiern in eine flache Mulde, die sie vorher mit dem Schwanz frei fächert. Nachdem die Männchen die Eier dort besamt haben, sterben die Eltern meist und opfern sich so als Nährstoffe für die Nachkommen. Durch den Yukon wandern hauptsächlich Keta-, Königs- und Silberlachse, ihre Zahl variiert seit Jahren stark und ist zuletzt immer weiter gesunken. Die Ursache lässt sich nicht genau ausmachen, weil dem Lachs in allen drei Lebensabschnitten Krankheiten und andere Gefahren drohen. Vor allem der Ozean stellt für die Wissenschaftler die große Unbekannte dar, über die man zu wenig weiß. Dass eine Überfischung der Weltmeere allein schuld ist, hielt Jeff aber für unwahrscheinlich. Anhand der Daten, die ihm Mark, Leo und andere Kollegen an den Testnetzen übermittelten, und mithilfe einer Echolotstation bei Pilot Station, die vorbeischwimmende Fische zählt, erstellte er eine Hochrechnung der bereits in den Fluss gewanderten Lachse und entschied dann, ob die Bewohner der Dörfer für den Eigenbedarf oder gar kommerziell fischen durften. Im Falle des *chum*, der jetzt im Herbst noch wanderte, müssen mindestens 500 000 Tiere bereits den Fluss erreicht haben, bevor den kommerziellen Fischern gestattet wird, ihre Netze zu setzen.

Eigentlich wollte ich nach meinem ausgiebigen Lachsschmaus in Mountain Village an diesem Tag noch weiterpaddeln, zumal das warme und sonnige Wetter stabil blieb. Aber Toms Einladung zu einer Eskimosauna klang zu verlockend. Ich hatte ihn während des Kochens schon gesehen. Er bereitete am Strand mit seiner Frau die frisch gefangenen Lachse zum Trocknen vor. Als ich rüberlief, schlug er gleich vor, die Sauna vorzuheizen, ich könnte ja in der Zwischenzeit meine Ausrüstung holen und am Strand oder oben neben der Straße beim Haus campieren. Die Sauna bestand aus einem etwa vier Meter langen, zweigeteilten Sperrholzquader gleich neben den Trockengestellen für den Fisch. Die vordere Hälfte diente als Umkleide und Ruheraum mit zwei Pritschenbänken an den Wänden. Im hinteren Teil hatte Tom ein Metallfass hüfttief in der Erde versenkt, ein rostiges Rohr als Schornstein drangeschraubt und Steine draufgehäuft. Zwei breite Wellblechstreifen an der Wand dahinter sollten die Hitze reflektieren, während wir direkt davor auf dem Sperrholzboden hockten. Keine fünf Minuten hielt ich beim ersten Saunagang durch und rettete mich japsend durch die Tür ins Kühle. Wahnsinn, war das heiß. Nur gut, dass ich zum Schutz der Haare eine Strickmütze trug. Eine Empfehlung von Toms Freund Bob, der sich uns anschloss und es am längsten aushielt. Ich bekam in der Hitze kaum Luft, vermied es, durch die Nase zu atmen, weil die Schleimhäute sich dann anfühlten, als ob sie verbrannten. Beim zweiten und dritten Gang schien sich mein Körper schon etwas besser auf den Temperaturschock eingestellt zu haben, noch immer aber suchte ich als Erster Zuflucht im Ruheraum. Nebenan brüllte Tom noch ein paar Momente länger gegen die Tortur an, schleppte sich dann aber auch völlig fertig über den Boden Richtung Ausgang und inhalierte die kühle Abendluft durch den Türspalt. Am Ende wuschen wir uns mit kaltem und warmem Wasser aus großen Tonnen im Saunaraum und beschlossen den Abend mit einem Teller Suppe, die seine Frau Ramona aus den Fischresten vom Nachmittag gekocht hatte.

Die beiden schliefen noch, als ich am nächsten Morgen aufbrach. Hinter Mountain Village knickte der Yukon ein letztes Mal deutlich nach Norden ab. Am Ende dieses Abschnitts würde er sich zu einem Delta auffächern und dann ins Meer ergießen. Die letzten Hügelketten, die in den vergangenen Tagen vom rechten Ufer aufgestiegen waren, blieben nun zurück, und vor mir lag schier unendliche, flache Weite. Ließ man die Inseln außer Acht, war der Fluss an manchen Stellen über sieben Kilometer breit. Im diffusen Gegenlicht fiel die Orientierung mitunter schwer, vor allem wenn es Inseln und Sandbänke gab, die noch auf keiner Karte verzeichnet waren. Unterwegs erkundigten sich zwei Elchjäger, ob ich Beute gesehen hätte, und reichten mir ein paar getrocknete Lachsstreifen als Proviant. Dann war ich wieder allein. Vielleicht zum letzten Mal. Morgen müsste ich es eigentlich bis Emmonak schaffen, der letzten Siedlung vor dem Meer, das keine zwanzig Kilometer weiter an die Küste brandete. Ob Yoshi wohl schon feierte?

Vor mir erhob sich eine kleine, nahezu unbewachsene Sandinsel aus dem braunen Wasser. Manchmal wirkten sich Ebbe und Flut auf dem Fluss bis weit ins Landesinnere aus, warnten die Einheimischen. Aber die Insel schien schon lange nicht mehr überspült worden zu sein, und so freute ich mich am Ende eines langen Tages über perfekte Bedingungen für mein wahrscheinlich letztes Camp in der Wildnis. Als ich die Zeltheringe in den Sand steckte, tröpfelte es kurz. Dann aber inszenierte die Sonne erneut ein atemberaubendes Farbenspiel am Abendhimmel. Zwischen den Schichten einer grauen Regenfront funkelte ein zarter Regenbogen. Die Wolken formten eine Sichel über die letzten hellblauen Streifen. Und im Westen brach sich das Licht in leuchtendem Scharlachrot, strahlte von unten gegen die Bewölkung, während ein schmaler Streifen schillerndes Gelb verheißungsvoll über dem Horizont aufblitzte, ehe die Sonne endgültig verschwand. Wie ein dunkler Mantel legte sich die Nacht über den Yukon, der sanft an meine Insel schwappte.

»Wir nehmen dich mit!«, schlug Brandon mit heiserer Stimme vor. Der *Beer Run* ins rund 800 Kilometer entfernte Galena hatte Spuren hinterlassen. Zerzaustes Haar und blutunterlaufene Augen, Folge vieler durchzechter Nächte in der letzten Woche. Aber immerhin konnte er sich halbwegs aufrecht halten, während sein Kumpel noch komatös in Embryostellung auf dem Boden des Alubootes schnarchte. Ich lehnte dankend ab, wollte selbstverständlich aus eigener Kraft das Ziel erreichen. Samstag, viel los auf dem Fluss. Immer wieder grüßten Menschen aus vorbeifahrenden *skiffs*. Eine neunköpfige Familie hielt für ein Foto auf dem Weg zum Blaubeerensammeln. Auch wenn der Nordwind das Vorankommen erschwerte, wurde mir mit jedem Paddelschlag bewusster, dass es keine Frage mehr war, ob, sondern nur wann ich heute mein Ziel erreichen würde. Emmonak, wie oft hatte ich in den letzten Wochen den Moment herbeigesehnt, an dem die ersten Gebäude der Siedlung das Ende meiner Reise markierten. Vor allem wenn ich zum wiederholten Male Schäden am Boot mit dem Bunsenbrenner zuspachtelte oder wenn Wind und Wellen für bange Augenblicke sorgten und die Anspannung erst nachts im Zelt nachließ, vorübergehend. Aber jetzt schlugen zwei Herzen in meiner Brust. Klar war ich froh, es bald geschafft zu haben. Nur was käme danach? Wie tief wäre das Loch, in das ich fiele? Nach Wochen des Unterwegsseins auf dem Fluss, allein und doch so herzlich empfangen, egal, wohin ich kam. Die Menschen würden mir fehlen. Früher dachte ich immer, es gäbe nichts Großartigeres, als wilde Natur zu erleben, ohne Spuren menschlicher Einflussnahme. Jetzt vermisste ich die Begegnungen schon, obwohl ich noch nicht mal angekommen war.

Der Yukon teilte sich in drei große Arme, die alle im Meer endeten und um die sich ein paar Siedlungen gruppierten. Emmonak als Knotenpunkt lag am mittleren Kanal, dessen

Eingang ich gegen Nachmittag zunächst vergeblich am Horizont suchte. Erst zurückkehrende Motorboote, die vorbeirasten und dann plötzlich hinter Sträuchern verschwanden, deuteten an, wo ich hinsteuern musste. Der Hauptstrom knickte scharf nach Süden ab, ich hielt mich weit rechts, um nicht die Abzweigung zu verpassen. Flach war es hier, ich stocherte mehr mit dem Paddel und stieß mich vom Grund ab wie ein venezianischer Gondoliere, nur längst nicht so elegant. Jetzt bloß nicht noch auflaufen und stecken bleiben. Einige Männer parkten ihre Boote vor mir am Ufer, um auf Vogeljagd zu gehen. Wenn die genug Wasser unterm Kiel hatten, sollte es für mich auch reichen. Die Strömung nahm am Rand wieder zu, sicheres Indiz für eine tiefere Fahrrinne. Ich erinnerte mich an die Warnungen vor tückischen Turbulenzen im Bereich der Öffnung zum mittleren Kanal, aber da hatte ich ihn schon erwischt und trieb in ruhigere Gefilde. Am rechten Ufer campierte ein Pärchen, das dem Trubel der Siedlung offenbar entfliehen wollte. Dann sah ich am Beginn einer langen Linkskurve in der Ferne zwei große Lastkähne, die vor der Lagerhalle der örtlichen Fischfabrik ankerten. Ein trostloser, ernüchternder Anblick, aber auch ein antreibender Hinweis auf das nahe Ziel.

Ich paddelte zunächst am linken Ufer, um dem Bootsverkehr der Wochenendausflügler zu entgehen, wollte aber schließlich auf die andere Seite queren, als ich Yoshis Zelt entdeckte. Es stand links am Rand neben den struppigen Weidenbäumchen. Ich änderte den Kurs und legte an. Kurze Stöckchen steckten im Sand am Ufer, daneben hatte Yoshi die Uhrzeit geritzt, um Ebbe und Flut zu erfassen und für seine Fahrt zum Meer zu nutzen. Vermutlich war er noch unterwegs, das Kajak fehlte, und nichts deutete auf seine Anwesenheit. Ich stellte mein Zelt neben seines, legte das Boot aufs Ufergras und packte die Ausrüstung dahinter. Vor mir, auf der anderen Seite des Wassers, lag Emmonak. Ich war am Ziel, spürte aber keine rechte Jubelstimmung. Vielleicht würde die sich ja morgen einstellen, wenn ich mit dem Kanu auch ans Meer fuhr und damit die Reise offiziell beschloss. Aber im Moment fühlte ich vor allem Leere. Die Aussicht aufs gegenüberliegende Ufer mit dem Industriehafencharme bildete zudem nicht gerade das stilvolle Ambiente für eine Jubelfeier. Erst mit dem Sonnenuntergang, der noch dramatischere Farbschattierungen an den bewölkten Himmel zauberte als gestern, atmete ich tief durch und begriff, was ich in diesem Moment geschafft hatte.

In der Dunkelheit nahm ich links auf dem Wasser eine Silhouette wahr. Yoshi! Ich rief laut seinen Namen, und er antwortete sofort mit sich vor Erschöpfung und Erleichterung fast überschlagender Stimme. Wir fielen uns in die Arme, und ich gratulierte ihm herzlich. Zehn Stunden hatte er gebraucht für die knapp zwanzig Kilometer ans Meer und wieder zurück. Die Rückfahrt gegen die Strömung schien nicht enden zu wollen und zählte mit zum Härtesten der gesamten Tour. Sobald er auch nur für einen kurzen Moment mit dem Paddeln stoppte, trieb er wieder zurück Richtung Meer. Na, das würde morgen ja heiter werden. Bisher hatte ich gehofft, ich könnte mit der Ebbe rauspaddeln und mich dann von der Flut entspannt wieder zurücktragen lassen. Aber diese Rechnung schien nach Yoshis Schilderungen nicht ganz aufzugehen.

Ich wälzte mich in dieser Nacht unruhig von einer Seite auf die andere, schaute immer wieder auf die Uhr, um sicherzugehen, dass ich nicht verschlief und die Ebbe verpasste. Denn nur eines könnte den zermürbenden Rückweg gegen die Strömung toppen: auch noch gegen die Flut kämpfen zu müssen, um stromabwärts voranzukommen. Gegen 7 Uhr hielt ich es nicht mehr aus, packte die gesamte Ausrüstung zusammen und lud sie ins Boot. Yoshi war mit leerem Kajak gepaddelt, aber ich wollte für den Fall gerüstet sein, dass es länger dauerte als angenommen und ich unterwegs campieren müsste. Außer mir waren zu dieser frühen Stunde am Sonntag nur noch Mark und Wilfred auf dem Wasser. Die beiden gönnten sich auf ihrem Boot schon mal einen ordentlichen Frühschoppen mit Selbstgebrautem aus einem extragroßen Getränkecontainer. Ich hatte Mühe, sie von ihrer wahrhaftigen Schnapsidee abzubringen, mich samt Boot ans Meer und wieder zurück zu kutschieren. Sie konnten irgendwie nicht nachvollziehen, dass ich auch die letzten Kilometer auf dem Fluss aus eigener Kraft schaffen wollte.

Anfangs lief es noch recht zügig, je näher ich aber der Küste kam, desto steifer wurde die Brise, bis der Westwind wieder in vertrauter Weise frontal gegen die Strömung blies und die Wellen sich türmten. Machte ja auch Sinn, dass die letzte Etappe noch mal die brisanten Momente der Wochen zuvor in Erinnerung rief. Ich wich in einen engen Seitenarm aus, wo es mir ungefährlicher schien. Aber bald würde der zurück in den Hauptkanal fließen, und ich müsste mich für die restlichen zehn Kilometer bis zum offenen Meer dem Sturm schutzlos ausliefern. Ein letztes Mal wollte ich die Engel bemühen, die mich so zuverlässig bis hierher begleitet hatten und den Moment wahrscheinlich schon herbeisehnten, in dem ich in den Flieger stieg, das Delta und den Fluss endgültig verließ und sie erst mal für eine Weile blaumachen konnten. Das Ende des Seitenarms zeichnete sich vor mir ab. Ich hatte eigentlich vor, dann ans andere Ufer zu queren, von wo aus der Weg zum Meer etwas kürzer schien. Aber die bangen Augenblicke kurz vor Russian Mission hatten sich tief in mein Gedächtnis gebrannt. So weit an die Grenze mochte ich nie wieder gehen, lieber ausharren, und wenn ich erst morgen oder noch später ankäme. Als ich aber die Mündung erreichte, drehte plötzlich der Wind von West auf Nord, völlig ungefährlich für die Weiterfahrt. Ich konnte mein Glück kaum fassen und schickte einen innigen Dank zum Himmel. Nur, wo war das Meer? Der Karte nach hätte es sich längst vor mir erstrecken müssen, in seiner ganzen unendlichen Weite. Aber wohin ich auch sah, verdeckten kleine Inseln die Sicht. Ich umpaddelte einige Sandbänke und stieg auf einem breiten Eiland aus, um mir einen Überblick zu verschaffen. Weiter rechts schwang sich grünes Marschland nach Norden. Irgendwie hatte ich mir die Ankunft am offenen Meer eindeutiger vorgestellt. Aber hier schien alles eine Frage des Standpunktes, der darüber entschied, wo der Yukon endete und die Beringsee begann. Ich testete etwas naiv mit dem Finger das Wasser, das aber nicht mal ansatzweise salzig schmeckte.

Zurück im Kanu, folgte ich der Strömung und gelangte schließlich an die Stelle, die ich durchs Fernglas als vielversprechend eingestuft hatte. Tatsächlich gab es nun keine weitere Insel mehr vor mir. Die braunen Fluten wogten unspektakulär in der gleichen schlammigen Farbe, die auch schon den Fluss seit Wochen charakterisierte. Ich beschloss pragmatisch: Hier war das Ziel, hier hatte ich offiziell die Beringsee erreicht. Auch wenn diese Entscheidung jeglicher belegbaren Grundlage entbehrte, stieg ich aus dem Boot und sank knöcheltief in den Morast. Noch immer zog die Ebbe das Meer weiter vom Ufer weg. Ich beließ das Kanu im seichten Wasser, das bestimmt auch bald gänzlich verschwände. Mit einer Leine sicherte ich *Halo* am Paddel, das ich tief in den Schlick rammte, und kramte nach Proviant. Halt, erst noch die Beweisfotos, ich verschob den Schmaus um eine halbe Stunde, frühstückte dann aber ausgiebig und mahlte die letzten Bohnen *Yukon Blend* für einen Kaffee. Außerdem hatte ich mir eine Tüte Instant-Mousse-au-Chocolat aufgehoben, die ich nun anrührte und als Belohnung genüsslich löffelte.

Mit dem getrockneten Bündel Salbei aus Fort Selkirk und der Adlerfeder von Kevin in Ontario setzte ich mich schließlich ans Ufer und blickte aufs offene Meer. Ich hatte es wirklich geschafft, trotz des deprimierenden Lecks im Boot, trotz stürmischen Winds, mannshoher Wellen und Dauerregen. Nach über 3000 Kilometern und genau 70 Tage nach meinem Start auf dem Chilkoot Trail hatte ich die Beringsee erreicht. Immer noch wusste ich nicht, ob ich mich freuen sollte, es geschafft zu haben, oder einfach nur traurig war, dass diese unglaublich intensive Reise zu Ende ging. Der Yukon war erbarmungslos und versöhnlich, wild und zahm, verspielt und mächtig. Er hatte mir vieles, manchmal alles abverlangt, mich immer wieder gefordert, überrascht und fasziniert. Und jetzt? Was kam nun? Plötzlich ging alles so schnell, und ich vermisste das einfache Leben auf dem Fluss bereits. Ein letztes Mal wollte ich eines der Lieder singen, die mich in all den Wochen begleitet hatten, mir Mut machten oder mich ablenkten, wenn ich verzweifelte. Obwohl er so nahelag, erinnerte ich mich erst später auf dem Fluss an den Text und schöpfte Kraft aus den Worten, die meine Reise, das Träumen, das Hadern und das Erleben auf eine Weise beschrieben, wie ich sie niemals hätte formulieren können. Der Song *The River* meines einstigen Idols Garth Brooks berührte mich schon, als er Anfang der 90er-Jahre die Charts erklomm. Dann lag er lange Zeit tief in meinem Gedächtnis vergraben und kam nun auf dem Yukon wieder zurück in die Erinnerung.

You know a dream is like a river
Ever changing as it flows
And the dreamer's just the vessel
That must follow where it goes
Trying to learn from what's behind you
And never knowing what's in store
Makes each day a constant battle
Just to stay between the shores.

And I will sail my vessel
'Til the river runs dry
Like a bird upon the wind
These waters are my sky
I'll never reach my destination
If I never try
So I will sail my vessel
'Til the river runs dry.

Too many times we stand aside
And let the waters slip away
'Til what we put off 'til tomorrow
Has now become today
So don't you sit upon the shoreline
And say you're satisfied
Choose to chance the rapids
And dare to dance the tide.

And I will sail my vessel
'Til the river runs dry
Like a bird upon the wind
These waters are my sky
I'll never reach my destination
If I never try
So I will sail my vessel
'Til the river runs dry.

And there's bound to be rough waters
And I know I'll take some falls
But with the good Lord as my captain
I can make it through them all.

Yes I will sail my vessel
'Til the river runs dry

Like a bird upon the wind
These waters are my sky
I'll never reach my destination
If I never try
So I will sail my vessel
'Til the river runs dry.

Yes, I will sail my vessel
'Til the river runs dry
'Til the river runs dry.

Ich hatte auf dem Fluss meine eigene Melodie gefunden, nicht so lieblich wie das Original, das passte nicht zum Yukon. Eher ein wenig düsterer, rauer, aber immer noch genauso melancholisch und wehmütig. Ich zündete das Büschel Salbei an, fächerte mit der Adlerfeder Luft in die Flamme und begann zu singen, während der aromatische Rauch von der Meeresbrise fortgetragen wurde. Erst fand ich die Situation ein wenig albern und kitschig inszeniert. Aber je länger ich sang und dabei durch den Rauch aufs Meer blickte, desto lauter wurde meine Stimme. Zum Schluss schmetterte ich den Refrain trotzig gegen den Wind, der mich so oft gepeinigt hatte. Dann erlosch die Glut.

Epilog

Der Wind rauscht kalt durch die Fichten. Im Westen glimmt noch schwach das letzte Licht des Tages. Aber mit jeder Minute legt sich die Finsternis dunkler über den See. Ich liege auf dem Holzsteg vor der Sauna und blicke in den Himmel, wo die ersten Sterne funkeln. Direkt über mir thront der Große Wagen, das einzige Sternbild, das ich ohne Schwierigkeiten erkennen und benennen kann. Für viele Kulturen spielt es in der Mythologie eine besondere Rolle. Vielleicht hat Skookum Jim es auch in jener Herbstnacht über sich am Himmel leuchten sehen, als er genau hier am Crag Lake seine Vision zum Goldfund am Klondike hatte. Ein Moment, der die ganze Welt verändern sollte. Ohne den spektakulärsten Goldrausch der Geschichte läge ich jetzt womöglich gar nicht hier am See. Jack London wäre vermutlich nie in den Norden gereist und hätte auch seine Erlebnisse nicht zu Literatur verarbeiten können. Bis heute haben diese Erzählungen noch weitaus mehr Menschen begeistert als damals die Nachricht vom Gold, das im kristallklaren Wasser nur darauf wartete, aufgelesen zu werden. In gewisser Weise schließt sich also in dieser Nacht ein Kreis. Mich fröstelt nach dem letzten Saunagang im kalten Wind, ohne Kleider. Ich wärme mich noch ein letztes Mal in dem rustikalen Schuppen mit Fassofen, der ähnlich effektiv wie der in Toms Eskimosauna in Mountain Village für schweißtreibende Hitze sorgt. Ein wohltuender Abschluss nach fast zwei Monaten Schreiben. Vier Wochen habe ich in der Trapperhütte am Marsh Lake geschrieben und nun den eisigen Arktiswinter überstanden. Seit Tagen schmilzt die Frühlingssonne den Schnee auf dem Dach meiner *cabin* am Crag Lake, gleich neben Carcross, wo auch Totemschnitzer Keith lebt. Unsere gemeinsamen Versuche als Trapper blieben erfolglos, die Biber wollten einfach nicht in die Fallen. Die Schlacht hätten sie diesmal gewonnen, aber nicht den Krieg, meinte Keith am Ende schmunzelnd. Ihm ging es auch gar nicht so sehr um die Pelze. Vielmehr möchte er die traditionelle Lebensweise seiner Vorfahren bewahren und an seine Kinder weitergeben. Fallenstellen gehöre dazu, deshalb will Keith als Nächstes eine Trapperhütte bauen und wie ein kleines Museum herrichten. Früher war mir der Gedanke, Fallen zu stellen, mindestens genauso suspekt wie der, auf die Jagd zu gehen, im Tarnanzug durch die Wälder zu stapfen und einfach alles gnadenlos niederzuballern, was Pelz trug. Jetzt, nach meiner Reise, denke ich anders darüber. Es ergibt einfach Sinn, als Teil eines Lebens im Einklang mit der Natur, die dem Menschen alles liefert, was er zum Überleben braucht. *Subsistence* – vielleicht das meistgebrauchte Wort, das ich im letzten Sommer gehört habe. Jagen und Fischen für den Lebensunterhalt, respektvoll und nachhaltig, nicht verwerflich wie Legebatterien für Hühner oder manche Aufzuchtfarmen für Pelztiere in der ach so zivilisierten Welt.

Der Rückweg vom Meer war genauso beschwerlich, wie Yoshi es mir geschildert hatte. Für den Hinweg brauchte ich vier Stunden, zurück fast sieben, körperlich der anstrengendste Teil der gesamten Tour. Wir blieben noch zwei Tage gemeinsam in Emmonak. 900 Menschen leben dort am Ende des Yukon. Die Straßen sind staubig, die Hütten meist schäbig, viele Familien hausen in Armut, vor allem im Winter, wenn die Fischfabrik geschlossen hat und es keine Jobs gibt.

»Wir sind vom Fisch abhängig. Er ist unsere Nahrung und das Fischen essenzieller Teil unserer Lebensweise als Yup'ik«, sagte mir Dora, die sich als Leiterin der Stammesverwaltung auch mit dem immerwährenden Streit um Fischrechte und Schonzeiten auseinandersetzen musste. »Wenn die Regierung uns das verbietet, nimmt sie uns einen Teil von uns weg. Das ist, als ob ein Stück von dir stirbt!« Drastische Worte, die Dora auch mit Blick auf die weitverbreiteten Probleme mit Alkohol und Drogen am Fluss anführte. »Es ist, als ob die Menschen trauern, aber nicht wüssten, wie. Deshalb flüchten sie sich in den Rausch. Die Drogenhändler sind vielleicht kommerzielle Fischer, die nicht fischen dürfen. Aber sie müssen ihre Familien ernähren. Und obwohl sie wissen, dass es falsch und gesetzlich verboten ist, sehen sie keinen anderen Ausweg. Ich weiß, das klingt verrückt, aber genau das passiert hier.« Aufklärung sei nötig, vor allem die Kinder und Jugendlichen müssten begreifen, dass eine Schulausbildung und später vielleicht ein Studium außerhalb des Dorfes der einzig richtige Weg sei. Danach sollten sie zurückkommen und ihr Wissen einbringen, in der Hoffnung, dass auch die wirtschaftlichen Möglichkeiten vor Ort verbessert werden könnten.

Auch die Traditionen spielten eine Rolle, Tänze und Bräuche wie der *potlatch*, die früher noch viel stärker gelebt wurden. »Die Kinder heute verhalten sich anders. Früher waren alle freundlich, auf der Straße grüßte man sich beim Vornamen. Heute ignorieren sie dich wie einen Fremden«, beklagte sich Michael, den ich als Kollegen von Dora im Gebäude der Stammesverwaltung direkt am Fluss traf. Er wuchs zu einer Zeit auf, als die Yup'ik noch seminomadisch zwischen Sommerlager und Wintercamp hin- und herwanderten. »Ich wurde 1948 geboren, damals reisten wir im

Winter mit Hundeschlitten statt Schneemobilen, es gab kaum Gewehre oder Außenbordmotoren an den Booten. Alles war primitiver, aber aus meiner Sicht auch besser.« Michael arbeitete als Spezialist für natürliche Ressourcen mit verschiedenen Behörden und Organisationen zusammen, die Erkenntnisse zu Fischvorkommen sammeln und die Jagd auf Elche, Wale oder Seehunde regeln. »Viele Kinder und Jugendliche heute mögen unsere natürliche Nahrung nicht. Sie schmecke zu ›wild‹, sagen sie. Aber die Umstellung der Ernährung hat Folgen. Viele werden fettleibig und erkranken leichter.«

Eine alarmierende Entwicklung, die Yoshi und ich ignorierten, als wir das handgemalte Schild über dem Eingang zum *Emmonak Family Restaurant* entdeckten. Yoshi spendierte Burger und Pommes, herrlich fettig und das erste Junkfood seit dem *Yukon River Camp* an der Dalton Highway Bridge vor einem Monat. Dora stellte uns in einem Büro noch Schreibtisch und Telefon zur Verfügung, mit dem wir unsere Rückreise organisieren konnten. Zwei Tage später flogen wir mit einer kleinen Propellermaschine aus Emmonak nach St. Mary's. Für den kurzen Flug hatte der Pilot die kompletten sechs Sitze auf der linken Seite rausgeschraubt, damit mein Boot dort neben uns liegen konnte. Millimeterarbeit, *Halo* hätte kein bisschen länger sein dürfen. Die beiden Enden des Kanus polsterte ich zur Sicherheit mit reichlich alter Verpackungsfolie und *duck tape*. Als wir schließlich in den wolkenverhangenen Himmel abhoben, schaute ich ein letztes Mal auf das breite, graubraune Band des Yukon, der sich majestätisch durch die flache Landschaft zog. Ich hatte ihn wachsen sehen, von einem kristallklaren Rinnsal aus den Schneefeldern der Berge zu betörend blauen Seen, die schließlich einen smaragdgrünen, schmalen Fluss formten, der verspielt und mit übermütiger Geschwindigkeit nach Norden strebte, im Laufe der Reise mit jedem Zufluss mehr und mehr eine graubraune Farbe annahm und sich zu einem breiten Strom entwickelte, dessen Ufer kilometerweit auseinanderwichen. Mein Herz wurde schwer beim Blick durch das winzige, beschlagene Flugzeugfenster.

In St. Mary's, das nur ein paar Kilometer vom Yukon entfernt am Andreafsky River lag, stiegen wir in eine größere Maschine, die uns nach Anchorage brachte. Mein Boot würde in den nächsten Tagen mit einer Frachtmaschine nachkommen, versicherten mir die Mitarbeiter der Fluggesellschaft auf mein zweifelndes Nachfragen. Die Großstadt überforderte mich. Hier wirkten die Menschen so unfreundlich und rücksichtslos, ganz anders als die herzlichen Bewohner der Dörfer am Fluss. Als ich für die Fahrt in einem Bus zwei Dollarnoten in den Automaten beim Fahrer einschob und auf mein Wechselgeld wartete, rotzte der süffisant zurück, man müsse den passenden Betrag einwerfen. Konnte ich aber nicht und hätte erwartet, dass er mich spätestens bei meinem Nachfragen nach Preis und Ziel vor der Aktion als Touri erkannte und darüber informiert hätte. Schon aus Respekt und Gastfreundschaft Fremden gegenüber, wie ich sie in den letzten zehn Wochen auf dem Yukon ausnahmslos erlebt hatte. Aber jetzt war ich zurück im Dschungel der Unmenschlichkeit.

Yoshi und ich nahmen zwei Tage später einen kleinen Bus, der uns in fast zwanzig Stunden Fahrt zurück nach Whitehorse brachte. Charlie brachte mir meinen Truck, und wir fuhren gemeinsam nach Skagway. Ich freute mich auf das Wiedersehen mit Dave und Meredith, besuchte mit ihnen den Gottesdienst, auch um mich für die Gebete und begleitenden Wünsche zu bedanken und nach erfolgreicher Mission gesund zurückzumelden.

An diesem Sonntag gab es ein kurzes Hymnen-Wunschkonzert, jeder konnte einen Titel nennen, und die ganze Gemeinde schmetterte sofort drauflos. Jemand schlug *America the Beautiful* vor, so was wie die heimliche Nationalhymne der USA. Beim Singen der Verse lief mir ein Schauer nach dem anderen über den Rücken, drückten doch vor allem die Zeilen über die Schneise der Freiheit durch die Wildnis auf erhabene Weise das aus, was ich erlebt hatte. Diese Schneise war der Yukon, mein Fluss, der mich durch ein wildes, raues Land trug zu den Menschen, die an und von ihm lebten. Denen er ein einfaches, hartes, aber manchmal eben auch zutiefst erfülltes Leben schenkte, das mich zunehmend ebenso faszinierte wie die Natur des Nordens. Ich hatte auf meiner Reise intensiv erfahren, wie allein die Sorge um Schutz, Wärme und Nahrung den Alltag bestimmten und eine Eimerdusche den gleichen Luxus bedeuten konnte wie anderswo vielleicht ein Whirlpool. Eine Erfahrung, die mich nicht beunruhigt hatte, sondern mir Zuversicht gab und vielleicht eine Vorstellung davon, worauf es wirklich ankam, um glücklich zu sein. Für eine Weile war der Yukon ebenso mein Zuhause wie für die Menschen in den Dörfern an seinem Ufer, die mich mit ihrer Herzlichkeit und Offenheit so beeindruckt hatten. »Hier draußen zu sein ist etwas Besonderes, das dich berührt. Wie nichts sonst dich jemals berühren wird«, hatte Debbie mir im Fischcamp in den Yukon Flats prophezeit. Und recht behalten.

Danke in Deutschland an:

Mama und Papa fürs Organisieren und Unterstellen meiner Habe,

Claudia Axmann für die Tourplanung und wegweisende Mitarbeit, wo du bist, ist vorn!

Klaus Hledik und das Druckmedien-Team für die immer wieder aufs Neue herausragende grafische Umsetzung meiner Ideen und schier endlose Geduld,

Josef Schmaus und Outline für den gigantischen Blog,

Bettina Feldweg und das Verlagsteam Piper/Malik NG für das Vertrauen, die neuerliche Chance und grandiose Zusammenarbeit,

Wolfgang Aigner, Walter Schmich und die Kollegen von Bayern 2 und Bayern 3 fürs Mitfiebern und das Interesse an meinen Projekten,

Andreas Schechinger, Christine Goeschel und TATONKA für die jahrelange Unterstützung und zuverlässige Ausrüstung,

Rainer Künneth, Kai Bierwirth und Sport Direkt für immer scharfe Sicht dank der tollen Rudy-Brillen,

Markus Wörle, Hagen Hildebrand und Travellunch für vor allem süße Momente unterwegs dank Wahnsinnsmousse,

Thomas Sautter (VAV) und Andreas Herrnböck (Canon Deutschland) für einen von Anfang an wahrhaft »special support« bei der visuellen Umsetzung,

Peter Grubauer, Auto Eder und Ford für schier grenzenlose Mobilität ;-)

... und all die vielen Mitreisenden, Unterstützer und Daumendrücker. Ohne Euch gäbe es dieses Buch nicht.

Thanks in North America to:

Tom Byers, you are the true *Master* and I shall be blessed to be your *hopper*,

James Hagen, *momma and poppa* Hagen for the prayers and help,

Lil'Sis Kerstin and Eddie for taking care of things and always providing a place to rest my weary soul,

Britta Werner for Loretta's Haven,

Maria & Werner Walcher for helping, feeding and taking a great shot!

Elisabeth Weigand for encouragement and *Halo*'s Shelter,

Marielle & Helmut Schöner for always open doors in the *heart of gold*,

Marjorie & Al and Jeannette & Pete for boundless hospitality in the *last frontier*,

Andreas, Suzanne and Rob for the greatest writer's retreats,

... and all the wonderful people along the river that I met, who touched and inspired me in so many ways. You made the difference!

Sehnsucht Amerika: in 180 Tagen mit dem Rad einmal um das ganze Land.

Dirk Rohrbach

Americana

In 180 Tagen mit dem Rad
einmal um die USA

256 Seiten
€ 14,99 [D], € 15,50 [A]*
ISBN 978-3-492-40404-4

Kaum ein Land meinen wir so gut zu kennen wie die USA. Wer
es selbst noch nicht bereist hat, weiß zumindest aus Fernsehen
und Kino Bescheid. Was aber stimmt von den Klischees? Was
bewegt die Menschen? Dirk Rohrbach hat es erfahren: In 180
Tagen hat er die USA umrundet. 15 000 Kilometer von Florida
nach Los Angeles, die Westküste hoch bis Seattle, wieder an
die Ostküste und zurück an den Ausgangspunkt Tampa. Zu
Hurrikanüberlebenden und Heino-Fans, Abenteurern, Freaks
und großartigen Gastgebern – zu Menschen, die seine Amerika-
begeisterung neu entfachen.